未讀 UnRead | 探索家

未读之书，未经之旅

爱问百科

人类艺术简史

THE HANDY ART HISTORY ANSWER BOOK

〔美〕玛德琳·迪克尔森 / 编著 杜菁菁 / 译
Madelynn Dickerson

北京联合出版公司
Beijing United Publishing Co.,Ltd.

CONTENTS

目录

主要艺术史时期年表

如下年表不包括艺术史上的所有时期和运动，但是它将提供全球艺术史主要时期的基本脉络。所有年份均为大致时间。（编注：一些朝代的时间并非传统意义上的建立与结束的时间，如谈到中国隋朝或日本室町时代的艺术时，是从这个朝代统一全国算起，而非其建国时间。这一点需要注意。）

史前艺术

旧石器时代艺术 / 约公元前 35000—前 8000 年
新石器时代艺术 / 约公元前 8000—前 2000 年

古代艺术

古代近东艺术 / 约公元前 3000—前 600 年
古代埃及艺术 / 约公元前 3000—前 30 年
印度河流域艺术 / 约公元前 3000—前 1000 年
古代爱琴文明艺术 / 约公元前 3000—前 700 年
古代中国艺术 / 约公元前 2000—前 200 年
中美洲前古典时期艺术 / 约公元前 1500—前 300 年
古代希腊艺术 / 约公元前 1000—前 30 年
古代罗马艺术 / 约公元前 500—公元 476 年
非洲诺克文明艺术 / 约公元前 500—前 200 年
印度孔雀王朝佛教艺术 / 约公元前 322—前 185 年
笈多时期印度艺术 / 约公元 320—公元 550 年

前现代世界艺术

杰内马里帝国艺术 / 约公元 200—1600 年
中美洲古典时期艺术 / 约公元前 250—公元 900 年
日本古坟（大和）与飞鸟时代艺术 / 约公元前 300—公元 646 年
早期拜占庭艺术 / 公元前 476—公元 1453 年
日本奈良时代艺术 / 约公元 646—794 年
印度中世纪艺术 / 约 650—1530 年
伊斯兰帝国艺术 / 约 700—1500 年
欧洲中世纪艺术 / 约 700—1400 年
日本平安时代艺术 / 约 794—1185 年
中美洲后古典时期艺术 / 约 900—1500 年

大津巴布韦艺术 / 约 1000—1500 年
日本镰仓时代艺术 / 约 1185—1392 年
中国元代艺术 / 约 1280—1368 年
中国明代艺术 / 约 1368—1644 年
日本室町时代艺术 / 约 1392—1568 年
欧洲文艺复兴艺术 / 约 1400—1600 年
尼日利亚贝宁帝国艺术 / 约 1440—1900 年
印度莫卧儿王朝艺术 / 约 1530—1900 年
巴洛克艺术 / 约 1600—1750 年
日本江户时代艺术 / 约 1600—1868 年
中国清代艺术 / 约 1644—1911 年
印度拉其普特艺术 / 约 1700—1800 年
洛可可艺术 / 约 1750—1850 年
新古典主义艺术 / 约 1750—1850 年
浪漫主义艺术 / 约 1750—1850 年

现代世界艺术
现实主义 / 约 1850—1900 年
印象主义 / 约 1860—约 1890 年
后印象主义 / 约 1890—1910 年

现代主义
野兽派 / 约 1900—1930 年
表现主义 / 约 1900—1940 年
立体主义 / 约 1900—1920 年
未来主义 / 约 1900—1930 年
风格派 / 约 1900—1930 年
中国近现代艺术 / 约 1911 年至今
结构主义与至上主义 / 约 1915—1930 年
达达与超现实主义 / 约 1917—约 1950 年
抽象表现主义 / 约 1940—1960 年
波普艺术的开始 / 约 1960 年
极简主义的开始 / 约 1960 年

后现代主义 / 约 1970 年至今

导言

我们都会自然而然地被艺术所吸引——它可以是美丽的、神秘的，甚至是令人震惊的。在日常生活中，艺术和视觉图像包围着我们，影响着我们对历史和其他文化的理解。地球上的每种文化，都将时间和精力用于创造和保护艺术作品。无论是一个陶瓷花瓶，一幅绘制的肖像，还是一件影像装置，艺术作品能够激励我们，吸引我们，甚至激怒我们。

本书意图通过一系列易于理解的问题重新思考艺术史，探讨世界各地艺术品的历史与含义。本书涵盖了从宽泛到具体的各种问题，目的是对艺术的基础知识、文化情境以及具体作品的细节，提供深刻见解。本书对关键术语的解释以及词汇索引，将有助于读者扩大艺术词汇量，更加深入地参与到艺术史的讨论之中。

每章内容都包括有用的图表、重点问题和文中提及的艺术作品的高质量彩色图片。八个主要章节均细分为几个部分，将艺术品和与其相关的艺术运动置于更广泛的历史背景之中。例如，“从工业革命到第一次世界大战，约1850—1914 年”讨论了 19 世纪艺术的变化，比较了主要艺术运动（如现实主义和印象主义）的异同，探索了摄影这一新兴艺术形式的作用，并解释了非西方艺术运动对该时期艺术的影响。

很多传统艺术史书只专注于西方世界的艺术，但是，撰写本书的目的是向读者展现世界各地的艺术传统，所以内容涵盖了每一片有人类居住的大陆的艺术，按时间顺序与欧洲和美国的艺术史共同展开，涉及内容十分广泛。

艺术及艺术的历史令艺术家与观者同样心潮澎湃。当我们参观画廊和博物馆，遇见公众艺术，看到书中的图像时，艺术能够令我们惊喜、平静抑或是感到困惑。我衷心地希望《爱问百科：人类艺术简史》不仅提供有用、全面、有趣的艺术史知识，而且能够点燃你的热情，鼓励你继续阅读、学习和探索丰富多彩与令人着迷的艺术世界。

艺术的原理与历史

艺术是什么?

本书的主题是艺术史，所以你可能会认为艺术本身的定义是非常明确的——恰恰相反。从某个角度来看，艺术是被社会认可为艺术的任何事物，常常是手工精心制作的、美的、与宗教相关的或者有历史意义甚至理论意义的物品。艺术品分绘画、素描、雕塑和建筑几个种类，同时也可以包含家具、纺织品、舞蹈、表演、影像和装置作品等。

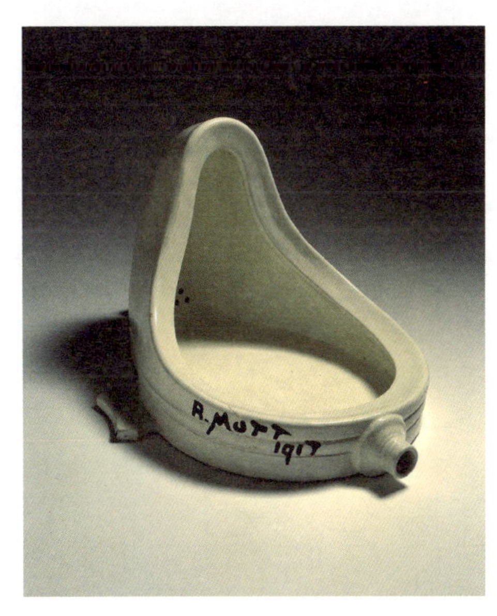

杜尚的《喷泉》

艺术的定义是多种多样的，因时间的推移、文化之间的差异以及个人的想法而改变。例如，一件绘有图案的古希腊花瓶对古希腊社会来讲，并不是珍贵的艺术品。但是如今，世界各地的顶级博物馆都会拥有几件重要的古希腊陶器藏品，价值往往达上百万美元。当两个好朋友一起逛当代艺术画廊时，可能会对其中展示的“艺术”看法完全不同。1917 年，当艺术家马塞尔·杜尚（Marcel Duchamp）向独立艺术家协会（Society of Independent Artists）的展览提交了一个陶瓷小便池时，把整个艺术界都给震惊了。尽管协会拒绝这件名为《喷泉》（*Fountain*）的作品参展，但是它却被一些人认为是前卫艺术运动的杰作，代表着 20 世纪的人们对艺术的看法发生了意义深远的巨大转变。

谁是艺术家?

艺术家是创作艺术品的人，这么解释可能像是在开玩笑。但是，正如“艺术”的定义随着时间推移而改变，我们对艺术家的定义和期待也会发生变化。传统的艺术家是工匠或手艺人，例如，欧洲中世纪的雕塑家被认为是手工劳动者。直到文艺复兴之后，对艺术家的文化认知才逐渐改变。伟大的艺术大师列奥纳多·达·芬奇（Leonardo da Vinci）和迭戈·委拉斯凯兹（Diego Velázquez）等，都证明了艺术家绝不仅仅是手工劳动者。他们希望自己的天赋和特殊才能被承认。艺术家都是天赋奇才这种观点一直持续到现在。

什么是艺术史?

艺术史是对视觉艺术的学术研究。包括教授、作家、博物馆和画廊的专业人士在内的艺术史学者，都会关注艺术品的历史意义、作品的具体含义以及某种特定文化或某位艺术家创作的艺术品。

传统的艺术史常以“概览”的形式呈现，以西方为重点，用叙事的形式阐释艺术史，包括起源、中间部分和结尾。经典艺术史书籍如贡布里希的《艺术的故事》（E.H. Gombrich, *The Story of Art*）和詹森的《艺术的历史》（Janson, *History of Art*），就延续了这个历史悠久的传统。尽管这种艺术史叙事方式仍然具有价值，但是学者们对它的疑虑却越来越多。一些大学和学院不再教授艺术史，转而提供“视觉研究”或“视觉文化”的课程项目，目的是避免这种以西方为中心的叙事方式的局限性，更深入地理解视觉艺术。

艺术史学家和艺术批评家有什么区别?

艺术史学家关注一件艺术品的含义及其历史文化背景，而艺术批评家的任务是评估一件作品，决定它是不是一件“优秀”或者“成功”的作品。通常，批评家会前往画廊、博物馆或者去欣赏私人收藏的艺术品，随后写下他们对这些作品的个人观点。然而，正如艺术本身的定义一样，艺术批评的定义有时也模糊不清。著名批评家及学者詹姆斯·艾尔金斯（James Elkins）对两者的不同之处提出了疑问，他认为，艺术史学家和他们的批评家同事一样，也经常表达个人观点。

如何判断艺术品的“好”与“坏”？

如果你和朋友一起去看电影，并对电影好不好看的问题发生过争执，那么你就已经很熟悉艺术批评的基础了。你的朋友可能会认为《黑客帝国》是一部具有突破性的电影，主题深刻、演员演技扎实，但是你可能会完全不同意。当你发现电影演职员表播放完之后，你们的争论还持续了几个小时，那么很明显，无论怎么评论电影中尴尬的爱情故事或者庸俗的镜头，你都无法说服朋友接受你的观点了。最后，你们接受了双方观点不同这一事实。评价一件艺术品的情况也大同小异。写作时，批评家会考虑艺术家的技能、作品的技术、形态和意义，但是最终，一切都是有争议的。杜尚名为《喷泉》的小便池本身并不是好作品或坏作品。一些批评家相信它意义深远，但是其他人认为它只是个噱头。对它的好坏之争不仅是欣赏艺术的一个乐趣所在，更是艺术史学术研究不可或缺的一部分。

为什么艺术这么贵?

这个问题本质上关乎价值和品味，而这两者都不是固定的。艺术家和他们的艺术风格有时受欢迎，有时被抛弃，影响着作品的价格和地位。文艺复兴时期的艺术家桑德罗·波提切利（Sandro Botticelli）的画作并非一直受尊崇。从他在16世纪初过世一直到19世纪中叶，波提切利的艺术基本上都被藏家忽视和遗忘了。但19世纪的精英艺术买家重新发现了他的作品后，其价值立即大幅上涨。如今，波提切利的画作已经成为意大利文艺复兴时期遗留下来的最珍贵的艺术品之一。再举一个例子，荷兰艺术家文森特·梵高（Vincent van Gogh）在他37岁过世后才大获成功。现在，梵高的作品非常受欢迎，他的一幅画作往往价值上百万美元。

但是，为什么要花上百万美元买一些没有什么用处的东西呢？一块石板或者一张涂了颜料的帆布为什么值这么多钱？首先，艺术不仅是文化载体，同时也是商品，所以会受一些经济因素如供给和需求的影响。这也许可以解释为什么艺术品的价格常常在艺术家过世后上涨。其次，艺术在很大程度上是奢侈品，因而成为了地位的象征。达明安·赫斯特（Damien Hirst）的一条保存在福尔马林里的鲨鱼［官方作品名称是《生者对死者无动于衷》（*The Physical Impossibility of Death in the Mind of Someone Living*）］价值120万美元，它的拥有者借此公开显示了他的巨额财富。可能正是因为艺术没有实际用途，它的价格才会飙升。

什么是美？

人类会被美丽的事物吸引，这是毋庸置疑的。在金色的日落、年轻的脸庞或者任何令人愉悦的形状和色彩组合之中，我们都能看到美。然而，哲学家大卫·休谟（David Hume）曾说过："美不是事物本身的属性。它只存在于观赏者的心中。"尽管这一观点随后引出了"情人眼里出西施"之类的陈词滥调，但是也说明美并不一定要有用途。我们人类的兴趣在于美本身。

艺术史学家和哲学家十分关注美学，也就是对艺术和美的研究，美学会探讨"这件艺术作品为什么美"以及之前提到的"什么是艺术品"等问题。艺术领域的学者会研究美如何与逻辑、道德和宇宙秩序相关。"什么是美"这一问题是艺术哲学的核心。

什么是资助人？

资助人是购买艺术家的作品或者以其他方式在经济上支持艺术家的个人、团体，甚至是公司或者博物馆。理解资助（或庇护）是艺术史研究的重要课题，对资助人需求和欲望的了解，能够揭示一件艺术作品的意义或创作目的。美第奇家族是历史上最有名的艺术资助人之一，文艺复兴时期，该家族资产雄厚、有权有势，控制着整座佛罗伦萨城。科西莫·德·美第奇（Cosimo de' Medici）从16世纪艺术家彭托尔莫（Pontormo）、布伦齐诺（Bronzino）处定制了作品，而艺术大师米开朗琪罗（Michelangelo）早期也蒙受美第奇家族的关照，甚至还以年轻学徒的身份住在美第奇家里，并到洛伦佐·德·美第奇（Lorenzo de' Medici）的艺术学校学习。

资助人对艺术界一直有着强大的影响力。20 世纪初，美国作家兼艺术收藏家格特鲁德·斯泰因（Gertrude Stein）和她的兄弟利奥·斯泰因（Leo Stein）以购买作品的方式资助了艺术家巴勃罗·毕加索（Pablo Picasso）和亨利·马蒂斯（Henri Matisse），当时他们的现代风格尚未被主流认可。近期的例子，则是英国广告公司高管查尔斯·萨奇（Charles Saatchi），他为一些"年轻英国艺术家"（YBAs）提供了资助，这些艺术家中包括达明安·赫斯特和翠西·艾敏（Tracey Emin）。萨奇为他的萨奇画廊收藏作品，而他购买并在该画廊展出的艺术品，又直接影响了当代艺术品味及艺术品的货币价值。2010 年，萨奇将他的画廊捐给了英国公众。

艺术博物馆和画廊的区别是什么？

尽管博物馆和画廊都是展示艺术品的地方，其区别主要在于，画廊展出艺术品通常出于销售目的，而博物馆则不然。博物馆和画廊扮演着与公众分享艺术和文化观念的重要角色。有一点可能会令人困惑，那就是"画廊"（gallery）这个词也指博物馆里的一个或几个相连的房间。如果你去纽约大都会艺术博物馆这类的地方走一走，就会发现展厅都被称作"gallery"。

艺术基础概念

艺术家的媒介是什么？

媒介（medium，复数是 media）一词，指的是艺术创作所用的材料。媒介的种类有很多，包括画布上使用的不同种类的颜料（如油彩颜料和丙烯酸颜料），还有墨水、大理石、水泥、木料、玻璃和金属。艺术家也会借助各种技术手段制作版画、照片、视频、声音和数字图像。混合媒介的意思是使用两种以上的材料来制作艺术品。20 世纪艺术家罗伯特·劳森伯格（Robert Rauschenberg）的作品《组合》，就是混合媒介的典型例子。他于 1959 年创作的《峡谷》（*Canyon*），通常被认为是一幅画，但是它的创作材料却包括油彩颜料、铅笔、纸、金属、照片、布料、木材、画布、纽扣、镜子、一个老鹰标本、一个用绳子绑住的枕头和一支颜料管。

什么是平面艺术?

“平面艺术”（graphic art）这个词的涵盖范围很大，包括二维艺术品，如绘画、油画和版画，尤其是那些强调线条而非颜色的作品。作为范围很广的一类艺术，平面艺术却不同于平面设计，后者指的是包含文字和图像的印刷作品。

什么是素描?

素描是平面艺术的一种形式，通常用铅笔、炭笔、蜡笔或墨水在纸上绘制。一般说来，素描是黑白的、由线条组成的图案，但是，素描的定义比较灵活，而且随时间发生了很大变化。在文艺复兴初期人们看到素描，就会想起它脆弱的材料，因而认为它们不是完整的艺术品。素描是艺术家做前期准备时绘制的草图，也是艺术家与资助人交流作品想法的方式。直到文艺复兴晚期，素描才开始被认为是一种独立的艺术形式。

什么是草图?

草图是快速画出的初步素描。

什么是绘画?

颜料是由有颜色的物质（通常是粉末状的）和一种黏合剂（如水或者油）制成的混合液体。绘画是一个拉紧的画布或木板之类的二维表面，而且上面用很艺术的方式涂了颜料。壁画（wall mural 或 fresco）可以算是一种绘画，同理，纸上的作品也是绘画，如一本书的插图手稿或手卷。最常见的颜料是油彩颜料、蛋彩颜料（常见于意大利文艺复兴时期绘画）、水彩颜料和丙烯颜料（一种现代的水溶性颜料）。

油彩颜料和蛋彩颜料有什么区别?

油彩颜料是有色物质与油混合而成的，常用亚麻籽油或其他植物油。油彩颜料呈色美丽、鲜艳，而且因为干得很慢，所以很容易与别的颜色混合。文艺复兴晚期，荷兰画家的油画技巧日臻成熟，油画也因此慢慢地传到了整个欧洲。在文艺复兴时期的意大利，尤其是托斯卡纳地区，比起油彩，艺术家更喜欢使用历史相对悠久的蛋彩颜料。蛋彩颜料由有色物质和蛋黄混合而成，比油彩颜料干得更慢。和油彩一样，蛋彩颜料色彩鲜艳亮丽。

什么是水彩？

油彩颜料是有色物质与油混合而成的，水彩则是有色物质与水混合制成的，通常用于纸上。水彩上色很薄，呈现一片淡淡的透明颜色区域。19 世纪以前，大多数时候水彩只被用于快速绘制草图，不像其他绘画种类那样高雅。然而，19 世纪著名艺术评论家约翰·拉斯金（John Ruskin）对它进行了推广，艺术家特纳（J.M.W.Turner，使用油彩和水彩）也用水彩绘制了令人印象深刻的大型画作，自此之后，人们对水彩的看法有所改变。如今，水彩仍是广受世界各地艺术家欢迎的一种媒介。

什么是水粉？

水粉（gouache）是一种不透明的水彩颜料，也被称作“体色”（body color）。由于添加了胶水和白色颜料，水粉颜料具有不透光性。

什么是丙烯颜料？

丙烯酸是一种合成涂料，它同时具有油彩和水彩的部分特性。丙烯酸可溶于水，但是有些也可以与油混合。丙烯颜料变干后，看上去很像油彩。作为 20 世纪的发明，它是最受现当代艺术家欢迎的颜料类型。

什么是蜡画？

色蜡颜料是有色物质和热蜡（如蜂蜡）混合而成的。色蜡是古希腊的发明，流行于古罗马，尤其常用于绘制雕塑，因为色蜡颜色鲜艳饱满，可保持时间较长。尽管色蜡技术很难掌握、需要大量人力，但是一些 20 世纪的艺术家却重新开始将其应用于艺术作品。当代艺术家贾斯珀·琼斯（Jasper Johns）就以使用色蜡著称。

什么是彩色粉笔?

彩色粉笔是一种素描时常用的材料。将有色物质加入树胶或树脂，做成小棒的形状，粉笔就制成了。当使用彩色粉笔在一个平面上绘图时，涂上的颜色呈粉状，可以用指尖涂抹或混合。画完后，粉笔画需要用一种喷剂固定，否则色彩会被弄脏，但是这些喷剂有可能导致褪色。埃德加·德加（Edgar Degas）和玛丽·卡萨特（Mary Cassatt）就是使用彩色粉笔作画的著名印象派画家。

什么是版画?

版画是一个机械制作过程，艺术家可借此为一张图像制作多个副本。最早的版画形式之一，是在日本和中国流行了上千年的木刻版画。制作木刻版画时，艺术家在一块木板上刻出浮雕图像，然后给刻好的表面上墨，将木板按在纸上印出图像。套色版画或彩色版画则需雕刻多块木板，将各个木板上的图像一一套准后叠印而成。当代艺术家仍然使用这种方法，但是他们常用麻胶板来替代木板，制作出的版画称为麻胶版画。

其他版画种类包括 15 世纪发明的凹版画。制作凹版画时，将图像刻入一个金属板（如铜板），将凹下的部分填满油墨，然后按在纸上。凹版印刷中，印出的图像与金属板上的图像是反向的。常见的凹版技术包括雕刻、蚀刻、针刻和飞尘蚀刻法。

雕刻法和蚀刻法有什么不同?

雕刻和蚀刻都是制作凹版画的方法。雕刻法中，艺术家使用锋利的尖头刻刀（法语名为 burin）在金属板上刻出线条，将金属板上墨，油墨随即流入雕刻刀刻出的凹槽内，然后再把金属板按在纸上。针刻法与雕刻法类似，只不过用针代替刻刀。

蚀刻法则有些不同。蚀刻法中，艺术家在金属板上涂一层耐酸材料。与直接在板上雕刻不同，艺术家是在这层材料上绘入图案，露出底下的铜，随后将铜板浸入酸性液体中。暴露的铜板被酸侵蚀，形成凹入的线条，呈现图案。铜板在酸性液体中浸泡时间越长，凹槽就越深，能填入的墨量就更多。金属板做好后，就可以按在纸上，印出图案。飞尘蚀刻法是一种蚀刻方法，艺术家用这种方法可以制作不同色调或墨量的区域。飞尘蚀刻法是 18 世纪的发明，制作时需将树脂加热，涂在金属板表面，随后将其放入酸性液体，耐酸漆用于制作最终印刷图案上的留白部分。

什么是石印?

石印是制作版画的一种方式，艺术家用特制高密度蜡笔在一块平整、光滑的石板上绘制图案。涂在石板表面的油墨粘在油腻的蜡笔痕迹上，艺术家即可将纸按在石板上制作印刷品。石印术是 18 世纪的发明，用这种方法创作的艺术家可以自由绘画，无需雕刻。

什么是摄影?

希腊语中 phos 即“光”，graph 即“绘画”，因此，英语中 photography（摄影）字面意思为“光的绘画”，这个词本身就对摄影的过程进行了解释。摄影术发明于 19 世纪，是通过照相机中感光介质的曝光记录图像的方法。相机其实是一个无光的暗箱，里面装着摄影胶片。摄影师用照相机对准想要拍摄的场景，通过迅速开合相机快门，使胶片向该场景短暂曝光，胶片上的光敏化学物质见光发生反应。在暗室里将胶片浸入显影剂，就可以使反色图像显现。不过，当代摄影师通常在电子设备上完成这一步骤。摄影可以说是历史上意义最重大的发明之一。尽管最初仅仅是一个科学上的尝试，但如今，摄影已经成为重要的艺术媒介。想要了解更多包括银版摄影法在内的摄影发明知识，请见“从工业革命到第一次世界大战，约 1850—1914 年”部分的内容。关于现当代摄影师的内容请见“当代艺术，20 世纪 60 年代至今”部分的内容。

什么是雕塑?

包括素描、绘画在内的平面艺术是二维的，但雕塑则是三维立体的。创作雕塑的艺术家称为雕塑家。传统上来讲，雕塑家用雕刻、模制、铸造等不同的方式创作，当代雕塑家有时还用构建（或者装配）的方法来制作作品。艺术家根据创作技术选择不同材料，石材（如大理石）和木材常用于雕刻。米开朗琪罗著名的《大卫》就是用卡拉拉大理石雕刻而成的，这种美丽的灰白色石材产自托斯卡纳。模制则需要黏土等更软、更可塑的材料。20 世纪 70 年代，中国古代的秦始皇陵中曾出土了超过七千个陶俑兵士。陶器（terracotta，意为“焙烤过的土”）常用作模制雕塑，尤其是在古代。

铸造是一种更复杂的雕塑方法，这是一个耗费大量劳力的过程，主要材料为金属，如青铜或其他金属合金。在一种叫作“失蜡法”的青铜铸造技术中，需要将融化的青铜倒入雕刻成雕塑阴像的蜡范里。待青铜冷却之后，加热蜡范使其融化，露出完成的青铜雕塑。应用不同的方法，可制作出实心或空心的雕塑。通过铸造法还可以制作一件作品的很多副本。例如，奥古斯特·罗丹（Auguste Rodin）的 19 世纪名作《思想者》（*The Thinker*）就被重新铸造了很多次。雕塑的尺寸从微型到巨型都有，而且可以是具象的或抽象的。世界各地有各式各样的材料制作出的雕塑。

削减雕像与堆增塑像有什么区别?

雕刻是削减雕像的一类，因为它是通过除去部分材料创造出形象的过程。米开朗琪罗相信，他雕刻的每块石材中都有一个人物等着被展现出来。与此相反，堆增塑像则是通过增加材料逐步创造出形状的过程。铸造和装配都是堆增的例子。

浮雕与圆雕有什么区别?

浮雕是一种在可塑材料表面设计雕刻的雕塑形式，例如橡皮图章，但是浮雕表面不一定是平整的，且只能从一个最佳角度观看，通常就是正面。而圆雕则是独立的，可从全方位欣赏。观者可以绕着圆雕走一圈，从多个最佳角度欣赏作品。

什么是表演艺术?

表演艺术包括戏剧、音乐、影像和视觉艺术。通常，艺术家会主动参与他们的作品。尽管具有表演性质的仪式艺术已经在世界各地存在了上千年之久，但是当代表演艺术，是作为 20 世纪早期未来主义和超现实主义运动的一部分发展起来的。著名表演艺术家有约瑟夫·博伊斯（Joseph Beuys）和布鲁斯·瑙曼（Bruce Nauman）。更多关于当代行为艺术的内容请见“当代艺术，20 世纪 60 年代至今”部分。

什么是装置艺术?

“装置艺术”一词是 20 世纪 70 年代发明的，指为特定空间（通常是室内的、临时的空间）设计的艺术。装置艺术可由雕塑、影像、表演和混合媒介组成。从某种意义上讲，博物馆或画廊的展览空间本身就可以是一件艺术作品，装置艺术依据空间构想而成，观者与空间的互动是这类艺术形式的核心。装置常常有明确的主题和想要传达的信息，并且可由一个或一群艺术家设计。著名装置艺术家包括瑞秋・怀特里德（Rachel Whiteread）、珍妮・霍尔泽（Jenny Holzer）。艺术家苏万・吉尔（Suvan Geer）甚至在她的装置作品中加入了气味的元素。更多例子请见“当代艺术，20 世纪 60 年代至今”部分。

什么是装饰艺术?

传统上讲，装饰艺术（decorative arts）是指具有功能性的物品。例如，一个首饰盒可以有漂亮、复杂又精细的金属装饰，但是盒子本身是用来放置珠宝的。相反，美术（fine arts）则没有实用目的，仅为纯美学意义而存在。比如绘画和雕塑属于美术作品，而家具、陶器、金属器、珠宝和一些纺织品则是装饰艺术。随着当代艺术家和理论家不断地对艺术的功能性是否重要提出疑问，装饰艺术（以及手工艺）和美术之间的界限也越来越模糊了。

什么是纺织品?

纺织品就是棉花、羊毛或丝（或合成纤维如涤纶）制成的纤维织物。这些纤维经过纺织、制毯、毡合等各种各样的技术制成布料。在世界各地，纺织品都属于主要艺术形式，而且越来越受当代艺术家的欢迎。

纺织与制毯有什么区别?

这两个词都代表制作织物的方式，尽管它们的制作技术有所不同。在纺织（weaving）中，被称作“经纱”的线与地面垂直固定在纺织机上，而“纬纱”保持水平，与经纱十字交叉。不同颜色和图案的组合可制成不同的纺织物。纺织已有上千年的历史，最早的纺织布料是在土耳其发现的，可追溯到公元前 7000 年左右。制毯（tapestry）是一种特殊的纺织类型，其中经纱是隐藏的，而且这种方法制作的织物常用作装饰和墙上的挂毯。

贝叶挂毯的局部

什么是刺绣?

刺绣存在于世界各地，是一种将丝线绣在织好的布料（如羊毛或丝绸）上的装饰性纺织艺术。尽管 11 世纪的“贝叶挂毯”（Bayeux Tapestry）被称作一幅挂毯，但实际上却是一例刺绣织物。这幅长达 70 米的杰作描绘了 1066 年诺曼人征服英格兰的历史事件。了解更多内容请见“中世纪，约 400—1300 年”部分。

什么是珐琅彩?

珐琅彩是一种用于装饰的有色玻璃，烧制后可与金属黏合。最早的珐琅彩艺术形式，是拜占庭时期和欧洲中世纪流行的掐丝珐琅器。在制作掐丝珐琅器时，需将金属线围成的小格子固定在金属板上（称作“掐丝”），然后在格子里填入珐琅彩，并将整件作品放在窑中烧制，以呈现宝石般的效果。

建筑基础概念

什么是建筑?

著名现代建筑师路德维希·密斯·凡·德罗（Ludwig Mies van der Rohe）曾说过，“认真地把两块砖放在一起，就是建筑的开始”。建筑是设计建筑物的艺术（或科学），建筑学是关于建筑环境的研究。从加利福尼亚州工匠风格（Craftsman-style）的平房，到芝加哥108层的摩天大楼威利斯大厦（Willis Tower），都属于建筑。建筑的历史非常悠久。例如，苏格兰北部的斯卡拉布雷（Skara Brae）史前渔村已有几千年历史，而弗兰克·盖里（Frank Gehry）的波浪形金属建筑——迪士尼音乐厅则在2003年才建成。全球历史上有很多不同的建筑风格和建筑系统。建筑学是艺术史的重要组成部分。

什么是抬梁式建筑系统？

抬梁式系统（post and lintel system）是最古老也最简单的建筑结构，即两根垂直的立柱（post）支撑着横梁（lintel）的重量。立柱必须足够结实（且距离足够近）才能避免横梁中间松动损坏，尤其是当横梁还担负着墙或屋顶的重量时。

西班牙毕尔巴鄂的古根海姆现代美术馆

什么是拱?

在艺术史专业词汇中，拱（arch）是指一个由块状材料（即拱石）搭建的半圆形结构，拱石通过互相挤压而固定住，跨越一个敞开的空间，这种拱称为“真拱”。其他简单的拱还有突拱，突拱中的块状材料互相重叠，同样跨越一个敞开的空间。通常，“真拱”比突拱更坚固，建筑材料为石块时尤其明显。尖拱比圆拱的支撑更稳固，广泛用于哥特式大教堂。

突尼斯凯鲁万城一座清真寺的马蹄形拱门（建于9世纪）

圆柱与墩有什么区别?

圆柱（column）是一个圆柱形垂直支柱，通常顶端越来越细，如同树干一样。圆柱分为独立式或联结式，联结式是指固定在墙上的立柱。联结式的圆柱不能提供结构性支撑。传统的希腊古典柱式圆柱包括底座、柱身、柱头三部分（见“古代世界艺术，约公元前5000—公元400年”部分）。墩（pier）通常比圆柱粗大很多，由石头、砖块或水泥砌成。墩是砖石建筑（如拱廊）的垂直支撑。

什么是拱廊?

拱廊是一系列拱门联结而成的建筑结构，由圆柱或墩支撑。很多中世纪基督教堂和伊斯兰建筑都有内部拱廊，例如科尔多瓦大清真寺（Great Mosque at Córdoba）。

什么是拱顶?

拱顶常见于中世纪教堂建筑，有很多种形式。拱顶本质上是一个拱形的建筑顶盖结构，跨越一个内部空间。半圆形的圆筒拱顶（也称隧道拱顶）是最简单的造型，交叉拱顶（或双筒形拱顶）则是两个圆筒拱顶交叉成直角的形式。

什么是悬臂?

从建筑一侧伸出的阳台就属于悬臂。悬臂结构的一端由垂直结构支撑、另一端则没有支撑物，看上去好像完全悬空一样，其实不然。建筑师弗兰克·劳埃德·赖特（Frank Lloyd Wright）在设计位于宾夕法尼亚州的流水别墅（Fallingwater）时，就利用悬臂达到了戏剧性的效果。

什么是骨架结构?

在有些建筑中，墙壁支撑着整个结构的大部分重量。而骨架结构是指用一个细薄的内部框架代替墙来承重，这样可以增加窗户的数量，也可以让墙更薄。哥特式大教堂和钢结构摩天大楼，都依靠这种结构来达到令人眩晕的高度，并且能够安装大扇窗户。

形式与风格

什么是颜色?

科学来讲，颜色是不同波长的光被人眼感知的结果。彩虹展示了颜色的范围，即“可见光谱”，从红色逐渐过渡到紫色。在艺术领域，“颜色”与“色相”是同义词。三原色为红色、黄色和蓝色，以不同比例混合便可呈现所有其他的色相。两个原色混合呈二次色，如绿色和橙色。甚至还有由至少三种颜色混合而成的三次色。

什么是色相环?

色相环是将可见颜色有序组织起来的系统，有助于艺术家理解颜色之间的关系。色相环是由十二个色相组成的环形，其中包括原色、二次色和三次色。环上正相对的两种颜色互为补色。根据色相环，黄色与紫色是互补色。艺术家利用互补色创作生动、鲜艳、有强烈视觉效果的图像。

暖色与冷色有什么区别?

包括红色、黄色和橙色在内的暖色，是充满活力的颜色，使人联想到火

色相环是很多艺术家创作时选色所用的工具

焰。暖色有时被称为“前进色”，因为它们显得更靠近眼睛。相反，冷色（如蓝色、绿色和紫色）也称为“后退色”，因为它们看上去离眼睛更远。艺术家通过控制暖色和冷色的搭配，来创作十分吸引人的视觉图像。艺术家也可以通过改变亮度来控制某种颜色的暖度。

什么是亮度?

亮度是颜色的明暗程度属性。亮度越高，颜色越浅。例如，浅蓝色颜料的亮度比深蓝色高，因为前者混入了更多的白色。艺术作品中明暗的强烈对比，即“明暗对比法”（chiaroscuro），可以赋予画面戏剧性的效果和某种意义；艺术家伦勃朗（Rembrandt）擅长使用明暗对比法，在《夜巡》（*The Night Watch*，1642）中，他用这种方法造成了“焦点效应”，将观者的注意力引向衣着精致的弗朗斯·班宁·科克队长（Captain Frans Banning Cocq）和身着黄色衣服的随从。其他人物则隐没在背景之中，因为伦勃朗用单调、低亮度的颜色绘制了画面其他部分。

什么是线条?

设想你用一支墨水笔在纸上点一个黑点，然后继续让笔缓慢地划过纸页，那么原来的黑点就在水平方向延伸成为一条线。线条是艺术的核心元素之一，可用于绘出图案的轮廓并创造形状。线条本身的特征可以传达感受和情感。一条上下抖动的线是脆弱的，而一条又粗又直的线则充满力量。“线性的”（linear）一词用于描述强调线条而非光线、颜色或形状的艺术作品。线性的雕塑是指重点强调轮廓或外形的雕塑作品。

什么是构图?

“构图”（composition）指一件艺术作品中对形状的安排。当艺术史学者分析一件艺术品的构图时，关注的是作品中的平衡感、形状的重复、透视法的应用以及是否有纵深。

什么是透视法?

透视法是艺术家为了创造三维空间的假象所使用的系统。透视画法有很多种，其中包括单点透视法（one-point perspective）和空间透视法（atmospheric perspective）。单点透视法（或直线透视法）是意大利建筑

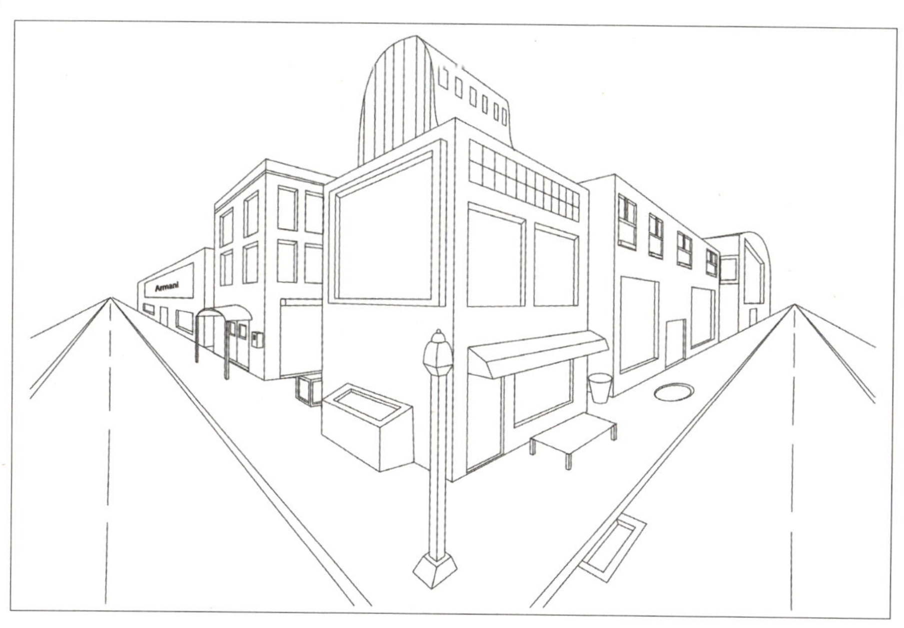

单点透视法的线描示意图

师菲利波·布鲁内莱斯基（Filippo Brunelleschi）于 15 世纪发明的，主要利用一系列交会于中心点（即消失点）的直线绘制图画。使用这一系统后，画面的空间看上去如同真实空间的延续。

空间透视法则是依靠颜色和形状而非线条来创造三维空间的假象。利用该方法，背景中的形状比前景中的物体更小、更模糊，形状之间有重叠，而且天空需要绘制成由蓝色渐变为白色的效果。

什么是图像平面?

了解更多关于透视法、布鲁内莱斯基和图像平面（picture plane）的内容，请见“早期现代世界，约 1300—1600 年”部分。

什么是风格?

一件艺术作品的风格（style）是指它在形式上的独特安排。风格也可以指一件艺术作品具有某个特定艺术家及其某个创作时期（或地理位置）的特点。例如，由于文森特·梵高绘画风格独特、用色鲜艳、颜料厚重、笔画明显，所以我们可以立即识别出他的作品。

具象艺术作品是什么意思?

具象（representational）艺术作品是指逼真地描绘真实世界事物的作品。例如，17 世纪荷兰的静物绘画就属于具象作品，因为它们真实地描绘了日常物品。

艺术作品的题材是什么?

一件作品的题材（subject）就是它所表现的事物。认识一件艺术作品的题材，是理解其表达含义的第一步。不过，并不是所有的艺术作品都有题材。例如，抽象雕塑没有表现任何真实事物，虽然它也可能有某种含义。

自然主义和现实主义有什么区别?

自然主义（naturalism）有时会与现实主义（realism）混为一谈，不过，前者是艺术家尝试客观表现自然世界的一种形式。对自然主义感兴趣的艺术家，会花费大量时间观察和思考视觉世界中的可观测性质。现实主义有时会和自然主义混用，也是指准确描绘视觉世界的艺术，但是这个词的含义略广一些，包含了对日常生活中残酷现实的呈现。现实主义（英文是 Realism，首字母 R 要大写）也可以指一系列不同的艺术运动，包括 19 世纪法国的现实主义运动（Realist movement）和苏联时期的社会主义现实主义运动（Socialist Realism）。

什么是理想化?

理想化（idealization）是指试图表现出完美人体的艺术形式。例如，古典希腊雕塑呈现出了完美无瑕的人体，属于艺术史上最早的自然主义传统之一。但是仔细观察就会发现，大部分古典希腊雕塑看上去都比常人好看很多。希腊诸神都有轮廓分明的肌肉、宽阔的肩膀、美丽的头发和坦然的面容。可以说，这与我们当代文化中人们喜欢用修图软件美化模特照片，然后放在杂志封面上，是类似的道理。全世界的艺术中都存在理想化的传统，而且不同文化为了达到他们所期望的完美会突出不同的特点。

什么是抽象?

对抽象感兴趣的艺术家并不想在作品中准确地表现视觉世界。有些抽象艺术家会扭曲真实世界，另一些则完全不涉及真实世界，只是单纯地创作富有表现力的作品。抽象艺术有时也称为非具象艺术。20 世纪荷兰画家皮耶·蒙德里安（Piet Mondrain）是风格派（De Stijl）运动中的抽象艺术先驱。蒙德里安的绘画作品中只有构图平衡的简单几何形状，而且仅用几种颜色。

发现艺术的含义

如何“解读”一件艺术作品?

当你被一件街头艺术吸引，或慢悠悠地走过美术馆的展厅时，你可能并不觉得需要“解读”艺术品。艺术感动了我们，我们的情绪会被美丽、令人不安或神秘的画面感染。一幅母亲和孩子的肖像，可能会让你想起自己的家庭关系，如玛丽·卡萨特（Mary Cassatt）的《沐浴》（*The Bath*）。在密苏里州堪萨斯城的纳尔逊艺术博物馆（Nelson-Atkins Museum of Art）花园里，面对克拉斯·欧登伯格（Claes Oldenburg）和库斯杰·范·布鲁根（Coosje van Bruggen）那只摇摇欲坠、重达 2.2 吨的巨型羽毛球，你很可能会目瞪口呆、惊讶不已。

但是，有时我们想发掘出更深层次的内涵，探索艺术的意义。建造一个毫无目的可言的庞大羽毛球有何意义？立体主义艺术家在画中把真实的视觉世界碎片化，又是出于什么目的？思考某件艺术作品的含义时，你可以以如下问题作为出发点：

- 内容是什么？
  例如，想想作品是否描绘了具体形象，包括熟悉的人物或符号；观察这些视觉图像的排布方式、作品的形状以及创作所用材料。
- 艺术家是谁？
  想想艺术家的生平和其他作品。你觉得艺术家创作这件作品的目的是什么？
- 作品创作时间？
  作品是否描绘或涉及任何重大历史事件？它的风格是否符合某个特定历史时期或艺术运动？艺术家生活在什么年代？
- 艺术品随时间发生了什么变化？
  这件作品是否从原址移动到别的地方了？曾被哪些人收藏？是否遭到偷窃或损坏？当代参观者对这件作品的欣赏角度，是否与历史上其他时代不同？
- 这件作品为什么意义重大？
  一定是有人曾认为这件艺术品十分重要，所以必须仔细保管，需要存放在博物馆或画廊，或者值得为它花费很多时间和精力。为什么？

请记住，在寻找某件艺术品的含义时，你是不会找到正确答案的。一幅画、一座建筑或一尊雕塑很可能对某个人有某种意义，而对另一个人的意义则完全不同。甚至艺术家本人都无法掌控他或她所创作的作品的意义（尽管他或她肯定对其有一定影响）。

什么是形式分析?

形式分析是通过研究作品形式上的特征来理解艺术作品的方法，这些特征包括形状、颜色、线距和质地。形式分析应包含尽可能多的细节，目的是理解某特定作品如何通过视觉形式向观者传达信息。

什么是图像学?

图像学是对可视题材的研究。很多艺术作品都描绘了相同或相似的题材，例如，圣母玛丽亚就曾频繁地出现在欧洲西部的艺术中。像圣母玛利亚这样的形象是与某些属性（包括某些特定物体、穿着方式或身体姿势）、符号和象征相关联的。解读重复出现的符号、象征和属性有助于理解艺术的含义。

什么是艺术理论?

艺术理论（或批评理论）能够帮助我们从哲学角度理解艺术及其文化含义。很多艺术家借用艺术来传达他们关于艺术与文化的哲学思想和观念，而学者和艺术史学家则通过这些理论把艺术和艺术家置于文化背景之中。理论家们则想要超越艺术表面上的性质，发掘深层次的内涵和意义。有些（绝对不是全部）重要的理论探讨方法，来自于不同的领域，如精神分析学、马克思主义、女性主义与性别研究、后殖民主义以及后现代主义。

史前艺术

艺术从何开始?

大部分传统的艺术史概论教科书和课程，都从欧洲和近东的史前艺术开始讲述艺术史。这是一个惯例，而且符合本书基本按时序展开艺术史的要求。但是请注意，艺术本身并非起源于欧洲——它不是从某个地方开始的，史前艺术的例子其实遍布世界各地。

什么是史前时期?

史前时期是指人类发明文字之前的历史时期，因而史前艺术是文字出现之前创作的艺术。这一节内容中包括从大约公元前 35000 年到公元前 1000 年的史前艺术。

什么是旧石器时代艺术？

希腊语“paleo”意为“古老”，“lithos”意为“石”，所以旧石器时代（Paleolithic）的艺术就是“旧石时期”（Old Stone Age）创作的艺术，这一时期从约公元前 35000 年一直持续至公元前 8000 年，也就是上一个冰川时期。旧石器时代，人类开始使用石制工具，并发展成为有迁居习惯的狩猎者和采集者，会在岩石和洞穴附近遮风避雨。这一时期的艺术是迄今发现的最古老的艺术，令人着迷的例子包括洞穴壁画、岩画和石雕。

什么是可移动艺术？

旧石器时代艺术可大致分为两个类型：可移动艺术（mobiliary art）与岩石和洞穴艺术（parietal art）。旧石器时代的人类经常迁移，需要携带着各种物品一起长途跋涉。“可移动”一词用来描述这些便携的艺术品，或者说那些不用费太多力气就可以带走的东西，其中最常见的例子就是小型雕像。

什么是岩石和洞穴艺术？

可移动艺术是旧石器时代艺术的一大类别，而岩石和洞穴艺术则包括那些不能携带的艺术，如岩画和洞穴壁画。世界各地都发现了非常了不起的旧石器时代绘画，例如欧洲、非洲和澳大利亚的一些遗址，而这些遗迹很可能曾有宗教或精神上的用途，而不是作为居所而建造的。当考古学家在欧洲首次发现史前洞穴艺术时，认为这些富有表现力、栩栩如生的图画一定是个恶作剧，因为他们无法想象冰河世纪的人类会有如此出色的美术才能。后来，他们在附近发现了骨制和石制工具，这些考古证据使他们相信了这个事实。最著名的旧石器时代洞穴艺术，是法国拉斯科岩洞（Lascaux Caves）壁画。

什么是“维伦多夫的维纳斯”？

这尊史前“维纳斯”的小型雕像（可移动艺术的例证）简称“维伦多夫的女人”（*Venus of Willendorf*），1908 年发现于奥地利的小镇维伦多夫，是约公元前 22000 年的艺术作品。它的名字有点令人啼笑皆非。维纳斯是爱与美的女神，通常被描绘为身材颀长、优雅、美丽的女性。维伦多夫的维纳斯则完全相反，她矮小（小于 13 厘米）而且肥胖，基本看不出脸部，只有看上去像是编成了辫子的头发。她的女性性征十分夸张，其他部分则被最小化处理，强调了性别和出众的生育能力；她的手臂非常小，腿部往下明显变细。这件作品的小规格与分明的轮廓都说明，它是为手持和触摸而设计的。人们仍在争论这尊雕塑表现的是一个真实存在的人，还是一个生育能力与健康的象征。在饥寒交迫的冰川时期，达到这一体型应该是十分困难的事情。维伦多夫的维纳斯是 20 世纪初发现的，那时的人们半开玩笑地嘲弄了她肥胖的身材，但是，在创造她的时代，这种身材很可能受到高度重视，是史前人类健康存活的美好预兆。目前，人们发现了上百尊类似的雕像。

维伦多夫的维纳斯

什么是霍伦斯泰因 · 斯塔德尔狮子人雕像?

大多数旧石器时代的雕像呈现的都是女人而非男人的形象，但是这尊公元前 30000 年时由猛犸象牙雕刻的“狮子人”，却是个例外。狮子人雕塑（*Lion Man of Hohlenstein Stadel*）是在现代德国地区发现的，它是猫科动物和人类特征的混合体。有些学者认为，狮子人实际上是“狮子女”，因为人们还发现了类似的女性雕像。这尊雕像近 30 厘米高（尺寸比矮胖的“维伦多夫的维纳斯”大一些），充分展示了史前人类高超的雕刻技艺和创造力。不过，狮子人雕像的含义仍是个未解之谜，可能是一个戴着狮子面具的人，也可能是具有某种精神意义的人与动物的混合体。

什么是拉斯科岩洞?

法国南部的拉斯科岩洞（Lascaux Caves）是一处重要的考古发现，这里前所未见的大规模史前艺术，可追溯到约公元前 15000 年。这些岩洞由一群寻找走丢小狗的男孩偶然发现，随后考古学家很快来到这里，开始进行考察。旧石器时代的艺术家在拉斯科岩洞深处绘制了超过 600 幅壁画，雕刻了超过 1500 件栩栩如生的动物雕像，包括马、奶牛、鹿和公牛等。在拉斯科岩洞发现的艺术令人震惊，因此自 20 世纪 40 年代对公众开放以来，已经吸引了成千上万的游客前往参观，但是由于游客参观对这些史前艺术及岩洞造成的严重损坏，从 1963 年起，岩洞不再对外开放。想要参观的人们现在可以前往 1983 年开放的一个复制遗址。

拉斯科史前岩洞壁画

旧石器时代艺术家使用什么工具?

旧石器时代的艺术家使用天然矿石制成红色、赭色、黑色和棕色的颜料。他们可能直接用手把颜料涂抹到墙上，但也有可能使用空心骨将颜料喷洒到墙上，因为在有些壁画附近，考古学家发现了沾有颜料的空心骨。其他工具还包括成块的苔藓或动物毛发，可能曾作为某种画笔使用。艺术家还使用打火石作为雕刻工具。

什么是扭曲透视法?

拉斯科岩洞壁画中的动物很多都是侧面图，无论是捕猎者还是猎物，这说明观者只能看到动物的侧面和半张脸。不过，有些动物却是用更复杂的扭曲透视法（twisted perspective）来绘制的。通过扭曲透视法绘制的动物身体，基本都是侧面图，但是头的某部分却向外转动了一些，用正面面对观者。这种方法增加了图像的戏剧性和生动性，使画中动物显得更逼真。在一处岩画中，一只有角的鹿身体大部分都是侧面图，但是它的角却是正面描绘的，仿佛要向观者直冲过来。

那些是人类的手吗?

是的！整体来讲，旧石器时代艺术中并没有多少对人类的描绘，而且仅存的少数人类形象也不像动物那么逼真。在法国多尔多涅（Dordogne）的派许摩尔（Pech-Merle）岩洞壁画中的一处有两只斑点马图案，它们的上方和下方有几个人手的轮廓。我们很容易认为这是旧石器时代艺术家开的一个玩笑，在墙上随意按了几个手印，但这些图案实际是特意印上的。尽管有些像是把涂了颜料的手按在岩壁上印出来的，但是另一些手印则是把手按到墙上，在周围涂上颜料做出来的。旧石器时代的艺术家其实是把手当作模板，通过用海绵涂抹或用芦苇秆、骨头喷洒颜料来呈现轮廓。

什么是塔西利－恩－阿耶?

塔西利 - 恩 - 阿耶（Tassili N'Ajjer）位于阿尔及利亚东南部，这里有上千处岩画和雕刻，约有 7000 年的历史，是非洲最古老也最令人称奇的岩画遗址之一。在这些图画的大规模创作时期，撒哈拉沙漠仍是绿草覆盖的平原，岩画中可以看到大象、河马和长颈鹿。后期的岩画中则有男人、女人和小孩聚在小房子周围，以及牛在附近吃草的情景。几千年过去了，撒哈拉地区逐渐变成干燥的沙漠，新的动物出现在岩画中，例如从附近的埃及迁过来的骆驼和马。

塔西利－恩－阿耶岩画

什么是新石器时代艺术?

新石器时代（Neolithic）就是“新石时期”（New Stone Age），大约从公元前 6000 年延续到公元前 2000 年。与不断迁居的旧石器时代祖先不同，新石器时代的人类过上了定居生活，并开始种植植物、驯养动物。最早的新石器时代文化遗迹是在近东地区发现的，包括现代约旦、叙利亚和土耳其境内。新石器时代艺术包括陶器和大型石雕遗迹。

什么是史前耶利哥古城?

史前耶利哥古城（Jericho），也称“苏尔坦山”（Tell el-Sultan），是考古学家发掘的最重要的新石器时代遗址之一，其中包括了新石器时代艺术和建筑的关键证据。早在公元前 12000 年，史前人类就居住于耶利哥古城，并在约公元前 9000 年左右，开始驯养动物。新石器时代耶利哥古城的建筑中有一些泥砖房，内部的灰泥地板涂成了红色或白色，还有更复杂的建筑结构，如 8.5 米高的石塔和村庄四周 6 米高的围墙。到了公元前 7000 年，大约有两千人生活在新石器时代的耶利哥古城。

什么是耶利哥的灰泥头骨？

生活在新石器时代耶利哥古城的居民，会将死去的人埋藏在他们房子的地板之下。这应该是祖先崇拜的一种形式，因为通常埋葬的是完整的尸体，但是有的尸体的头部却与身体分离，并被抹上了染色的灰泥，重新呈现出了人脸的形状。红色和黑色的颜料用于绘制脸部器官，贝壳（如宝螺）则用来模仿白眼球，给死者做出栩栩如生的面容。有些学者认为，这是一种最原始的肖像。近东地区的其他遗迹也发现了类似的灰泥头骨。

什么是加泰土丘?

加泰土丘（Çatal Hüyük）位于土耳其，是一处复杂的类城镇新石器时代遗址，其出现比耶利哥古城晚了一千年。加泰土丘古村镇中密集的住宅，均由木材和泥砖搭建而成，村里没有街道，住宅也没有门——村民从房顶才能进入家里。加泰土丘有很多明显用于宗教仪式的祭坛，但是我们还不知道这里的居民是否有某种特定的宗教信仰。遗址中发现了一些写实的泥塑或石雕，展现了用刀杀死山羊、牛、野猪等动物的场景，可能是一种狩猎仪式。遗址中还发现了非写实的女性雕塑（尖腿、脸部棱角分明）以及一些更大的雕塑，学者认为，这些可能与当时普遍崇拜的大母神有关。加泰土丘的绘画也值得一提，其中有一幅壁画描绘的正是村镇本身，在壁画的背景中以及村镇上方，还画着附近的双峰活火山哈珊峰（Hasan Dag）。这幅壁画是最早在人造表面上绘制的作品之一。

甘肃马家窑出土的新石器晚期彩陶罐

什么是中国的新石器时代艺术?

中国的新石器时代从公元前 10000 年开始，持续到公元前 2000 年。这段时间内，有多个文明部落都在创造艺术，他们风格独特，各不相同。沿黄河流域发展的仰韶文化，擅长制作彩绘陶器，在转轮盘发明之前，制陶者将泥条盘筑成型，抹平边缘，并用笔刷在陶器表面涂抹红色和黑色的颜料作为装饰。大部分陶器上都绘有动物或复杂的抽象图案。横跨中国大陆多个地区的河姆渡、大汶口、龙山和良渚文化，则属于新石器时代艺术的另外一种风格，其代表性文物是三足陶罐和玉雕，也是中国最重要的艺术形式之一。新石器时代的玉器中，最常见的种类是璧（圆盘）和琮（长方体短柱、中空、四角有装饰）。因为缺少文字记录，璧和琮的意义仍是未解之谜。

什么是巨石艺术?

巨石艺术（megalithic art）包括巨石碑列、巨石台和巨石圈，基本分布在欧洲北部，尤其是现代的大不列颠、爱尔兰和法国地区，西班牙和意大利也有几例。由于这些新石器时代的遗迹体积庞大、十分壮观，而且缺少文字记录，几个世纪以来，我们对建造它们的远古人类和这些人可能使用的技术一直充满好奇。如今，巨石艺术仍在激发人们的想象，比如在电影《2001 太空漫游》中，就有一块无法穿透的黑色巨石赫然屹立在月球和史前地球上。

什么是斯卡拉布雷?

斯卡拉布雷（Skara Brae）是一个新石器时代的海边聚居地，位于苏格兰北部的奥克尼群岛（Scottish Orkney Islands）。相比近东地区的远古人类聚居地耶利哥和加泰土丘，斯卡拉布雷规模更小，有住民的时间也晚了几千年，约为公元前 3100 至公元前 2600 年之间。由于岛上缺少木材，所以村落中的住宅多由石块堆砌而成。不列颠群岛中的其他地区直到快接近青铜时代时，才出现人类聚居地，而斯卡拉布雷村落里却发现了炊具、有装饰的陶器和石雕家具（如床和小桌）等史前人类定居的证据。由于石材是主要建筑材料，该遗迹成为欧洲北部保存最完好的新石器时代艺术和建筑。

什么是巨石碑?

凯尔特语中“men”是“石”的意思，“hir”是“长”的意思。所以巨石碑（menhir）可以直译为“长形石”。巨石碑是一块未经精细打磨的独立石块，很可能对建造它们的那些新石器时代的北欧人类有某种象征意义。在法国南部的卡纳克（Carnac）也发现了一列这样的巨型石块，称为巨石碑列，大概在公元前 3000 年建成。新石器时代居住在该区域的人类，将上千块沉重的巨石碑排成几列，长度 1200 多米。建造巨石碑列的具体目的，至今仍是未解之谜。

什么是巨石台?

凯尔特语中“dol”是“桌”的意思，而巨石台（dolmen）是由三块巨石组成的坟墓。两块竖立的巨石支撑着第三块像桌面一样平放的巨石，基本上是一个抬梁式结构。巨石台通常建于土丘内，形成足以放置一具尸体的内部墓穴空间。后来，巨石台被用作大型建筑结构的入口。

什么是巨石圈?

凯尔特语的“cromlech”直译为“圆形区域”，是指一圈竖立的巨石。巨石圈有圆形或半圆形两种排列方式。关于这些新石器时代大型遗迹的用途，有很多种理论，其中一种解释是它们有某种宗教意义。然而，正如法国的巨石碑列一样，巨石圈也是未解之谜。

什么是巨石阵?

巨石阵（Stonehenge）属于巨石圈，可能是新石器时代最著名的巨石建筑遗迹。它的名称来源于撒克逊语，意为“绞刑石之所在”。巨石阵位于英格兰索尔兹伯里附近（大约伦敦往西 130 千米），从公元前 3000 年开始建造，耗时约 1000 年才完工。如今这里仍有 17 块、每块近 50 吨重的石头，竖立起来围成了一个近似圆圈的形状，不过学者们认为，该遗迹曾有至少 30 块这种竖着的巨石。加在一起，巨石阵由 150 块未经雕饰的简单石块组成，有些已经倒掉，成了碎石。遗迹中心是一块祭坛石，但它是否曾用于祭祀现在仍是未知。

我们也不知道新石器时代的人类具体是如何建造巨石阵的。这些大石块非常难移动，学者和业余爱好者们都曾尝试重现这一工程奇迹。巨石阵中有明显的抬梁式系统，而且石块之间并没有使用灰浆固定——所有接合处都未砌合。尽管遗迹中没有发现任何木料遗留，但巨石阵在建造过程中可能借助了木材。

英格兰南部的巨石阵

巨石阵的作用是什么?

与其他新石器时代艺术一样，由于没有文字记载和其他考古证据，了解巨石阵这类遗址的用途非常困难，甚至几乎是不可能的。关于巨石阵有各种各样的猜想，有些的确有道理，还有一些则基本是异想天开。大部分理论认为，巨石阵可能用于宗教目的，其中一种说法认为它有可能用于人类和动物的祭祀，尽管附近的确发现了焚烧过的人类肢体，但是该理论现在已经过时了。人们还在巨石阵发现了一具完整的男人骨架，胸口被箭射穿，证明这里曾经发生过暴力行为，但并不一定就是宗教祭祀。

以一群天文学家为核心的学者相信，巨石阵有科技方面的用途，认为它曾经是新石器时代的天文台，用于监测太阳的活动，因为这对靠农业维生的社会来讲至关重要。由于巨石阵的主轴线与夏至日早晨初升的太阳在同一条线上，所以该理论也成为了争论的热点。

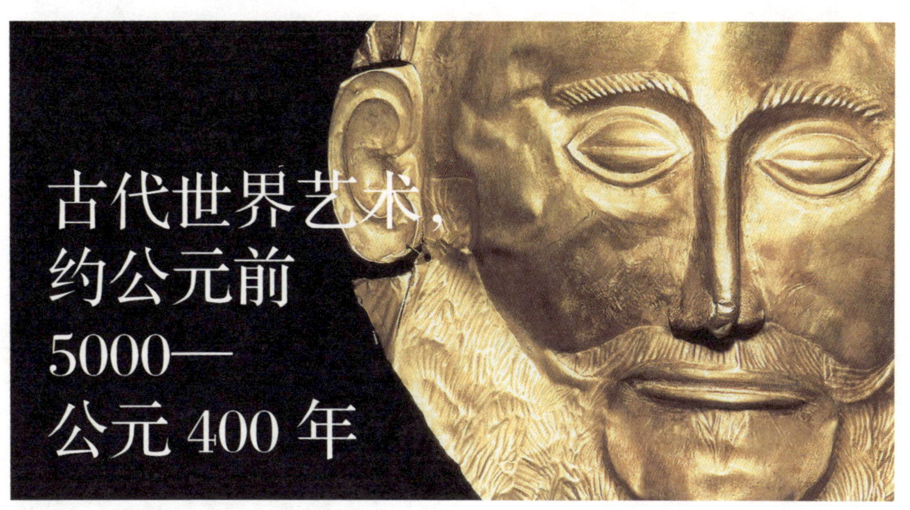

古代近东艺术

古代近东是哪里？

艺术史学家用“古代近东”（ancient Near East）指代底格里斯（Tigris）与幼发拉底（Euphrates）两河流域，也称为美索不达米亚（Mesopotamia）。美索不达米亚是希腊语词汇，意为“两河之间的土地”。古代近东也被认为是“文明的摇篮”，因为城市社会最早在这里出现。随着城市的兴起，人们发明了文字、法律以及最初的史诗，开始建造城市，当然，还创造了伟大的建筑和艺术。

什么是楔形文字？

苏美尔人（Sumerians）于公元前3100年左右发明的楔形文字（cuneiform）是世界上最早的文字语言系统。楔形文字早期是一种象形文字，比如会画一个公牛头来代表公牛。随着时间发展，它演变为一种更抽象的符号系统，用尖头工具（称作尖笔，英文为stylus）在泥版上刻出楔形的线条。在乌鲁克（Uruk，位于现代的伊拉克）等城镇里，人们用楔形文字记录交易。刻有楔形文字的泥板经历了时间的考验，呈现在学者们面前，方便了他们进一步了解古代近东文化。

什么是金字形神塔?

金字形神塔（*ziggurat*）是一类小山形状的建筑物，由多层台阶式平台构成，顶端是一座神庙或神坛。将神庙和神坛建造在有一定高度的顶端，既有实际功用，又有宗教目的。实际功用就是保护宗教建筑物免受洪灾和战争攻击，也可以让神庙所供奉的掌权者和众神显得更加伟大。金字形神塔代表了天地相接之处。

什么是瓦尔卡祭祀瓶?

瓦尔卡祭祀瓶（Warka Vase），又称乌鲁克浮雕祭祀瓶，是一尊近一米高的雪花石膏花瓶，是考古学家在白色神庙（The White Temple）附近发现的。祭祀瓶上雕刻着几层故事图案，就像连环漫画一样，描绘了人类向神供奉祭品的场景。最底层的图案是水域、植物等自然景观，上面画着驯养的动物。中间层是手捧篮筐的裸体男人，最上层则描绘了国王将祭品献给苏美尔女神伊南娜（Inanna）的场景。浮雕中人和动物的头和腿都是侧面图，但是躯体和肩膀是以向外转 45 度角呈现的。

汉谟拉比法典

瓦尔卡祭祀瓶怎么了?

2003 年 4 月，在美国入侵伊拉克后，伊国内发生动乱中，有人从巴格达的伊拉克博物馆偷走了瓦尔卡祭祀瓶。这是艺术史上一起灾难性损失，对伊拉克的人民尤其如此，因为这尊祭祀瓶是他们重要的文化遗产。幸运的是，几个月以后，花瓶物归原主，不过已遭到严重损坏。

什么是汉谟拉比法典石碑?

汉谟拉比（Hammurabi）是公元前 2 世纪期间统治美索不达米亚地区的一位巴比伦国

王，他颁布了世界上第一部法典。法典雕刻于一座两米高的黑色玄武岩石碑上。汉谟拉比在碑文中宣称，他的法典将"使正义盛行于这片土地，摧毁邪恶与魔鬼，阻止强者欺凌弱者、弱者压迫强者"。

在石碑顶端、法典文字之上有一幅浮雕，表现了汉谟拉比站在太阳神沙玛什（Shamash）面前。沙玛什也是巴比伦的正义之神，他周围环绕着象征权力的符号，端坐于宝座上，脚踩山顶，身着一袭华美的长袍，将手中的权杖和绳圈交给汉谟拉比。汉谟拉比两臂相叠以示尊敬，接过沙玛什交给他的法典。这座石碑是汉谟拉比崇高地位的有力象征，也表示他的法典受到了神的启示。

人首翼牛神兽

什么是人首翼牛神兽？

亚述宫殿的重要装饰人首翼牛神兽（lamassu，又称"拉玛苏"），是守护宫殿大门的巨型石雕。半人半兽的拉玛苏有狮子（或公牛）的身体、一对翅膀、人的头部和五条腿，脸上还长着大胡子和眉毛。从石雕侧面看，人首翼牛神兽如同在行走，从正面看，则是稳稳站住、凝神观望的姿态。位于亚述豪尔萨巴德城（Khorasabad）内萨尔贡宫殿（Fortress of Sargon）门口的拉玛苏于公元前720年左右建成，约四米高。这尊巨大的人首翼牛雕像既是石雕艺术，又是建筑结构的一部分，警惕地注视着任何接近殿门的参观者。

什么是伊什塔尔城门？

伊什塔尔城门（Ishtar Gate）是新巴比伦王国时代的双拱城门，四角有四座望楼，每座望楼的墙面上都有称作炮门垛口（crenellation）的缺口。伊什塔尔城门建成时有12米高，望楼则高达近30米。这座深蓝色的砖砌建筑的墙面装饰着风格化的狮子和棕榈树，是一座壮观的堡垒。其他的巴比伦建筑也类似地反映了奢侈富足的生活，比如属于古代世界七大奇迹之一的空中花园。德国柏林的一家博物馆重建了伊什塔尔城门，并将其保存于馆内。

印度与东南亚艺术

什么是印度河流域文明?

印度河流域文明（Indus Valley Civilization，约公元前 2600—前 1900 年）是南亚最早的文明之一，位于现在的巴基斯坦和印度西北部地区，有时也被称为哈拉帕文明（Harappa Civilization）。印度河流域的主要城市有摩亨佐 - 达罗（Mohenjo-Daro）、哈拉帕和旃符 - 达罗（Chanhu-Daro），它们形成了建筑风格统一的群落。关于印度河流域的文化和宗教，我们所知不多，但是在这里发现的古代艺术和工艺品（包括古代印章），令艺术史学家及其他学者十分着迷，他们热衷于发现古印度河流域文明与当代印度和东南亚文化艺术之间的文化联系。

什么是摩亨佐 – 达罗的大浴池?

摩亨佐 - 达罗是古印度河谷的一座城市，基于网格式规划图建造，建筑用烧结砖砌成，城市还布有大面积的排水和管道系统。记录显示，城中设有私人洗浴区、厕所和上百口井——是古代世界中已知最早的。大浴池（Great Bath）是建于城堡附近的一个大型防漏水池，长 11 米左右，宽 7 米，深 2.5 米。大浴池很可能不仅用于娱乐活动，而且还是宗教仪式场所。

什么是印度河印章?

印度河印章是一种刻有图案的正方形小石片，石片的一面是浮雕图案，另一面有一个凸起的球形把手。大部分印度河印章上，都有写实的动物图案和一种至今尚未破译出的文字，很多印度河印章上都有独角母牛，有时旁边还有一个祭坛。印章上的动物还有大象、犀牛和老虎。因为文字没有破译，所以我们还不知道这些印章的用途，但是学者认为它们曾用于在泥板上盖章，是商业贸易记录的一种方法。

印度河印章

什么是印度教?

印度教起源于印度河谷文化，但不是崇拜一神的宗教，而是多个族群崇拜很多不同的神与女神的宗教，而且每位神祇都有多种属性。印度教各个族群的主要共同特点是都尊崇《吠陀经》(Vedas)，这部历史悠久的古代文献是印度教的根基。

印度教常见的宗教形象有哪些?

印度艺术中包括各式各样的图像，尤其是重要神祇的肖像。下表解释了印度教中四位重要的神以及他们的艺术表现形象。

神	描述	艺术表现
湿婆(Shiva)	象征创造与毁灭；象征所有存在；有超过一千个名称；常化身为舞王	常以男性生殖器或立柱呈现；以人类形象呈现时，常多手足、头发乱舞、头顶 轮新月。有时还有第三只眼和三叉戟，脖子上盘着一条大蛇。化身舞王时，身边围着一圈火环
毗湿奴(Vishnu)	维护宇宙秩序与平衡；化身为黑天(Krishna)，广受崇拜，打败了恶魔刚沙(Kansa)	常为蓝色皮肤，骑着大鹏金翅鸟迦楼罗(Garuda)。头顶高冠，身披珠宝，化身为多种动物形态，如野猪和乌龟。也会化身为黑天或佛祖
提毗(Devi)	有多种化身的女神，作为雪山神女帕尔瓦蒂(Parvati，湿婆之妻)、吉祥天女拉希米(Lakshmi，毗湿奴之妻)以及罗陀(Radha，黑天的情人)被供奉。她也象征着忿怒之神杜尔迦	有很多种形态，每种都代表不同身份。化身为杜尔迦时，骑着一只狮子
伽内什(Ganesha)	提毗(化身杜尔迦)之子；供奉为排除障碍之神	呈现为象头形象

世界上第二高的湿婆塑像，位于印度卡纳塔克邦的北卡纳达县

什么是佛教?

佛教起源于孔雀王朝时期（Mauryan Period，公元前322—前185年）的印度，在阿育王（Emperor Ashoka，公元前273—前232年在位）统治期间成为官方宗教。佛教基于佛陀（开悟者）的教义而建立。佛陀原名悉达多、乔达摩（Siddhartha Gautama），是一位富有的王子。有预言称，悉达多将会成为伟大的军事领导者或大彻大悟之人。开悟后，佛陀在他最初的教义中解释了“四圣谛”。“四谛”是佛教哲学的基石，具体内容如下：

1. 苦谛：生命常为无常患累所逼恼
2. 集谛：贪欲招聚生死之苦
3. 灭谛：烦恼与生死之患累可以灭除
4. 道谛：若人能观八正道则苦可尽除

佛教传统中，“八正道”是进入涅槃需要遵从的一套准则。涅槃是从生死轮回与“苦”中解脱出来的状态。佛陀的教义常以法轮为象征。

小乘佛教与大乘佛教有什么区别?

小乘佛教（Theravada Buddhism）是佛教最初的形式，也称“长老之道”，盛行于印度、斯里兰卡和东南亚大陆部分地区。

大乘佛教（Mahayana Buddhism）又称“大道”，重要性仅次于小乘佛教。大乘佛教的信徒崇拜尚未成为佛陀的菩萨（bodhisattvas），他们已经理解了开悟之道，但是大慈大悲，致力于教导他人达成涅槃。大乘佛教流行于印度北部、中国、日本、韩国和尼泊尔。

佛陀的形象有什么特点?

佛陀不是神，而是开悟之后达到超人境界、从生死轮回中解脱出来的生命。佛陀最初被描绘为身着长袍的僧人，有一些异于常人的体征，称为“相”（lakshanas）。童年时期的佛陀十分富有，日复一日佩戴着沉重的珠宝，所以一个重要的体征是拉长的耳垂。另外一个重要特征是“厄那”（urna），即眉心的一束毛发，常表现为一个圆点。佛陀艺术形象中的手印（Mudras）或手势传达了不同的理念。例如，佛陀右手伸向地面，即触地印（bhumisparsha），代表降伏魔众，开悟成道。

什么是佛塔?

佛塔（stupa）是建于东南亚地区坟墩上的半球形佛教建筑，但是并不用作坟墓本身。佛陀去世后，他的火化残余物会被放在一个称为舍利塔的小型容器里，埋在陶制佛塔中。佛教朝圣者围着佛塔顺时针走圈，象征地球绕太阳运转，以示崇敬。佛塔规模不大，有些甚至小到可以放在手掌上。它们代表着佛教概念中的“位于世界中心的山”，也是代表宇宙的神圣图案。

什么是夜叉女?

夜叉女（yakshi）是极具诱惑力的女神，象征繁殖力与植物。这些充满肉欲的形象被用来装饰印度桑吉（Sanchi）的大佛塔外部。桑吉的夜叉女身上部分覆盖着衣物，手执芒果树枝，促使它们开花。夜叉女弯曲而丰满的身体形态后来被佛教艺术家采用，描绘佛陀的母亲生产时的样子。

什么是阿育王石柱?

阿育王（Ashoka）是铁器时代的孔雀帝国（位于现代印度东部）最伟大的皇帝之一。他信仰佛教，根据佛教原则确立了法典，并把法典刻于巨石柱上，将佛法遍传他统治的地域。这些石柱高达 12 米，象征着“世界之轴”。石柱标志着天地合一，也是与佛陀有关的朝拜地点。柱顶的雕刻十分精美，其中最常见的是背对背、张着大嘴的雄狮，向天下欲听之人弘扬佛法。

古代非洲艺术

研究古代非洲艺术时会遇到什么挑战?

非洲是一片广袤的大陆，各地地理和文化有明显的不同。非洲艺术包括雕塑、陶器、首饰、岩画、纺织物和建筑等。尽管石块和金属也是常见的材料，但大部分非洲艺术都是由易腐坏的材料制成的，用于宗教仪式或日常穿戴，磨损严重。大部分非洲艺术上都没有艺术家的标识或签名。很多物件都是意外发现的，所以没有任何背景。尽管存在一些资料，但是古代非洲的宗教和文化传统都是通过口头形式代代相传，所以总体上缺乏文字记录，让学者很难给已被发现的古代艺术品确切地断代，或将其置于某个历史环境中研究。非洲艺术面临的最大难题是非法挖掘和黑市倒卖重要文物，造成了无可挽回的艺术品信息遗失。其他地区（包括且不限于太平洋和美洲）研究艺术的艺术史学家，也遇到了类似的挑战。

诺克雕塑

什么是诺克雕塑?

在现代尼日利亚地区发现了一批由新石器时代当地的诺克人（Nok）创作的艺术，它们是迄今为止发现的最古老的非洲艺术。发掘锡矿时，人们意外发现了很多公元前约 500—前 200 年的人类与动物雕塑残片。这些雕塑大小相差很多——有些很小，有些却接近真人尺寸。这些简单而富有表现力的雕像由陶土制成，头部较大，有风格化的面部特征，通常中空，在口鼻等处有开孔，部分雕像为站、跪或坐姿。我们还不知道它们的作用，但是目前认为艺术家可能是女性。

古代埃及艺术

什么是古代埃及?

古代埃及位于非洲东北部，约 5000 年前开始沿着尼罗河发源与发展，是一个有超过 3000 年历史的强大文明。在这段漫长的时间里，埃及艺术的风格、形式与主题却一直保持不变。学者们将古埃及王朝分为三个不同的阶段：古王国、中王国和新王国，以及若干中间期和一个后期——公元前 332 年，埃及被亚历山大大帝攻陷，后期结束。公元前 30 年，埃及成为了罗马帝国的一部分。多神宗教是古埃及日常生活的重要部分，古埃及人认为，法老是神圣的统治者。古埃及的艺术和文化对历史上其他文化产生了巨大的影响，如今，我们仍然为那些富丽华美的坟墓、金字塔和其他文物而着迷。

什么是纳米尔石板?

纳米尔石板（Narmer Palette，约公元前 2950—前 2775 年）是埃及艺术中最重要的范例之一。石板形如盾牌，由绿片岩制成，板上刻有纳米尔王[也有可能是美尼斯王（Menes）]的形象。纳米尔王统一了埃及，广为人们称颂，石板上一系列象形文字和图案就讲述了他的统一大业。在石板的一面，纳米尔是画面中最大的人物，这是埃及艺术中“僧侣层级”的一例：法老形象高大，说明他非常重要。他的一只手高高举起，正准备用棍棒击打敌人。石板另一面则是敌人的无头尸体，鹰头天神荷鲁斯（Horus）正在看守他们。下面一层的图案中，像猫一样的动物将脖子缠绕在一起。整体来看，石板上的形象颂扬了纳米尔的力量，代表着埃及的统一。

什么是僧侣层级?

“僧侣层级”（hieratic scale）是埃及与近东、欧洲中世纪等文化常用的艺术系统，在视觉上区分了人物地位的尊卑。在某个场景中，至关重要的个人（如法老），会比任何其他人物都大。在纳米尔石板上，僧侣层级能帮助我们在人物众多的拥挤场景中轻而易举地认出纳米尔王。

什么是象形文字?

象形文字（hieroglyphs）是古埃及人使用的文字系统，由图画和字母组成。“Hieroglyph”一词来源于希腊语，“hieros”即“神圣的”，“glyph”意为“书写”或“绘画”。古埃及象形文字一直未能破译，直到 18 世纪，人们才发现了古老的罗塞塔石碑（Rosetta Stone）。这座花岗闪长岩石碑上刻有同一段内容的三种不同语言版本：古埃及象形文字、一种称作“世俗体”（Demotic script）的埃及草书以及古希腊语。根据这些文字，学者们终于读懂了很多之前无法翻译的象形文字。古埃及象形文字出现在纸莎草纸卷、壁画和石刻上，通常伴随着图像，用来说明场景和人物。

埃及人为什么建造金字塔?

金字塔属于大型丧葬建筑，底部为正方形，四面是三角形的斜坡。这些像山一样巨大的建筑是埋葬埃及法老的地方，而且有重要的宗教和政治用途：保护法老的灵魂（ka），或者帮助灵魂进入来世。吉萨大金字塔群（Great Pyramids of Giza）是最著名的金字塔之一，其中最大的金字塔有近 140 米高，建于古王国时期，也就是约公元前 2575 年至前 2150 年。吉萨大金字塔群是为了第四王朝的统治者孟卡拉（Menkaure）、哈夫拉（Khafre）和胡夫（Khufu）建造的。古埃及的花岗岩和石灰岩金字塔建筑通常用于纪念古埃及神圣的统治者。

什么是狮身人面像?

吉萨大狮身人面像（约公元前 2520—前 2494 年）是一座巨大的狮身人面雕像（Sphinx，斯芬克斯），在一座自然形成的花岗岩小山上雕刻而成。人们认为这座 70 多米高的庞然大物代表的是古王国法老哈夫拉。与亚述的人首翼牛雕像作用一样，埃及人用雄狮的形象来保护大门。他们认为雄狮从不睡觉，而且象征着太阳。古埃及和大部分古代世界都认为半人半兽是神，这尊雕像将哈夫拉神圣化，提升到了神圣统治者的地位。

为什么埃及的雕刻人像看上去特别僵硬?

古埃及人需要保证他们的雕刻人像（尤其是法老的雕像）永存于世，因此必须严格按照标准来制作，而且必须能通过精美的头饰和假胡须清楚地辨认出法老。在众多法老雕像中，统治者通常都是垂直站立或坐在宝座上，两手放在膝上，一只手握拳，另一只伸平。这些端庄威严的雕塑令人心生敬畏，而且它们非常耐久。法老孟卡拉与妻子（吉萨的一位王后）的雕像是由同一块灰色砂岩雕刻而成的，两尊雕像都以僵直的姿势站立。孟卡拉的身体年轻强壮，双手握拳置于身体两侧，左脚坚定地向前跨了一步，而王后的手臂则柔美地环绕在法老腰间，两个人以相互支持的姿势拥抱在一起。这座雕塑符合严格的埃及人物雕像传统，明确地展示出统治者的权力以及他身边王后的地位。

什么是奈菲尔提蒂胸像?

奈菲尔提蒂（Nefertiti）是阿玛尔纳时期（Amarna，约公元前 1349—1336 年）的国王、法老阿肯那顿（Akhenaten）的王后。德国考古学家路德维希·波哈特（Ludwig Borchardt）于 1912 年发现了这尊胸像后，学者和公众便立即被它迷住了。这尊彩绘的石灰岩胸像表现的是奈菲尔提蒂美丽优雅的面庞和颈项，独特的蓝色王冠上还装饰着几何图案。人们通常认为，奈菲尔提蒂是古代世界最美丽的女人之一，这尊雕像证实了这一点。

奈菲尔提蒂胸像

为什么阿玛尔纳时期的艺术与其他埃及艺术如此不同?

新王国时期，名为阿蒙诺菲斯四世（Amenophis IV）的统治者脱离了埃及的传统宗教观，只崇拜唯一的神——太阳神阿顿（Aten）。为了向太阳神表示敬意，他改名为阿肯那顿。这位法老不仅摆脱了之前的宗教习俗，还改变了艺术传统。他统治期间的大部分艺术形式中，阿顿神都被表现为一个圆盘形的太阳，四周放射出直线状的光芒。每束光线都有一只小手，通常朝下指向阿肯那顿，象征着神的祝福。阿肯那顿的艺术表现与传统埃及艺术的不同之处在于，他的形象并不是理想化的，从他和妻子奈菲尔提蒂的石灰岩浮雕可以看出来。事实上，他甚至显得有点丑，下颌骨突出，身体细长。在浮雕中，他与奈菲尔提蒂坐在一起，正在陪孩子玩耍。无论是在此之前还是之后，描绘法老的艺术作品都与这个温馨的家庭场景完全不同。

为什么埃及的人物形象有两只左脚？

埃及艺术中的人物、尤其是法老或者其他重要人物的形象，基本都是扭曲视图的侧面像。埃及艺术家专注于描绘他们所知存在的东西，而不一定是他们在某一时刻所看到的事实。为了让图像尽可能清楚，艺术家们在描绘任何事物时，都呈现出它们特征性最强的角度。例如，人的头部侧面像最能明确地表现头部特征，而脸一侧的一只眼睛通常是正面描绘的，肩膀也是。像头部一样，每只脚都从侧面描绘，所以它们看上去都是左脚。缺乏写实性是埃及艺术传统的一部分，而且与埃及人按记忆而不是观察自然来创作艺术有关。

古代中国艺术

古代中国的主要朝代有哪些？分别盛产什么样的艺术品？

朝代	年份	艺术品类型
新石器时代（前王朝）	约公元前 7000—前 2250 年	大规模建筑；彩绘陶器；玉雕
夏朝（有争议）	约公元前 2250—前 1700 年	极大型建筑；陵墓；早期青铜器

续表

朝代	年份	艺术品类型
商朝	约公元前 1700—前 1045 年	分件铸模法制造青铜器；玉器和漆器；骨雕
周朝	约公元前 1045—约前 480 年	失蜡法制青铜钟；大型陵墓
战国时期	公元前 480—前 221 年	装饰性很强的青铜器和玉器；木胎漆器；丝绸织物
秦朝	公元前 221—前 206 年	大型陵墓；仿真泥塑
汉朝	公元前 206—公元 220 年	丝绸绘画；玉雕；金属器；佛教开始在中国传播
大分裂（魏晋南北朝）时期	公元 220—589 年	壁画；陶瓷；屏画；石雕；佛教艺术；世俗艺术；书法

什么是儒教?

儒教起源于中国，既可以被认为是哲学，也可以被归于宗教。英文中的儒教（Confucianism）是根据孔子（Confucius）命名的。孔子生于公元前 551 年，是一位学者，他的教导奠定了儒家哲学的基础。儒教关注社会中人与人之间的关系，包括与祖先、甚至皇帝的关系。“仁”是成为“君子”的重要条件。在汉代（公元前 206—公元 220 年），儒教成为了国教，对中国的文化艺术产生了深远的影响。

什么是道教?

与儒教一样，道教同样既是哲学也是宗教，同样起源于中国。道家哲学比儒家哲学更关注形而上学，强调直觉和与自然的和谐相处。道教是基于老子和庄子两位古代哲学家的学说创立的。“道”意为“终极真理”，以水为喻，水非常柔顺，可以轻轻地绕过障碍，但也非常强大，哪怕是最大的石块也会被它化为沙砾。

秦始皇为什么建造兵马俑?

1974 年，人们意外地在临潼发现了一处规模庞大的秦始皇陵墓，里面有

超过七千尊真人大小的陶俑兵马，排成阵列。每位士兵身上都有彩绘，身体由一些模制的部件拼装而成，所以看上去非常真实，而且每人的相貌、神情各不相同。陵墓内部空间很大，像皇帝生前的宫殿一样宏伟，符合中国古代统治者以他的生前的财富（和他的随从）作为陪葬的丧葬传统，与古代埃及人的习俗相似。陶俑军队永远守护着皇帝和他的物质财富，在他去世后仍然为他效忠。

什么是方鼎?

方鼎是一个方形或长方形的四足容器，是一种典型的商代（中国最早的王朝之一）青铜礼器。方鼎等青铜器与古代中国的萨满教有一定的关系，均用于在宗教仪式上盛放祭祀的食物和酒。皇家陵墓里曾发掘出很多方鼎，器身上常常有复杂精细的动物和几何图案纹饰。

三星堆的“青铜立人像”有什么意义?

商代的艺术家擅长用“分件铸模法”制作青铜雕塑，尤其是盛放水、酒和食物的青铜器皿。但是，当三星堆的“青铜立人像”被发现时，学者们都惊讶万分，因为它改变了人们对古代中国艺术的认知。这尊男性雕像 2.5 米多高，形象非常抽象，身体为长圆柱形，手肘突出，大手呈圆筒形。这样的雕塑前所未见。现在，学者们认为当时除了商朝以外，可能还存在其他重要的文化，也在进行艺术创作。

青铜立人像

古代中国人如何模铸青铜器?

古代中国人用一种称作“分件铸模法”的技术来制作礼器及其他青铜器。第一步是为整件器皿做一个泥模，然后用更厚重的泥包裹住“模”，形成“范”。待干透后，泥范被分为几块，取出里面的模。随后把范重新组合起来，倒满熔化的青铜。青铜是锡、铜及其他金属的合金，熔点为

1800 摄氏度，需要大量劳力来制作。

丝绸之路对古代艺术贸易有什么影响?

公元前 2 世纪的丝绸之路是地球上最长的路，长度超过 8000 千米，连接着当时中国的都城洛阳和西欧的城市罗马，还有很多分支，最远可到达印度和阿富汗。自东向西的旅程起点位于中国长城最西端的玉门关，商品在路上经历多次转手，才能到达丝绸之路的最远端。丝绸之路让古代罗马人接触到了彩绘中国丝绸以及象牙、金子、宝石和香料等其他奢侈品。

什么是璧?

尽管这些圆形的吊坠看上去像是可佩戴的珠宝，但是它们作为珠宝却过于笨重了，其实更可能是祭天用的礼器。璧主要由一种与玉相似的绿色软玉雕刻而成。有些表面光滑，只有一些雕刻工具的磨痕，而另一些则有精雕细琢的纹饰图案。中国洛阳附近的一座古墓中发现了一件周朝的璧，表面雕刻着精美的龙纹。古代中国人认为，龙是力量的象征，可以在天地之间自由行走，而且能带来雨水。当时，打磨和抛光这件周朝璧表面的龙和其他抽象图案一定非常困难，而且需要花费大量的时间。

中国的文字是如何形成的?

英文字母代表不同发音，而中文的每个文字则代表了完整的词语或含义。与近东的楔形文字和埃及的象形文字一样，有些汉字最开始是图形文字，字形与被描述对象十分相似。中文极具视觉效果，自古至今，这种看字形即可得字义的语言一直在影响着中国的艺术。

中国建筑是什么样的?

尽管古代中国的建筑没有一座得以幸存至今，但是汉代（公元前 206 年—公元 220 年）的房屋和宫殿通过陶土模型保留了下来。这些模型是为汉墓制作的，由于它们的存在，学者们才对当时的建筑样式有所了解。汉代的建筑由木材建造而成，其中弯曲的房顶和突出的屋檐最有特点。汉代建筑的承重系统由立柱与横梁组成，这说明，墙壁不需要承载任何结构重量。彩绘屏风（通常为红黑两色）用于分隔各个房间。木质结构中其他部分则用彩绘或漆来覆盖，以防止木料腐坏。

早期日本与朝鲜

什么是绳纹陶器?

日本绳纹文化（Jomon，约公元前 10000—前 300 年）是一个定居的狩猎采集社会，有着历史悠久的制陶传统。中晚期的绳纹陶器创意十足，陶土经过拉伸、扭曲，形成独特的形状。动物形状的土偶（*dogu*）很可能是它们的所有者高度抽象的肖像。有些陶俑脸部呈心形，手臂长且扭曲缠绕，甚至还有像文身一样的记号。

什么是埴轮?

埴轮（*haniwa*）是日本古坟时期（公元 300—710 年）的一种无釉陶器，主要用作坟墓的形象标记。埴轮从简洁的圆柱形发展而来，反映出日本文化对简单、自然的设计的偏爱。没有一尊埴轮完全对称，相反，它们都被故意制成了不规则的形状。我们还不知道埴轮的具体用途，但是有可能是冥界与现世之间的桥梁。

什么是伊势神宫?

伊势神宫（Ise Shrine）是重要的日本神社，用于祭祀日本天皇的始祖天照大御神（Amaterasu）。神道教源于日本本土，既是一种哲学，也是一种宗教。神道教的基础是水洗仪式和礼拜当地的万物之灵，即"神"（*kami*）。伊势神宫的主要建筑，是一个茅草屋顶的主神坛，由木桩支撑，使其高于地面。神坛由天然柏木制成，无彩绘，风格自然简洁。历史上，只有日本皇室家族可以进入伊势神宫内部的神殿祭拜。每隔 20 年，主神坛会在原址全部重建一次，这是一项重要的政治和宗教仪式。

什么是新罗王冠?

尽管受到了中国文化艺术的影响，但朝鲜艺术仍然自成一格，历史悠久。公元前 100 年前后，新罗（Silla）王国控制了朝鲜半岛的大部分地区。新罗的金玉王冠可追溯到大约公元 5—6 世纪，由金箔制成，上面装饰着珠宝和小金属片，其直立的形状可能与树木或鹿角有关，象征生命和超自然力。这顶王冠有可能用于仪式，也可能根本不会用于佩戴。

新罗皇冠

古代美洲艺术

什么是奥尔梅克巨石头像?

公元前 1200 至前 600 年，现代墨西哥地区的奥尔梅克（Olmec）文化正处于鼎盛时期，它被认为是中美洲的"母文化"。奥尔梅克社会未留下文字语言，但是他们留存下来的纪念碑式的艺术，却显示出该文化有着明确的社会分级。在墨西哥韦拉克鲁斯的圣罗伦索发现的巨型头像，是美洲辨识度最高的重要艺术品。这些巨石头像由玄武岩雕刻而成，每尊雕像重约 5—20 吨，最高达 2.5 米。这些雕像均宽鼻、厚嘴唇，面部特征明显，头上戴着有护耳和下颌固定带的头盔。学者们认为，它们都表现了奥尔梅克文化的统治者或史上重要人物。

奥尔梅克巨石头像

什么是瓦尔迪维亚雕塑?

瓦尔迪维亚文化（Valdivian，约公元前 3550—前 1600 年）处于厄瓜多尔南部，是比埃及古王朝更古老的文化。瓦尔迪维亚人擅于制作陶像，这是一种美洲早期艺术的代表性艺术形式。陶像通常很小，有些具有男女双性的特征，而且其中大部分是在居住区域内发现的，说明它们与女性和丰产有关。

什么是拉蒙蒂石碑?

拉蒙蒂石碑（Raimondi Stela）上雕刻了半人半兽的美洲豹神，是南美洲秘鲁安第斯山脉地区的查文（Chavin）风格艺术品。查文文化是秘鲁文化的“母文化”，兴盛于公元前 1500—前 300 年间，其美术作品上的图案复杂抽象，常包含美洲豹和鹰等动物形象。拉蒙蒂石碑上面雕刻的美洲豹被称为杖神（Staff God），头戴精美的头饰，上有一摞蛇怪的头。这幅盘根错节的抽象图案画面十分均衡、对称。

什么是纳斯卡线条?

纳斯卡线条

纳斯卡（Nazca）线条是秘鲁南部发现的大型地画，这些浅浅地刻入地面的图案，是公元 400—600 年期间纳斯卡文化遗留下来的艺术。地面的线条构成了动物、自然或几何形状等有象征意义的图形，例如蜂鸟、猴子、蜥蜴、花朵、树、螺旋和梯形。这些图形中有的超过 120 米长，艺术家通过刮去表面的褐色岩层，露出下面偏白的土层，在地上画出了白色的线条。学者们猜测，纳斯卡地画是星座的图案，或者与天文学有其他关联，不过，至今仍没有发现确切的联系。纳斯卡线条也有可能是宗教仪式的一部分，或是为神绘制的，因为只有从空中才能看清它们的全貌。

爱琴艺术

什么是爱琴艺术?

爱琴（Aegean）艺术是指古希腊之前出现的地中海三大文明所创作的艺术：季克拉迪（Cycladic）、米诺斯（Minoans）和迈锡尼（Mycenaean）文化。这些群落被统称为爱琴文明，在青铜时代（约公元前 3000—前 1200 年）最为繁荣。季克拉迪文化起源于名为季克拉迪的群岛，而米诺斯人在克里特岛上生活，之后的迈锡尼人居住在希腊的大陆上。地中海气候温暖，爱琴艺术神秘莫测，以描绘当地自然世界与地理气候的生动雕塑和壁画而著称。

什么是季克拉迪雕塑?

季克拉迪文化（约公元前 3000—前 1200 年）的代表性艺术品是陶制雕塑。季克拉迪的艺术家使用各种各样的原材料制作雕塑，从质量较差的陶土到大理石都有，做出了人类、动物和其他造型，其中最有名的季克拉迪雕塑是女性人像。这些雕像大小不一，简化成抽象、风格化的几何形体。它们表面光滑，仅有很少的细部雕刻，脸部特征和其他细节可能曾经是绘制上去的。很多雕像的面部只有鼻子，双臂交叉于胸前，仿佛沉沉入睡或已经死去。人像背面是平的，脚趾向前突出，说明它应该背面朝下平躺放置。事实上，很多类似的雕像都是在坟墓附近发现的，因此有可能是丧葬用品，但是我们仍不清楚它们的具体用途。

什么是克诺索斯宫殿?

神秘的米诺斯文化以迷宫一般的克诺索斯宫殿（Palace of Knossos）闻名，1900 年，英国考古学家亚瑟·伊万斯爵士（Sir Arthur Evans）在克里特岛上发现了这座宫殿，并称其为“米诺斯宫殿”，引用了神话中囚禁了弥诺陶洛斯（Minotaur，牛头人身怪）的迷宫。克诺索斯宫殿建筑群共有几百个大小形状各不相同的房间，包括储藏室、工作室和行政 / 管理室。其中一个储藏室大到可以装下 7.5 万升罐装油。尽管宫殿的内部结构杂乱无章、令人困惑，但是每个空间都设计了通风、排水设施，而且墙壁上装饰着精美的壁画。宫殿看上去像是被完全毁坏后重建的，因此米诺斯文化可能经历过至少一次重大自然灾害，比如大地震或火山喷发——或者两者都发生过。

阿伽门农面具

什么是“阿伽门农面具”？

“阿伽门农面具”（Mask of Agamemnon）是考古学家海因里希·施里曼（Heinrich Schliemann）在迈锡尼城堡内发现的黄金随葬面具。这件面具覆盖在死者面部，杏仁形的眼睛似闭合状。大部分面部细节经过了抽象化处理，如曲线形的耳朵、圆形的下颌，但是有些细节可能属于个人特征。施里曼认为，他当时正在发掘的城堡，就是传说中特洛伊战争英雄阿伽门农的居所，金面具因此而得名，不过，这在后来却成为了争论的焦点，有些人声称施里曼造假，认为金面具是他自己敲出来的。至少，现在的学者已经不再相信面具一定属于阿伽门农，但是仍然认为面具的精美工艺和它所表现的力量十分震撼。

古代希腊艺术

古希腊艺术分为哪几个主要时期?

公元前 1000 年之前，希腊文明就已经在地中海地区逐渐繁荣兴盛起来，但公元前 1 世纪时，该地区被罗马人攻占。几千年来，希腊人创造的艺术和建筑，为之后的西方艺术奠定了基石。学者们把希腊艺术分为几个时期或类别，其中最主要的是几何风格时期、古风时期、古典时期和希腊化时期。

时期	年份	描述	举例
几何风格时期（Geometric）	约公元前 900—前 700 年	绘画和雕塑以风格化的线性图案为主，如螺旋、菱形和交叉线	狄庇隆（Dipylon）墓地发现的陪葬陶瓮，雅典
古风时期（Archaic）	约公元前 600—前 480 年	雕塑和绘画以更自然写实的风格为主，受到近东和埃及的影响	阿提卡（Attica）的青年立像
古典时期（Classical）	约公元前 480—前 323 年	希腊艺术与建筑的最高成就，强调平衡、理想化的人体比例以及自然主义	里亚切（Riace）青铜武士像
希腊化时期（Hellenistic）	约公元前 323—前 31 年	从亚历山大大帝去世之后开始；绘画与雕塑非常自然写实，表现力强、戏剧性的风格。	拉奥孔（Laocoon）与他的儿子们

什么是建筑中的古典希腊式样?

希腊建筑师按照一套较严格的惯例来设计神庙，以达到希腊人重视的平衡、统一的美学效果。三个主要的希腊“式样”（或神庙设计样式）为：多立克式、爱奥尼式和科林斯式，合称“古典希腊建筑式样”。这些建筑比例与风格系统对后期建筑有深远的影响，至今仍然被用于建筑设计。

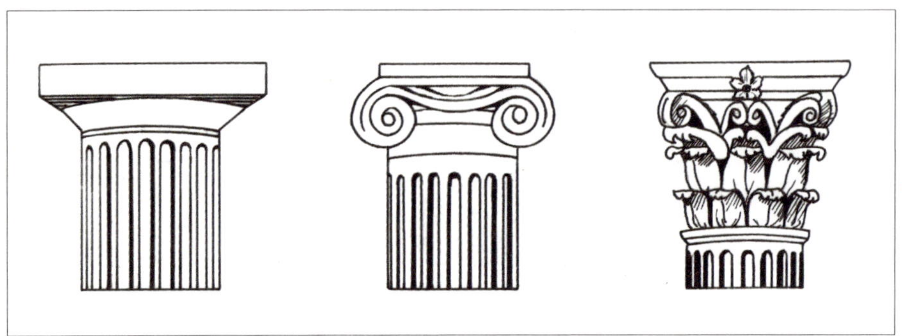

希腊古典建筑式样，依次为多立克、爱奥尼和科林斯

什么是多立克式样?

多立克（Doric）是最早出现的建筑式样，一直持续至公元前 7 世纪末。该式样中的立柱无底座，支撑着一个水平的檐部（entablature）。多立克立柱的高度约为宽度的 5 倍，比例为 5:1，柱身饰有垂直的浅凹槽。立柱顶端支撑着多立克式檐部，檐壁上有一圈雕带（frieze），间隔装饰着三陇板（triglyph）和柱间墙面（metope）。

帕特农神庙是典型的多立克式建筑，由大理石建成，用于祭祀雅典城的守护神雅典娜。它坐落在雅典城中心的卫城山丘上，卫城内也包括其他重要的建筑结构。公元前 4 世纪，帕特农神庙在著名政治家伯里克利（Pericles）的领导下建成，象征着雅典作为文明、进步、民主的世界中心城市的地位，同时也是为了庆祝希腊人不久前击败波斯帝国。帕特农神庙的外部四周都装饰着精美的建筑雕塑，12 米高的镀金雅典娜雕像立于神庙中央的基座上。

什么是爱奥尼式样?

爱奥尼（Ionic）式样是三大希腊古典建筑式样中的第二种，其立柱比多立克式更细长。爱奥尼式立柱的高与宽之比约为 9:1，顶部的柱头形如正在展开的纸卷，称为“涡卷”。

雅典娜胜利女神神庙（Temple of Athena Nike）位于雅典卫城山顶，建于公元前 427 年至前 424 年，属于爱奥尼式样神庙。这座小型建筑长 8 米、宽 5 米，17 世纪时被入侵的土耳其人彻底损毁，随后重建。它之所以著名，是因为两端的门廊以及一件名为“系鞋的雅典娜胜利女神”的浮雕残片。在这件优雅的浮雕像中，身着飘逸贴身长袍的女神正在弯腰调整鞋子，而长袍从一侧肩膀落下，在这一刻让她显得脆弱、柔美、充满情欲。

什么是科林斯式样?

科林斯（Corinthian）式样是三大古典希腊建筑式样中出现最晚，也是最高、最精美的一种。科林斯立柱高宽比约 13:1，即高度是宽度的 13 倍。科林斯式样最初是为室内设计的，柱头饰有毛茛花朵和树叶。多立克和爱奥尼式样有突出的檐口，科林斯式的檐部却是平整的。根据罗马建筑师兼作家维特鲁威（Vitruvius，之后的文艺复兴时期作家瓦萨里再次提及），艺术家及诗人卡利马库斯（Callimachus）设计科林斯柱头的灵感，来源于放在希腊科林斯城邦内一位年轻女孩坟墓前的花篮，花篮内盛满毛茛叶。

奥林匹亚宙斯神庙（Temple of Olympian Zeus）是希腊化时期的神庙，始建时用的是多立克式样，多年后完工时却变成了科林斯式样。神庙巨大的立柱约 17 米高。以古典建筑为灵感的现代建筑至今仍然会融入科林斯式设计，比如纽约的邮政总局和美国国会山。

什么是克罗斯?

克罗斯（kouros，复数是 kouroi）是指古代希腊艺术中古风时期的独立青年男子雕像，类似的女子雕像称为克萝（kore，复数是 korai）。这些常为真人大小的雕像受到了埃及雕塑的影响。克罗斯的脸部直面前方，一只脚向前跨一小步，很像《孟卡罗与王后》（*Menkaure and a Queen*）的雕像。人物双臂紧贴身体两侧，头发编成几束风格化的长辫。与埃及雕塑不同，男子立像克罗斯身上一丝不挂，以强调年轻的体魄与对运动的崇尚。

什么是古拙微笑?

仔细观察古风时期的青年男子或女子立像，你可能会发现其唇角有一丝微妙且漫不经心的微笑。唇部闭合的古拙微笑（Archaic smile），给冰冷的石像注入了温暖的生命气息。《柏林克萝》（*Berlin Kore*，公元前 570—前 560 年）呈现了一位姿势如同立柱的女人，雕像上还残存了一些红色颜料。这个女人的长袍下摆僵硬，布料的皱褶正像是多立克立柱上的垂直浅凹槽。她手拿一个石榴，可能与神话中的珀耳塞福涅（Persephone）有关，珀耳塞福涅被冥王哈迪斯（Hades）绑架后带回冥界，成了他的妻子。与身体其他部分的朴素僵硬不同，《柏林克萝》的面部展现出古拙的微笑，让她仿佛有了生命。

谁是埃克塞基亚斯?

古典时期的希腊陶瓶上绘有古代世界最令人惊叹的画作，而埃克塞基亚斯（Exekias）则是当时最伟大的陶瓶画师。大约公元前 6 世纪时，埃克塞基亚斯生活在雅典，以“黑绘风格”著称，即在红色背景上绘制黑色的人物图案。他的作品画面十分优雅、秩序井然。于公元前 530 年左右制成的《阿喀琉斯与埃阿斯掷骰子》（*Achilles and Ajax Playing Draughts*）陶瓶，是他最有名的作品之一。画面中的场景发生在特洛伊战争的休息时间，神话中的战士们坐下来玩起了古老的西洋棋游戏。该场景两侧十分对称，艺术家绘制人物时考虑到了陶瓶隆起的形状。埃克塞基亚斯不仅绘制陶瓶，也是制陶师；这尊陶瓶底部的签名写道：“埃克塞基亚斯制作并绘制了我。”

埃克塞基亚斯的《阿喀琉斯与埃阿斯掷骰子》

《克里托斯少年》有什么突破性的意义？

《克里托斯少年》（*Kritios Boy*，约公元前 470 年）是一尊被损坏的雕像。他的手臂从肘部脱节，而且也没有脚，双腿下面被截去。他的头发如同一个扣在头上的碗，“碗”口有一圈卷发。然而，这尊落满了灰尘的历史遗物却代表着艺术史上最重要也最令人激动的创新之一。《克里托斯少年》不是一尊普通的古风时期雕像，他的眼睛不再向前直视、目光空洞。他的身体重心偏向一侧，臀部倾斜，一条腿微曲。这个姿势称为 *contrapposto*，即“对立平衡式”。尽管变化不大，但是《克里托斯少年》却看上去比之前类似的雕像生动得多。这尊独立的、有轻微动感的圆雕的脊椎略有弯曲，头部稍偏向一侧，会吸引观者围着他转一圈，全角度欣赏。顽皮的古拙微笑消失了，取而代之的是庄重、严肃的神情。克里托斯少年是一位年轻的运动员，代表了希腊理想中的青春年华、男子气概以及强健的体魄和心灵。

《克里托斯少年》

什么是卡里亚提蒂？

卡里亚提蒂（caryatid，即女像柱）是古典时期建筑中作为柱形支撑结构的女性雕像。罗马建筑师及作家维特鲁威曾提到，卡里亚提蒂是以卡里埃（Karyai）小镇上的斯巴达女人命名的，她们在波斯战争中背叛了她们的人民，所以被惩罚在建筑中支撑着沉重的檐部。伊瑞克提翁神庙（Erechtheion，公元前 421—前 405 年）是卫城上的一座建筑，以其“处女门廊”而闻名。门廊上有六尊女像柱，面向南侧的帕特农神庙。和克里托斯少年一样，每尊女像柱都采用对立平衡式姿势，一条腿承受着伊瑞克提翁神庙的爱奥尼式檐部的重量，另一条腿自由地微微弯曲。她们的长袍如同立柱的垂直浅凹槽，令卡里亚提蒂们流畅优雅的身姿显得更加稳重。

谁是普拉克西特列斯？或“普拉克西特列斯在哪里看见了我的裸体？”

《尼多斯的阿佛洛狄忒》

普拉克西特列斯（Praxiteles）是一位希腊雕塑家，生活在公元前4世纪的雅典。他与雕塑家史珂帕斯（Skopas）、留西波斯（Lysippos）一起，被认为是古典时期最重要的艺术家之一。约公元前350年为希腊城市尼多斯（Knidos）创作的《尼多斯的阿佛洛狄忒》（*Aphrodite of Knidos*）是他最著名的作品。这是有史以来第一次有艺术家制作大型全裸女性雕塑（展现男性裸体很常见，但是传统上女性雕像是身着服饰的）。《尼多斯的阿佛洛狄忒》的美丽令人倾慕，而且可以从多个角度欣赏。她的皮肤看上去柔软而有弹性，身体呈优美的对立平衡姿势，重心偏向一侧。普拉克西特列斯的这件作品，为女性裸体的表现方式奠定了全新的标准。作品本身是如此之美，以至于传说中的女神阿佛洛狄忒路过尼多斯时，看到这尊雕像，都惊呼：“普拉克西特列斯在哪里看见了我的裸体？”普拉克西特列斯的艺术风格大受欢迎，后来被广泛地模仿。

《米洛斯的维纳斯》的手臂怎么了？

1820年，一位农民在希腊的米洛斯岛（即雕像名字来源）上偶然发现了《米洛斯的维纳斯》（*Venus de Milo*）。自此以后，《米洛斯的维纳斯》成为了世界上最有名的艺术品之一。在同一个地区内还挖掘出了很多大理石碎块，其中某些可能曾经是她的手臂。根据这些碎块，米洛斯的维纳斯有可能右手握着一个苹果。但是，也存在其他的理论，例如，也许她正对着一块抛光的盾牌欣赏自己的倩影，这就解释了为什么米洛斯的维纳斯左腿弯曲，身体稍稍扭曲。不幸的是，与雕像同时发现的其他碎片已经遗失。

但是，故事并没有就此结束，这尊美丽的雕像面临着另一个争议。《米洛斯的维纳斯》是古典时期理想的美之典范，还是之后希腊化时期的俗艳作品呢？很多19世纪的学者确信，她是一尊古典时期的雕像，因为她在风格上与古典时期雕刻大师普拉克西特列斯的作品有些相似之处。现代的艺术史学家则认为，她是公元前150年前后制作而成的，这说明她一定属于希腊化时期。而且，由于她的长袍恰好快要从她半裸的身体上滑落下来，形成一种情欲的张力，所以学者们以此为证，认为她更符合希腊化时期的风格。也许，正是包围着《米洛斯的维纳斯》的层层迷雾，才使她显得更加美丽和富有魅力。如果她的双臂完整地保留了下来，说不定就远不如现在迷人了。

什么是帕加马风格?

公元前4世纪期间，亚历山大大帝将希腊文化传遍了几乎半个地球。公元前323年他突然去世后，广阔的帝国四分五裂，形成多个城邦和小王国，其中位于现土耳其地区的帕加马王国（Pergamese），成为了希腊化时期的重要艺术之都。帕加马的艺术有强大的情感表现力，而且重视英雄主义行为。比如《高卢首领弑妻并自杀》（*Gallic Chieftain Killing His Wife and Himself*），就是帕加马风格的雕塑作品，表现了帕加马人在法国击败凯尔特高卢人、获得军事上的胜利的情景。原作由青铜制成，现存的仅是罗马人的复制品。高卢首领之死经过浪漫主义处理，雕像展现出他自杀、而不是向帕加马人投降的场景。已经被他刺死的妻子在他左手臂弯里向地面倒去，他将头转向另一侧，一剑刺入自己的胸膛。这座充满戏剧性的雕像试图激发观者对死去的首领的同情与景仰，同时也是极具表现力的帕加马风格的典范。

什么是埃皮达鲁斯剧场?

埃皮达鲁斯剧场（Theater at Epidaurus，约公元前350年）是古代希腊的公用建筑，可供所有公民使用。戏剧是古代希腊文化与宗教的重要组成部分，宗教仪式中融入了音乐和舞蹈元素，在公共场合演出。包括悲剧和喜剧

埃皮达鲁斯剧场

在内的希腊戏剧，会在埃皮达鲁斯剧场这样的室外空间演出。剧场中央是圆形的舞台，一侧顺着山势雕刻出 55 排逐级升高的半圆形的座位，最多可容纳 14 000 名观众，而且每人都能看到舞台。埃皮达鲁斯剧场的设计非常高效实用，至今仍被广泛借鉴，而且它的音响效果十分完美，现场演出时甚至不需要使用电子音响设备。

伊特鲁里亚艺术

伊特鲁里亚人是谁?

伊特鲁里亚文明在意大利维持了近 500 年的繁荣，直到公元前 509 年，罗马人打败伊特鲁里亚人（Etruscans）并占领了该地区，才宣告结束。古代伊特鲁利亚文化与艺术明显受到了古代希腊的影响。事实上，伊特鲁里亚人还将部分希腊神纳入了他们所崇拜的众神之中。但是，他们也保持了自己独特的传统，并对之后吸收了伊特鲁里亚文化的古代罗马产生一定影响。

为什么罗马人会雇用伊特鲁里亚艺术家?

在古代世界，伊特鲁里亚人以制作青铜器的技艺而闻名，罗马人占领伊特鲁里亚之后，四处寻找伊特鲁里亚的艺术家来制作青铜雕像。伊特鲁里亚艺术家经常制作小型陪葬用品或日常家用物品，也擅长制作人像雕塑。其中的典型例子是一尊公元前 300 年前后的男人胸像，可能是一位显要人物或古代英雄。雕像的眼睛由彩绘象牙制成，散发出一种庄严的高贵感，头发和面部器官也非常精细地表现了出来。

伊特鲁里亚神庙是什么样的?

伊特鲁利亚神庙受到了希腊建筑的影响，并且转而影响了随后的罗马神庙建筑。伊特鲁里亚神庙近似正方形，建在一个高台基座上。神庙由泥砖砌成，庙内三个房间占据了大约一半的空间，另一半则是由两排立柱支撑的大门廊。立柱由木材或称为“石灰华（类似大理石）”的火山岩建成。与希腊建筑在三角墙上设计装饰不同，这些较简单的建筑的房顶上绘有精美的壁画并饰有雕像。伊特鲁里亚神庙的雕像由陶土制成，这是一种非常具有挑战性的材料，而且这些雕塑放置在房顶边缘和栋梁上，看上去很容易掉下来。总体来看，伊特鲁里亚神庙支撑着屋顶上的一圈陶制男神和女神像，显得有些头重脚轻。

为什么伊特鲁里亚坟墓建得像房屋一样?

伊特鲁里亚人习惯将死者焚化，但是他们似乎认为坟墓是死者在冥间的居所。坟墓本身是网格状的，很像一个小型城市中心。浮雕坟墓是一座著名的伊特鲁里亚墓穴，里面有锅、工具甚至沙发，均由石块雕刻而成，而且看上去很像一座普通的伊特鲁里亚房屋中的日常用品。人们甚至发现了一只石雕的家养小狗！但是，也发现了一个石雕的刻尔柏洛斯（Cerberus），即希腊神话中守卫地狱之门的三头狗。与埃及人一样，伊特鲁里亚人想让死者也拥有一个舒适的家。

罗马艺术

为什么罗马人会仿制希腊雕塑?

和现代社会一样，在古代罗马，拥有大量艺术收藏是财富与地位的象征。罗马人十分尊崇希腊艺术，他们不断扩张领土，占领了地中海地区，并从各处收集了很多艺术品和珍宝带回家。罗马艺术家大量仿制大理石和青铜雕塑，迎合公众的需求，主要制作材料是大理石。然而，并不是所有的罗马雕塑都严格按照原样复制。罗马雕塑家以希腊雕塑作为模板，制作成更符合罗马艺术购买者品味的作品。无论怎样，罗马人大量复制雕塑对我们都是一大幸事，很多希腊青铜原作很早以前就被熔化了（为了制作武器和盔甲等），因此，我们对希腊艺术的大部分知识来源于罗马复制品。

罗马建筑与希腊建筑有什么不同?

希腊与罗马的建筑统称为“古典建筑”，因为它们有很多共同点，比如遵从古典希腊建筑式样、讲究平衡与对称等。但是，它们又有几处重要的不同点。希腊人喜欢大理石，而罗马人发明了水泥，并在很多建筑中大量使用这种材料。罗马人还重视圆形，在建筑中经常利用拱形、拱顶和圆顶，而不像希腊建筑常用抬梁式结构。希腊建筑通常内部狭窄，与人类的身高和体格相符，但是罗马建筑的天花板非常高，而且普遍比希腊建筑更华丽。

什么是帕特农神庙?

帕特农神庙（Pantheon）是罗马建筑的重要范例，建于公元 125 至 128 年，即哈德良（Hadrian）皇帝执政期间。19 世纪以前，它一直保持着世界上最宽庙顶的纪录。罗马人像希腊人一样崇拜奥林匹亚诸神，“帕特农”（即“众神”）指的就是该神庙为祭祀所有奥林匹亚神明而建造的。帕特农神庙最初和伊特鲁里亚神庙一样，建在一个高台上，但是周围上百年的发展变化掩埋了它的基座，当时建造的通往高台的台阶也看不见了。入口处的柱廊立柱为科林斯式，走进去即是高大宽敞的圆形大厅。大厅四周的墙壁接近 23 米高、6 米厚，支撑着巨大的圆顶。圆顶顶端有一个 9 米宽的“眼”，也就是圆孔，可以让自然光（有时候是雨）透过，照亮帕特农神庙内部。圆顶直径 44 米，把它建造得如此宽大必然需要工程上的革新。除此以外，帕特农神庙之所以这样令人惊叹，还因为它和谐的比例和美丽的装饰。如果把半球形的圆顶接成一个完整的圆球，那么下面的半球可以与圆形大厅内部四面完美相切。圆顶内部的天花板以一排排下陷的小方块作为装饰，当太阳在天上移动时，阳光会从不同角度透过圆孔，在小方块四周投射出不断变化的阴影。

什么是罗马圆形大剧场？

罗马圆形大剧场（Colosseum）是一座古代罗马的竞技场，可容纳 5 万名前来观看角斗士或动物打斗的观众。罗马人甚至可以将场地注满水，在这里演习海战。这个竞技场建于公元 72—80 年，是罗马最大的圆形露天大剧场，原名为弗莱文圆形剧场（Flavian Amphitheater）。最初，中心场地的面积将近 2800 平方米，整座建筑直径超过 180 米，外侧从上至下共 3 层，每层一圈共 80 个拱门，另外还有一层顶楼，场内共 6 层座位，座位下面的桶形拱廊可供运动员或动物出入。每层拱门都按不同的建筑式样来装饰，越高层的设计越复杂。第一层是简单的托斯卡纳式，第二、三层则分别融入了爱奥尼式和科林斯式的元素。外部曾用石灰华作为墙面，但是后来这种相对较贵的材料被掠夺一空。

罗马圆形大剧场

提图斯凯旋门

什么是凯旋门?

凯旋门是一座大型纪念性建筑，形如独立的拱形通道，古罗马时期常用于纪念伟大的军事胜利。提图斯凯旋门（The Arch of Titus，约公元 81 年）和君士坦丁凯旋门（The Arch of Constantine，公元 312—315 年）是罗马城内两座最有名的凯旋门。由大理石和水泥建造而成的提图斯凯旋门高度超过 15 米，建于罗马皇帝提图斯占领耶路撒冷城之后。建筑内部的浮雕刻画了罗马士兵骄傲地带着战利品回家的场景，甚至包括一架从所罗门神庙拿走的多连灯烛台。约 300 年之后建成的君士坦丁凯旋门，则是为了庆贺君士坦丁大帝在米尔维安（Milvan）桥战役中打败马克森提乌斯（Maxentius）。这是基督教历史上的重要事件，据说在战争开始前，君士坦丁大帝看见一个十字架，并且听到一个声音说“以此标记之名，你将征服”。因为君士坦丁的母亲海伦是基督徒，所以君士坦丁发布了“米兰敕令”，结束了对罗马基督徒的迫害。君士坦丁凯旋门是由半回收材料建造而成的，而且采用了一些纪念先帝（如马可·奥勒留、图拉真、哈德良）的建筑上的装饰浮雕。自此之后，凯旋门用于纪念重要历史事件的传统仍然持续着，在巴黎、纽约和莫斯科等城市都会发现这样的建筑。

什么是《演说家》？

《演说家》（*The Orator*）是一尊真人大小的奥卢斯·梅特路斯（Aulus Metellus）青铜雕像，约为公元前 1 世纪或 2 世纪的作品。梅特路斯是罗马共和国时期的一位罗马官员，这位权威的政治家身着传统的皮靴和托加袍，抬起右臂，正在对群众发表演说。人像雕塑是罗马写实主义传统的一部分，称为“真实主义”（verism），流行于民主的共和国时期。类似的雕像曾被安置在立柱顶端，作为一种纪念方式，雕像仿佛正在向下面的人们宣讲。

什么是罗马错觉艺术手法？

古罗马人善于绘制美丽的绘画来装饰家里的墙面。这些绘画常常像舞台背景一样，制造出空间的幻觉，内容有建筑图案的假象和室外场景。位于意大利的范尼厄斯·希尼斯特别墅（the Villa of P. Fannius Synistor）内有一些最重要的古罗马时期遗存壁画。公元前 79 年，维苏威火山爆发，别墅完全被火山灰掩埋（附近的庞贝古城也被毁坏），直到 20 世纪初才被挖掘出来。这里很多绘画中的物体均使用了“错视画法”（*trompe l'oeil*，直译为“障眼法”）。例如，某幅画中的玻璃花瓶看上去十分逼真，仿佛是一个三维空间中的物体。富有的罗马人在别墅中画满了这些令人产生错觉的壁画，它们是身份地位的象征。

为什么康茂德皇帝穿得像赫拉克勒斯一样？

康茂德（Commodus）皇帝在罗马帝国的执政时间为公元 180—192 年，留下了很多关于他的奇闻逸事。他声称自己是大力士赫拉克勒斯（Hercules）转世，并在正式场合穿得像角斗士一样，历史学家们都认为他精神错乱了。他甚至想让罗马的月份都重新以他命名。《装扮成赫拉克勒斯的康茂德》（*Commodus as Hercules*）是一尊大理石雕像，作品中，这位举止奇特的君主穿得像神话中的英雄赫拉克勒斯。康茂德很可能想用这尊理想化的雕像，来体现他的高贵和英勇，但是他看上去其实显得很滑稽，眼神空洞，眉毛抬起。康茂德引来了一些当时最好的艺术家，这件作品就展示出了雕塑家的高超技艺，非常成功地刻画出康茂德的理想化形象和复杂的人格。

罗马人如何制作镶嵌画?

镶嵌画在古罗马十分流行，和写实风格的壁画一样，广泛用于装饰富人的私人别墅或居所的地板。罗马镶嵌画的重要元素是“镶嵌片”（*tesserae*），通常是正方体的小块玻璃或石头。制作镶嵌画时，需将镶嵌片按入水泥中固定，拼成图案，水泥也是一种最后填灌石缝的材料。镶嵌画板通常由镶嵌画艺术家在其他地方制作完成后，再安装到地板上。罗马人喜欢用镶嵌画的形式复制著名绘画作品，这就需要使用非常细小的卵石来做出绘画的细节。一些遗失或毁坏的希腊绘画以罗马镶嵌画的形式留存了下来。

古典时期的诸神有哪些?

古希腊和罗马人都信仰多神宗教，意思是他们相信有多位神祇存在，每位神祇的表征和性格各不相同，统称希腊罗马诸神。这些古典时期的男神和女神与人类十分相像，常常出现在古代艺术中，人们也为他们建造了很多神庙。

希腊名	罗马名	描述
宙斯（Zeus）	朱庇特（Jupiter）	众神之神，常表现为手持闪电的形象；居住在奥林匹亚山上，统治众神
赫拉（Hera）	朱诺（Juno）	宙斯之妻，掌管婚姻的女神；常因宙斯的众多风流韵事而心生妒忌

续表

希腊名	罗马名	描述
阿佛洛狄忒（Aphrodite）	维纳斯（Venus）	爱、美与性之女神；丘比特的母亲；常与其他神或人类恋爱、发生关系
阿波罗（Apollo）	阿波罗（Apollo）	宙斯之子，阿尔忒弥斯的双胞胎兄弟；太阳神，掌管音乐、射箭、预言和诗歌
雅典娜（Athena）	米涅瓦（Minerva）	雅典的守护神；智慧女神，掌管纺织和艺术
德墨忒耳（Demeter）	色瑞斯（Ceres）	丰产与丰收之神；其女珀耳塞福涅被哈迪斯绑架，带到冥界
哈迪斯（Hades）	普鲁托（Pluto）	冥神
阿瑞斯（Ares）	玛尔斯（Mars）	战神
赫耳墨斯（Hermes）	墨丘利（Mercury）	众神使者；常表现为头戴有翅膀头盔的形象
阿尔忒弥斯（Artemis）	黛安娜（Diana）	掌管狩猎与荒野的处女女神
波塞冬（Poseidon）	尼普顿（Neptune）	海神；手持三叉戟
珀耳塞福涅（Persephone）	普洛塞庇娜(Prosperina)	哈迪斯之妻；春季与花朵女神
厄洛斯（Eros）	丘比特（Cupid）	爱神；阿佛洛狄忒之子
克洛诺斯（Kronos）	萨图恩（Saturn）	泰坦的国王；时间之神
狄俄尼索斯（Dionysus）	巴克斯（Bacchus）	酒神，节日之神

中世纪世界，约 400—1300 年

早期犹太教与基督教艺术

最早的犹太教与基督教艺术是什么样的？

最早的犹太教与基督教艺术中的大部分出现于希腊化时期，融合了近东和古典（希腊与罗马）艺术的风格。早期犹太教艺术家被禁止创作任何可能被当作偶像崇拜的形象，所以他们回避了具象艺术。早期基督教艺术从犹太教和古典艺术传统中提取了一些象征性符号，常见的主题中包括“善良的牧羊人”。古典传统中，善良的牧羊人代表神话中的奥菲斯（Orpheus），他的脖子上架着一只绵羊。早期基督教艺术家以《诗篇 23》（*Psalm 23*）中的“耶和华是我的牧者，我必一无所缺[1]”为原型，创作了早期表现耶稣形象的雕塑和绘画。这是“融合”（syncretism）的典型例证。“融合”

善良的牧羊人

1. 译文引自《圣经当代译本修订版》（CCB），《诗篇》23:1。

一词在艺术史中是指不同文化与宗教的含义及意象的合并。

犹太教传统形象中的重要符号有哪些?

尽管犹太教传统禁止偶像崇拜，但是仍然有一些经常重复出现的图像，尤其是在犹太教堂的装饰中和犹太教圣书《妥拉》（*Torah*）中。犹太教历史中的场景，也是常见的犹太教堂装饰主题，包括摩西的故事等，杜拉欧罗普斯城内的装饰中就有这些场景。重要的犹太教象征符号如下：

- 门诺拉（*Menorah*）——神圣的七连灯烛台
- 首法尔（*Shofar*）——仪式上用于吹奏的公羊角
- 伊多戈斯（*Etrogs*）——柑橘属水果，用于庆祝住棚节（Sukkot），即丰收的节日
- 卢拉乌（*Lulav*）——棕榈枝，用于住棚节

在古代门诺瓦（Menois，现以色列地区）城内一座 6 世纪的犹太教堂里，地面上装饰着罗马风格的镶嵌画，画面中有上面提到的传统基督教符号，还有风格化的鸟类、植物和动物，代表着地球的丰饶和犹太人民的团结。

什么是杜拉欧罗普斯?

杜拉欧罗普斯（Dura Europos）是一座建于公元前 3 世纪的古代贸易城镇，公元 256 年被遗弃，位于现在的叙利亚地区。这座早已被历史遗忘的城镇，直到 20 世纪初才由英国士兵重新发现。城镇的遗迹中有献给宙斯和阿尔忒弥斯等希腊诸神的希腊罗马式神庙，也有古代近东神祇形象装饰的神庙，比如波斯的密特拉斯太阳神（Mithras）和苏美尔的月亮女神的变体——娜娜女神（Nana）。这里还发现了迄今为止最古老的犹太教堂之一，以及一座基督教家庭教会教堂（早期基督教徒和犹太教徒都在家里建造教堂）。杜拉欧罗普斯犹太教堂规模较大、装饰着华丽的室内壁画，以黄色和绿色为主色，而且还有一个放置《妥拉》书卷的壁龛。家庭教会教堂则建于公元 246 年，内有已知的最古老的圣洗池之一。墙上绘制了《旧约》和《新约》中出现的形象，包括耶稣在水上行走的画面。杜拉欧罗普斯遗迹保存了一座丰富多彩的古代文化大熔炉，让学者们得以深入了解古代世界早期犹太教徒与基督教徒的视觉文化。

艺术中最重要的基督教符号有哪些?

- 白鸽：象征纯洁与和平，也象征基督教三位一体中的圣灵。
- 羔羊：代表牺牲。耶稣基督被称为上帝的羔羊，因为他牺牲自我、拯救人类。与此相反，一群绵羊则代表被耶稣（即“善良的牧羊人”）所保护的虔诚的基督教徒。
- 十字架：这是基督教最重要的符号，象征着钉死耶稣基督的粗木梁，也象征着耶稣所受的苦难以及他的胜利和复活。
- 四名福音传教士：也被称为“四福音书”，因为他们撰写了《圣经·新约全书》中的福音书部分。每名传教士都有特定的符号或特征。圣马太是一名男子或天使，圣马可的符号是一只雄狮，圣路加是一头公牛，圣约翰是一只鹰。

什么是哥摩迪拉地下墓穴?

这些用于埋葬基督徒的地下墓穴建于公元4世纪。较小的墓洞（*loculi*，长方形小洞穴）可安葬两三具尸体，但是较大（也更贵）的殡葬室（*cubicula*）可以放入富裕家庭使用的石棺。殡葬室内壁通常会抹上灰泥，并绘制基督教的相关画像。在哥摩迪拉地下墓穴（Catacombs of Commodilla）中发现的很多画面，都重点表现了“圣餐”，即领受面包和酒的仪式，其中的面包代表的是基督的肉体。其他常见画面包括“善良的牧羊人”和“约拿与鲸鱼”等。在《约拿与鲸鱼》的故事中，约拿在海上被扔下船，随后被鲸鱼吞下。三天以后，他又被毫发无损地吐了出来。故事表现了复活、重生与救赎的主题。

什么是巴西里卡式基督/犹太教堂?

早期犹太教和基督教教堂设在私人住房中，后来，由于需要更大的空间，人们开始建造专门用于礼拜的建筑。罗马的巴西里卡式（basilica plan）建筑，专为举办大型市民集会活动而设计，尽管它们属于城市公共设施，但是也给早期的犹太教徒和基督教徒提供了灵感。巴西里卡式教堂的正中是一个中殿，两侧是两条较窄的侧廊，中殿与侧廊之间以一排立柱隔开。中殿的一端是半圆形的后殿，通常朝向耶路撒冷。巴西里卡式犹太教堂通常在后殿中设一壁龛，放置圣书《妥拉》。公元3世纪，君士坦丁大帝开始在罗马大规模建造教堂，最初的圣彼得大教堂就是这段时间内建成的，建造地就是埋葬圣彼得的地方，现称“旧圣彼得大教堂”，因为它已被毁坏，后来在原址建造的新圣彼得大教堂则一直屹立至今。旧圣彼得大教堂曾经非常受欢迎，令巴西里卡式教堂建筑风靡了上百年之久。

圣彼得大教堂

什么是中央式教堂?

中央式教堂的圣坛位于建筑的中心，常用作浸礼堂或陵墓。圣康斯坦齐亚大教堂（Church of Santa Costanza）就是中央式教堂的典型范例，教堂正中是一座圣坛，四周围着一圈回廊，回廊由成对的科林斯式立柱构成。圣康斯坦齐亚大教堂曾装饰着精美的镶嵌画和大理石雕刻。

拜占庭艺术

什么是拜占庭艺术?

公元 4 世纪，罗马皇帝君士坦丁将帝国都城从罗马迁至拜占庭（现土耳其地区），并且毫不谦虚地给新首都起名为君士坦丁堡。公元 476 年，西罗马帝国灭亡后，君士坦丁堡成为东罗马帝国（包括土耳其、希腊、意大利、东欧及北非部分地区）的主要艺术中心。东罗马帝国（或拜占庭帝国）的居民自称为罗马尼亚人，并且认为它们是第二个罗马。东罗马帝国（尤其是君士坦丁堡）非常强大，存在时间比除埃及以外的任何帝国都长久。

拜占庭艺术普遍规模巨大、装饰繁复华丽，受到了东方和西方传统的影响。拜占庭艺术的常见形式，有颜色明亮的镶嵌画、圣像绘画、带彩色插图的手抄本以及纪念性建筑等。

查士丁尼大帝是谁?

查士丁尼（Justinian）大帝是早期拜占庭帝国最强大、最重要的统治者之一。在任期间，他在君士坦丁堡城市和意大利的拜占庭国土上建造了很多大型建筑。位于意大利东海岸拉文纳（Ravenna）的圣维他尔教堂（Church of San Vitale）内，便有很多献给查士丁尼大帝的大型镶嵌画。

位于教堂中心的《查士丁尼大帝与侍从》（*Emperor Justinian and His Attendants*）是该时期给人印象最深刻的拜占庭镶嵌画之一，完成于公元547年前后。画中人物以真人为原型，背景为金色，四周是一圈抽象的几何图案玻璃瓷砖。画面中间头上有光环的人物是查士丁尼，他的左侧是神职人员，右侧是文武官员。士兵们则站在一面大盾牌后，盾牌上装饰着希腊字母“XP”，代表耶稣基督，站在右侧的教堂神职人员则手持镶有珠宝的十字架和福音书。查士丁尼大帝身穿象征着权力（而且在视觉上把他与耶稣的形象联系在一起）的紫袍，头戴华丽精美的珠宝王冠，手捧盛有面包的容器，其中的面包将用于教堂举办的弥撒圣祭仪式。金光闪闪的背景使皇帝与他的侍从仿佛悬于一个与世隔绝的灵界。可以看出，查士丁尼大帝明显曾是拉文纳的主宰者，尽管他可能一生都未曾踏足这座偏远的拜占庭城镇。

《查士丁尼大帝与侍从》

什么是拜占庭圣像?

希腊语中“icon”的意思是“图像”，译为“圣像”，是基督正教教堂宗教崇拜的重要部分。“圣像”是表现圣人、耶稣基督或圣母玛利亚的神圣画像或雕像。拜占庭圣像通常绘制在木板上，但也有象牙、镶嵌画、织物等媒介。圣像具有非常重要和强大的宗教意义——有些圣像甚至与奇迹有关。公元6世纪末，一群保守的“圣像毁坏者”担心圣像本身会被作为崇拜的对象，结果在公元8世纪期间的圣像毁坏之争（Iconoclastic Controversy）中，圣像成为了破坏目标。

什么是圣像毁坏之争?

基督教会发展的初期，曾对宗教艺术中出现具象神像是否合适产生过分歧和争论。“iconoclasm”一词的字面意思是“破坏图像”，圣像毁坏者认为，应该禁止制作具象的神像，而争议的核心是绘制的人像与它所描绘的人物之间的关系。人们对神像崇拜十分忧虑，而且害怕圣像的美会让观者忽视人物的神圣与圣洁性。伊斯兰国的崛起以及伊斯兰教的圣像毁坏观点，有可能对拜占庭的圣像毁坏之争产生了影响。

什么是圣索菲亚教堂?

圣索菲亚教堂（Hagia Sophia）是一座中央式教堂，作为查士丁尼大帝与皇后狄奥多拉所领导的全城重新发展计划的一部分，于公元6世纪在君

夜色中的圣索菲亚教堂

士坦丁堡重建。两位爱好数学的建筑师特拉勒斯的安提莫斯（Anthemius of Tralles）和米利都的伊西多尔（ Isidorus of Mileos）雄心勃勃地设计了这座建筑，他们在该项目中，尤其在设计“漂浮”在教堂上方的巨大穹顶时，应用了对几何学、光学和物理学的理解。他们的建筑成果十分华丽、宏伟壮观，人们甚至传说是来自天堂的天使奇迹般地帮助他们完成了这个工程。穹顶的底部由 40 扇窗户组成，所以人们也曾担心它们是否足以支撑住沉重的顶部，而公元 558 年发生的事则证实了人们的担忧：穹顶坍塌了，不是因为窗户，而是因为支柱不够坚实。重建后的穹顶坡度甚至比原来更陡，高度更高。新的穹顶及增加的支柱幸存至今。圣索菲亚教堂建成近一千年后，奥斯曼人占领君士坦丁堡，将其改成了清真寺。

为什么威尼斯的圣马可大教堂属于拜占庭建筑?

前现代时期，意大利的城市威尼斯与意大利东部地区有紧密的政治和文化联系，所以深受拜占庭帝国文化与艺术的影响。圣马可大教堂就是在这种影响下诞生的一座气魄雄伟的建筑，其设计灵感主要来源于君士坦丁堡的圣使徒教堂。圣马可巴西里卡式教堂的小礼拜堂里安葬了圣使徒马可的遗骨，教堂内部被分为五个区域，每个区域上方都有一个圆顶。教堂内部的墙面上，装饰着大理石和超过 750 平方米闪闪发亮的镶嵌画，其中大部分画面描绘的是圣马可一生中发生的故事，风格与拉文纳的圣维他尔教堂以及其他东欧教堂内部的拜占庭镶嵌画类似，经过几百年的时间才绘制完成。1807 年，圣马可大教堂举办了祝圣仪式，成为一座总教堂。

伊斯兰艺术

什么是伊斯兰艺术?

这是一个极难回答的问题。伊斯兰教起源于公元 7 世纪的中东地区，并迅速向东传播，横跨整个中亚，到达中国部分地区和东南亚，向西则扩张到北非、中非的大部分地区以及欧洲。“伊斯兰艺术”并非明确地指代宗教主题的艺术，而是指代信仰伊斯兰教的文化群体所创造的全部艺术。因此，伊斯兰艺术风格极其多样，受到了各地宗教与世俗文化传统的影响。最常见的伊斯兰艺术形式，包括地毯、挂毯、书法、书籍装饰、金属器和建筑等。

伊斯兰宗教对艺术有什么影响?

和早期拜占庭艺术一样，伊斯兰艺术受到了圣像毁坏观点的影响，禁止绘制偶像，也不能将上帝画成人类的形象。伊斯兰教禁止在艺术作品中描绘先知穆罕默德，甚至还常常扩展到禁止绘制任何人像或动物。因此，大部分伊斯兰艺术的主要特征是复杂的抽象图案，包括动物、几何形状和植物的装饰图案，称为“阿拉伯式花饰”。不过，也有一些例外，比如印度莫卧儿王朝的伊斯兰艺术和波斯艺术都有生动的叙事绘画，描绘了故事或传奇中的人物角色。但是，人们在伊斯兰艺术中，不会看到任何关于上帝或穆罕默德的图像。

伊斯兰艺术中的美是怎样的?

阿拉伯语中的“美”是*jami*。伊斯兰艺术中的美丽事物必须对称、统一、平衡，而这些美学原则也是古希腊和罗马文化所推崇的，所以早期伊斯兰艺术曾受到希腊罗马文化的影响。伊斯兰艺术中另外一个与众不同的特征是“令人惊奇”。中世纪哲学家伊本 - 阿尔 - 哈桑 [Ibn-al-Haytham，西方世界称他为海桑（Alhazen）] 曾说，视觉世界的物体因“它们的各个部分的布局与秩序”而令人着迷。这种对美的态度，解释了为什么伊斯兰艺术常常如此复杂而精细，却能保持平衡与和谐。

什么是《古兰经》?

与基督教和犹太教一样，伊斯兰教也被认为是一种“文字的宗教”，因为它的核心是伊斯兰教的神圣经文《古兰经》。书中包含了公元 7 世纪期间，沙特阿拉伯的先知穆罕默德通过天使加百利从上帝处获得的启示。《古兰经》共分 114 章（*suras*）、6000 节（*ayat*）。这本圣书解释了伊斯兰教的五大支柱，即所有穆斯林需要完成的五项任务，是伊斯兰宗教信仰的基础。《古兰经》是以阿拉伯语书写的，直到近期才被翻译出来，艺术史上出现的《古兰经》版本中，阿拉伯语书法优美，视觉设计令人着迷。

什么是阿拉伯语书法?

伊斯兰艺术中，优美的书法至关重要，书法也是美术和装饰艺术的主要形式。书法（或装饰性手写体）不仅用于装饰书籍、手抄本，还用于装饰地毯、挂毯和建筑墙面。例如，科尔多瓦大清真寺的穹顶内部，就有镶嵌画拼成弯曲的阿拉伯文字。伊斯兰教中，书写是最优雅、最高贵的艺术形式，而且与上帝带给先知穆罕默德的启示有关。在《古兰经》中，上帝宣称："吟诵吧！真主最为慷慨，借笔而教授于人，给人教授他所不知的一切。"（《古兰经》lxviii、1）

什么是库法体?

库法体（Kufic）是以伊拉克的库法城命名的一种早期阿拉伯书法体，从硬币上的铭文或石碑的碑文风格发展而来。由于早期《古兰经》常被很多人一起阅读，所以库法体的字母较大，有较长的横线和圆形曲线。直到 12 世纪，库法体一直都是最常用的书法风格。

什么是清真寺?

清真寺是穆斯林教徒做礼拜的公众场所，在阿拉伯语中为 *masjid*。清真寺最突出的特征是尖塔，也叫宣礼塔，宣礼员会在塔中大声宣布祷告的时间（根据伊斯兰教第二大支柱，一天需祷告五次）。清真寺内朝向麦加圣城（伊斯兰教最重要的城市）的那道墙壁称为基布拉（*qibla*），米哈拉布（*mihrab*）是位于该墙壁中心的装饰性壁龛，用来帮助朝拜者确定麦加的方向。其他清真寺的建筑特征还包括敏拜楼（*minbar*）或称宣教台，以及礼拜前净身沐浴仪式所用的喷泉。清真寺的建筑通常都有大型圆顶和尖头拱门，但是，由于世界各地都有人信仰伊斯兰教，所以各地的清真寺建筑也因文化和地理位置而有很多的不同之处。

什么是圆顶清真寺?

圆顶清真寺（Dome of the Rock，也称岩石清真寺，因中央有穆罕默德"夜行登霄"的岩石而得名）是存世最古老的清真寺之一，位于耶路撒冷的摩利亚山上，倭马亚时期（公元 661—750 年）建成。它的地理位置对犹太教徒、基督教徒和穆斯林教徒都是十分神圣的，人们认为上帝在此创造了亚

圆顶清真寺

当，亚伯拉罕带第一个儿子也来到这里准备牺牲他，而所罗门和希律王曾在此建造了神庙。伊斯兰教中，这里也与先知穆罕默德前往天堂的身体与精神之旅“夜行登霄”有关。

圆顶清真寺是穆斯林心目中第三大圣地，排在麦加的神圣清真寺与麦地那的先知清真寺之后。该清真寺建筑有两道大型回廊，围绕着裸露的岩石，留出了足够的空间，使得众多朝拜者都能够同时看到这座圣坛。

这种圆形的建筑结构与中央式教堂类似，常见于当时耶路撒冷的基督教建筑。建筑中央上方覆盖着一个大型金色圆顶，由内外木壳、16 扇拱形窗、石柱以及内部立柱支撑。立柱和柱顶装饰是用其他古典时期纪念建筑的材料回收再利用组成的。圆顶内外都装饰着风格化的镶嵌画，有植物、花朵的图案和经文书法。圆顶清真寺是伊斯兰教极具影响力的纪念建筑，散发着永恒的典雅气质。

基督教和伊斯兰教的建筑有什么不同?

当你面对基督教和伊斯兰教宗教建筑时，可能会惊讶地发现它们之间有很多相似之处。教堂和清真寺通常都有中央圆顶，而且有些早期的清真寺（如圆顶清真寺）的回廊与中央式教堂很相像。巴西里卡式教堂的中殿通常放满长凳，但是清真寺内部是开放式的，便于穆斯林放置祷告毯并跪在毯上进行祷告。清真寺外部设有尖塔，而基督教堂没有这样的结构，不过，两者都强调建筑的宏伟与高大。装饰方面，很多（当然不是全部）基督教堂布满了镶嵌画、叙事性壁画和彩色玻璃，画面主要内容为圣经故事。清真寺的装饰也表现了《古兰经》中的章节，但是因为伊斯兰教艺术反对偶像崇拜，所以仅通过书法来增强故事的视觉效果。早期教堂和清真寺都有大量镶嵌画装饰。

伊斯兰教的五大支柱是什么?

伊斯兰教的五大支柱是穆斯林信徒一生中必须执行的五项活动，也是信仰的基础，内容如下：

1. 念（*Shahada*），穆斯林信徒对唯一真主的信仰表白
2. 礼（*Salat*），每日五次礼拜
3. 课（*Zakat*），布施
4. 斋（*Sawm*），斋月进行斋戒
5. 朝（*Hajj*），一生中至少到圣地麦加朝觐一次

什么是科尔多瓦大清真寺?

公元 8 世纪，倭马亚哈里发王国（Umayyad Caliphate）向西远及印度，向东达到西班牙和葡萄牙，这片区域在阿拉伯语中称为“安达鲁斯”（*al-Andalus*）。科尔多瓦城是安达鲁斯的首都，也是伊斯兰世界最宏伟清真寺的所在地。科尔多瓦大清真寺（Great Mosque at Córdoba）是有史以来最大的清真寺之一，内部没有圣坛，只有超过 2.3 万平方米的祷告殿。除了规模宏大以外，大清真寺祷告殿的多柱式结构也很有名，一片柱林支撑着双排马蹄铁形红白砖（拱石）砌拱门，看上去宏伟壮观。大清真寺最初建成后，艺术家和建筑师继续进行了两百年之久的装饰和修缮，加入了几何形大理石石雕、大型镶嵌画、公共喷泉和花园。15 世纪，基督教徒占领了西班牙之后，大清真寺被改建成了教堂。

什么是清真寺灯?

清真寺灯为油灯，常见于中世纪时期，特点是中间为球状、顶部喇叭形展开。它们大部分表面有一层釉彩，或由玻璃制成，脆弱易碎，但是会受到精心看护，因为清真寺灯代表了上帝之光。很多清真寺灯都是埃及的马穆鲁克苏丹王于 13 世纪特别定制的，上面刻有《古兰经》中的诗句。

什么是阿尔达比勒织毯?

信不信由你，阿尔达比勒织毯（Ardabil Carpet）其实有两幅，一幅藏于伦敦的维多利亚与艾尔伯特博物馆，另一幅在洛杉矶艺术博物馆。这对织毯于 6 世纪制成，名称来源于伊朗西北部城市阿尔达比勒，曾用于装饰伊斯兰教苏菲派长老谢赫 · 萨菲 - 丁（Shayk Safi al-Din）的陵墓。织毯中央有一个太阳徽章图案，四周饰有 16 个叶状挂坠，太阳上方和下方有一些清真寺灯的图形。其中一幅织毯上的油灯图案比另一幅上的略小一些，从门口看过去，会让眼睛产生油灯大小相同的错觉。制作这两幅织毯需要耗费巨大的人力与物力，维多利亚与艾尔伯特博物馆的毯子由羊毛和丝制成，约 10 米 x 5 米，毯子上大约有 2500 万个绳结。

阿尔达比勒织毯

北欧早期的中世纪艺术

什么是“中世纪”?

“中世纪”（the Medieval Period，也称 the Middle Ages）是指从西罗马帝国灭亡后到 14 世纪意大利文艺复兴开始前这段时期的欧洲历史。由于人文主义认为古典时期与文艺复兴期间的一千年是“黑暗”或野蛮的，所以“中世纪”通常含有贬义。实际上，这段时间的欧洲艺术非常丰富多彩，具有创新性，受到了当时并存于欧洲的多种文化的启发。

中世纪欧洲艺术有哪些形式?

中世纪欧洲艺术呈现出多种形式，从金属器到插图绘本书籍，还有建筑和雕塑等。中世纪的手工匠人设计了华丽的珠宝、书籍封面和教堂装饰。书是中世纪世界最重要的物品之一，其内容书写一丝不苟，由珍贵的墨水和动物皮制作而成。大部分中世纪早期用木料搭建而成的建筑已经不复存在，但是后期的罗马式与哥特式建筑成为了艺术史上最美丽、最出名的建筑典范。

希伯诺－撒克逊艺术与盎格鲁－撒克逊艺术有什么区别?

“希伯诺 - 撒克逊艺术”（Hiberno-Saxon）是指西罗马帝国灭亡后，爱尔兰人（也称希伯诺人）与英格兰南部的盎格鲁 - 撒克逊人（Anglo-Saxon）所创作的非基督教（或异教）艺术。尽管“盎格鲁 - 撒克逊艺术”也包括中世纪早期不列颠群岛的艺术，但是与基督教的主旨和题材关系更紧密。艺术史学家用这两个词指代 600—1066 年（诺曼征服英国）前后产生的艺术。

什么是萨顿胡船?

萨顿胡船（Sutton Hoo ship）是 1939 年在英格兰海岸发现的一艘盎格鲁 - 撒克逊棺葬用船。这艘船应该属于雷德沃尔德（Raedwald）国王，他于公元 625 年去世。当时，将装载遗体的船沉入海底是一种纪念重要人物的丧葬仪式。但是，萨顿胡船上没有发现任何人的尸体，所以这艘船有可能仅用于纪念，而遗体被埋葬在了其他地方。萨顿胡船超过 27 米长，装满了中世纪早期的珍宝，如金币、盔甲和镶满珠宝的饰品，人们在船上还发现了一些中世纪盎格鲁 - 撒克逊艺术中最宝贵的精品。

什么是“动物纹风格”?

艺术史学家用“动物纹风格”（animal style）描述中世纪盎格鲁—撒克逊手工艺人常用的“兽形纹式”或基于动物的设计图案。动物纹风格的抽象动物图案与几何及植物图案融为一体，构成了生动且复杂精细的纹样，尤其常见于金属器。

最著名的动物纹风格艺术品之一，是在萨顿胡船葬中发现的一件手包盖。

手包盖约 20 厘米长，可能曾是装硬币的皮袋的包盖。手包设计精美，交织的金线围绕着深蓝色的珐琅饰板和红色的石榴石，左右是一对高度风格化的人物双腿伸开的形象，每人两侧均有两只狼，环绕着手包盖弯曲的边缘还有一圈蛇形纹，规律地分割成一块块小长方形。对盎格鲁 - 撒克逊装饰艺术（比如这件萨顿胡手包盖）的研究表明，它深受多种中世纪文化的影响，比如日耳曼部族、维京人和基督教徒的文化等。

什么是“维京”艺术?

“维京”（Viking）艺术或“诺尔斯”（Norse）艺术是指斯堪的那维亚半岛的居民创作的艺术，包括现瑞典、挪威和丹麦地区。与盎格鲁 - 撒克逊和希伯诺 - 撒克逊艺术相似，维京艺术也以动物纹风格为特色。中世纪早期，斯堪的纳维亚人也会实行船葬，将重要的人物与他们宝贵的俗世用品埋葬在大海深处。挪威奥塞贝格的棺葬用船长度超过 22 米，装有两具女尸以及约十匹马的骨架。船头和船尾呈大螺旋形，船体表面雕刻着复杂的动物图案，图案中还有维京艺术中常见的龙。

什么是插图手抄本?

插图手抄本（illuminated manuscript）是指绘有插图的书籍，也是中世纪欧洲（以及伊斯兰帝国和其他地区）最重要的艺术形式之一。中世纪早期，制作手抄本是基督教传道者的重要活动之一，而制作手抄本的主要机构是基督教修道院。受过特殊训练的修道士（抄书吏）会将文字誊写到牛皮和羊皮两种动物皮上，因为纸张直到 15 世纪才流行起来。中世纪的插图师会在文字周围绘制彩色装饰，通常还要设计出较大的首字母和全彩整页插图。手抄本的制作需要耗费大量人力和财力，仅墨水就和宝石一样昂贵，有时候还用金箔装饰。有的手抄本甚至用昂贵的嵌珠宝封面保护起来，例如《林道福音书》。

什么是缮写室?

缮写室是专为制作手抄本而设计的工作室。中世纪早期的缮写室位于修道院内部，而后期的缮写室则有时位于重要统治者（如查理曼大帝）的宫殿之中。

什么是《杜若书》？

《杜若书》（*Book of Durrow*）是一部7世纪的基督教福音书，很可能是在苏格兰爱奥那岛上的一座修道院中制作而成的。装饰精美的《杜若书》包含了《新约》中的四部福音书：马太、马可、路加和约翰福音。每部分的首页都是一幅装饰画，绘制着代表每位圣人的符号，比如，圣马太福音的首页插图中，圣马太的象征人物身着彩色的棋盘格长袍，显得十分平面化，完全看不出袍下有立体的身体，也没有手臂。人物表情阴郁，仿佛悬浮在页面中央，四周围着交错的丝带图案，构成页面的边框。《杜若书》中的圣马太画像并不生动，具有中世纪时期艺术的特点：简单、平面化、色彩丰富。

为什么中世纪欧洲绘画如此“糟糕”？

毫无疑问，中世纪绘画一点儿也不写实。大部分经过了简化和平面化处理，人物的比例非常不自然。到底发生了什么？中世纪艺术家忘记如何绘画了吗？这是所谓“黑暗年代”造成的结果吗？

以当代视角看待中世纪艺术时，我们有时候会对绘画质量产生怀疑，但需要记住的是，包括画家在内的中世纪艺术家其实个个技艺精湛，设计制作一丝不苟。中世纪艺术家在选择作品风格时，受到了宗教的影响，与写实主义毫无关系。公元6世纪，基督教会的长老们曾就写实形象对宗教艺术是否合适进行了一番争论。后来，罗马大教皇格里高利宣称：“绘画对不识字者的作用与文字对识字者的作用一样。”（贡布里奇语）根据教皇格里高利所说，中世纪艺术的目的就是简单清楚地描绘出宗教主题。艺术的品质不能过高，以致减弱宗教内容的重要性，必须避免产生偶像崇拜。

《凯尔斯书》

什么是《凯尔斯书》？

希伯诺-撒克逊的《凯尔斯书》

（*Book of Kells*）是最著名的手抄本之一，也是混合了非基督教设计和基督教主题的中世纪艺术典范。《凯尔斯书》中的“XPI 书页”（发音为“器、柔、艾奥塔”）的复杂程度令人惊叹，布满了扭曲的线条和卷曲的螺旋纹，与萨顿胡船上发现的金属器图案类似。这张书页上写着“此为基督耶稣诞生的原因”，是马太福音的扉页。希腊语中的字母 X、P 和 I 是耶稣名字的首字母，如果你仔细观察这些旋转翻腾的希腊字母，就会发现抽象图案中其实融入了人形。字母“P”卷成一个螺旋，一端画着偏向一侧的红发人脸，附近的字母“I”上面也有一个。人们认为这个人脸代表的是耶稣。此外，图案中还巧妙地融入了猫、鼠、水獭和鱼等动物，且应该都具有某些象征意义，只是时间已经过去太久，我们对这些意义已无从知晓。华丽精美的《凯尔斯书》证明了它的制作者——公元 9 世纪期间生活在苏格兰爱奥那岛上修道院中的修道士——的高超技艺和对宗教的热忱。

加洛林与奥托艺术

查理曼大帝为什么对手抄本感兴趣？

公元 800 年，查理曼大帝加冕为神圣罗马帝国的皇帝，控制着包括德国、法国、荷兰及意大利部分地区在内的大块领土。作为神圣罗马帝国皇帝，查理曼的目标是将世俗政府与基督教会统一起来，重建西罗马帝国，而这次，它将成为一个基督教王国。查理曼清楚地看到了艺术与教育的力量，于是把它们当作了他达成目的的重要手段，而且为了占领整个欧洲的事业，他还积极寻求修道院的支持。位于德国亚琛的查理曼皇宫成为了包括建筑师、雕塑家和插画师在内的艺术家的主要聚集地。查理曼的亚琛皇宫缮写室制作了一些 8 世纪末、9 世纪初欧洲最重要的手抄本，促进了基督教的传播、教会实践的标准化，并巩固了皇帝在欧洲的威信。

什么是加洛林书写体？

中世纪早期，由抄书吏负责手工抄写手抄本，尽管这些人都经过特别训练，但是他们的书法总体质量还是比较差，书写时并未严格遵从特定原则。加洛林时期（查理曼大帝及其子嗣的统治时期），一种新的书写系统发展了起来，使不同缮写室制作的手抄本风格更加统一。其中大写字母的绘制方法，是基于古罗马字母表而形成的，大写字母用于作品名称、标题和最正式的抄本。小写字母则使整体书写速度更快、更容易，常用于不那么正式的书稿。想试试读一部 10 世纪的书稿吗？先完善你的拉丁文（中世纪手抄本的主要语言）知识吧！注意哦，加洛林书写体（Caroline script）的拉丁文单词之间可没有任何空格或标点符号！

什么是葛德斯卡尔克福音选集？

《葛德斯卡尔克福音选集》（*Godescalc Gospel Lectionary*），是最早使用加洛林书写体的加洛林手抄本之一，根据抄书吏在书上的签名命名。这个手抄本在亚琛的宫廷缮写室制作而成，主要用于大声宣读，为的是纪念 781 年查理曼儿子的洗礼。《葛德斯卡尔克福音选集》的特别之处在于其自然主义画风和古罗马风格元素的融入，这些贴着金银字母、大量使用紫色颜料（最昂贵的颜料之一）的奢华手抄本，成为之后福音书制作的灵感源泉和模范。

什么是中世纪的表现主义？

中世纪的表现主义是一种重视传达情感与感受的绘画风格。《艾伯书》（*Gospel Book of Ebbo*）中的“圣马太书页”描绘了圣马太坐在桌前奋笔疾书的场景。在画中，圣马太的面部因情感强烈而扭曲，而他的长袍、头发以及背景中低伏的长草均由重复的线条构成，弓着身子、皱起三角眉的圣马太仿佛真的害怕他若不立即记下福音文字，就会忘记神的启示。这幅手抄本插图由金色和彩色墨水在牛皮上绘制而成，创作于公元 9 世纪，是中世纪表现主义的典范。整个画面的场

《艾伯书》

景仿佛被风吹过一般，其戏剧化风格表现出了福音书中情感（而非理智）的元素。

为什么《林道福音书》如此奢华?

这件装饰着珍珠、蓝宝石、绿宝石、石榴石和金饰的书封精美非凡，令人惊叹，尽管从 16 世纪之前就与《林道福音书》（*Lindau Gospels*）联系在一起，但是，它并不是这本 9 世纪福音书的原装封面。书封是查理曼的孙子“秃顶查尔斯”在任期间（840—877），由修道院的工作室制作的，表现了钉在十字架上的耶稣。耶稣四周围满了正在哀悼的人物，但是他本人却身体直立、手掌心向前、目光炯炯有神。这幅作品属于凸纹工艺，即从金属片背面将人物形象敲打成浅浮雕状。金饰闪闪发光，珠宝则令人想起了天堂般的耶路撒冷。奢华的书籍封面还表明了中世纪书籍的内在价值，华丽的材料则强调了耶稣的胜利，预示着他的复活。

《林道福音书》

什么是“圣诗集”?

“圣诗集”（psalter）是指包含《旧约》中《诗篇集》文本的书籍。最有名的加洛林圣诗集《乌得勒支圣诗集》（*Utrecht Psalter*）的特色是书中生动的墨水绘画。这部手抄本于 9 世纪上半叶在皇家缮写室制作而成，其中的插图中融入了建筑和风景，而且文本也采用了罗马风格的大写字体。由于诗篇并无叙事性，所以给它们绘制插图是一个挑战。创作《乌得勒支圣诗集》的艺术家们，通过将某些具体字句绘成图案阐释了文本。

什么是奥托艺术?

奥托艺术是指加洛林王朝衰败后，在神圣罗马帝国东部崛起的强大新王朝所创造的艺术和建筑。奥托一世、奥托二世和奥托三世这三位主要统治者于 919—1002 年间控制着现代的德国地区。在奥托王朝期间，艺术创作欣欣向荣，在建筑、金属器和象牙雕刻等艺术形式上都出现了创新，形成了繁荣的“奥托文艺复兴”。

奥托建筑的主要特点是什么？

奥托统治者十分重视帝国的控制力和军事力量，为此，他们建造了很多仿古罗马的大型纪念性建筑。该时期的教堂为巴西里卡式，屋顶是木质结构（很多后来被烧毁了）。位于德国盖恩罗德的圣西里亚库大教堂（Church of Saint Cyriakus，始建于 961 年），是奥托建筑中保存最好的一座。教堂的建筑师重视建筑的垂直高度，这一全新的角度预示了中世纪后期出现的高度惊人的建筑。圣西里亚库大教堂拥有一个二层走廊、一排高侧窗和一个西面塔堂——即中殿西侧的一面墙，是奥托教堂建筑的重要结构。

伯恩沃德主教之门有什么特别之处？

华丽的伯恩沃德主教青铜门（the doors of Bishop Bernward）是为德国希尔德斯海姆的圣米迦勒教堂专门设计的。这两扇门十分庞大，高度超过 5 米，是有史以来首例通过失蜡法制作的大型青铜雕塑。尽管浮雕装饰十分复杂，但是每扇门都是一件完整制作的艺术品，是一项非常惊人的成就。除了精美绝伦的金属浮雕外，这两扇门上繁复的叙事图案也令人印象深刻，概述了《旧约》和《新约》中的事件。每扇门都分为 8 块饰板，分别描绘了八个《圣经》中的具体场景，这种设计的灵感很可能来自书稿插图。

什么是杰罗十字架？

杰罗十字架（Gero Crucifix）是一尊真人大小的雕像，表现了被钉在十字架上的耶稣基督。这尊镀金彩绘木雕用于悬挂在圣坛之上，耶稣的头部背面有一凹槽，用来放置圣餐礼时所用的圣饼。与《林道福音书》封面上耶稣胜利

杰罗十字架

的姿势相反，这具雕像中的耶稣蒙受着巨大的苦难，他头部低垂、身体孱弱无力。这是艺术史上首次表现了耶稣被钉死在十字架上的场景。

印度与东南亚

印度教神庙是什么样的?

印度教神庙是印度和东南亚地区印度教建筑的主要代表，通常由切割的石块搭建而成。不过，尽管风格多种多样，但这些神庙基本上属于两类：北方和南方风格。

印度教神庙一般搭建在一个底座上（与伊特鲁里亚神庙类似），北方风格神庙的特点是一座蜂巢形高塔，称为“锡卡拉”（*shikhara*，即“山峰”）。塔顶有一个圆球形的“阿摩洛迦”（*amalaka*），形状与一种称为阿摩洛迦的水果相似，高塔的下层也有一些这样的装饰。北方风格的神庙里有一列称为“曼达帕”（*mandapa*）的神殿，引向“噶巴戈哈”（*garbhagriha*），一间用于放置圣像的神圣内室，而神殿内部则装饰着小型的塔状屋顶。位于印度坎达里耶的天尊庙（Kandarya Mahadeva Temple）就是一座典型的北方风格印度教神庙，建于公元 1000 年。

南方风格神庙的特征是有一座金字塔形的多层高塔，称为“维摩那”（*vimana*），塔顶有一块圆形的压顶石。南方风格神庙的神殿也引向一个内室，但庙顶是平的，而且殿内有立柱。南方风格的印度教寺庙典范是位于印度坦贾武尔地区的罗阇罗阇希瓦拉神庙（Rajarajeshvara Temple），建于公元 1010 年。

什么是吴哥窟?

吴哥窟（Angkor Wat）是位于柬埔寨的一座大型印度教神庙群，包括一列由围墙围住的庭院，引向一组中央高塔。吴哥窟是高棉国王苏利耶跋摩二世（Suryavarman II）于 12 世纪上半叶建造的，神庙群中有五座莲花形高塔，象征着梅鲁火山（Mount Meru）的山峰。梅鲁火山是印度教、耆那教和佛教传统中的圣山。整座神庙群都按太阳的轨迹排列，中央的塔约 60 米高，夏至时从西门看过去，太阳正好从中央塔的上方升起。苏利耶跋摩二世将他本人与毗湿

吴哥窟

奴联系起来，所以整座神庙群都布满了描绘国王和毗湿奴多种化身的浮雕图案。

耆那教艺术是什么样的?

耆那教（Jainism）是印度地区除印度教之外的重要宗教，不过，信仰这个宗教的只有一小部分印度人。耆那教徒相信生死轮回（samsura），坚持内省，不追求物质生活，善待他人，过着纯净清苦的生活。乍一看，耆那教艺术很难与佛教和印度教艺术区分开来，但是耆那教艺术中重要的一类是裸身的大型沉思武士像“基纳斯”（jinas）。位于印度卡纳塔克邦的《苦修的筏驮摩那》（*The Ascetic Gommata*）就是典型例子。这座10世纪建造的巨型雕像约18米高，表现的是连续冥想反省了若干年的筏驮摩那的形象——身体直立、肩膀平展、表情坚忍、神态自若。雕像赤身裸体，四肢缠绕着树枝和藤蔓，凸显出“基纳斯”舍弃物质需求、专注于精神追求的态度。这类雕塑有助于耆那教徒进行冥想。

什么是笈多风格?

笈多（Gupta）王朝于公元320—450年间统治着印度东部地区，笈多风格则用于形容笈多王朝的艺术，主要特点是绘画与雕塑中的佛陀和菩萨的形象较为理想化，但是风格自然、写实。绘于5世纪后期的《美丽的莲花手菩萨》（*Beautiful Padmapani*）壁画，是笈多风格的典型例子。画中的莲花手菩

萨表情宁静、安详、放松，在精神上远离了围着他旋转的物质世界。人物形象轮廓明显，突出了身体的外形，但是身体其他部分线条平滑，完全看不出人体解剖学结构。画中菩萨的目光下垂，体现出笈多风格重视自然主义、画面平衡与精神上的超脱的特点。

巴米扬大佛怎么了?

巴米扬大佛（*the Colossal Buddha at Bamiyan*）近 60 米高，曾屹立于阿富汗兴都库什山脉地区一座山侧面精心雕刻的巨型凹槽中，2001 年，它与旁边另一座巨型雕像（略小）被塔利班彻底摧毁。这两尊 2—5 世纪期间建造的大佛，在艺术风格上受到了该地区多元文化的影响，包括中国和印度的文化。因为受笈多风格影响，大佛全身还覆盖着颜色明亮的多层泥灰和彩绘，所以造成了一种衣饰半透明的效果。巴米扬大佛并不是唯一一尊被塔利班毁坏的佛教雕像；邻近地区几乎所有的佛教艺术遗迹都成为了他们的毁坏目标，这是一例颇受争议的圣像毁坏行动。

卧佛有什么特别意义?

有时候，佛陀会被呈现为一手叠于耳下、另一只手伏于身侧的侧卧姿势。在东南亚传统中（在中国和日本也很常见），这是佛陀涅槃（即去世）时的姿势。位于斯里兰卡的伽尔寺（Gal Vihara）中，有一座从一整块巨石中雕刻出的卧佛雕像，长达 14 米。该卧佛像创作于公元 11—12 世纪期间，表现了佛陀涅槃的状态，一位雕像尺寸相对小些的哀悼者站在他身旁，很可能是他的叔父之子阿难。佛陀头枕石雕小枕头，面部圆润，薄薄的长袍看上去紧贴着身体，符合佛祖的肖像传统。

为什么婆罗浮屠是世界上最伟大的佛教寺庙之一?

婆罗浮屠（Borobudur）形如小山，是一座公元 9 世纪的巨型佛教寺庙，位于印度尼西亚的爪哇岛，直至 19 世纪才被外界发现。寺庙的设计基于佛塔的形状，外壁装饰着精美的雕像，几座阶梯与罗盘上的几个方向一致。婆罗浮屠的小山形设计并不是偶然——它是寺庙复杂的象征系统中一个十分关键的元素。

什么是阿南达寺?

阿南达寺（Ananda Temple）是缅甸最著名也最具精神影响力的佛教圣地，由蒲甘王朝（11—14 世纪）的领袖江喜陀（Kyanzitta）在公元 12 世纪初建成。寺庙呈十字形，中央有一座高达 50 米的尖塔。寺庙内部装饰着各种小尖塔和尖刺状结构，还有四尊大型佛像，每尊高约 10 米。寺内的装饰性建筑也十分奢华，说明佛教当时在缅甸很盛行。

隋朝至元朝时期的中国艺术，约 589—1368 年

隋朝至元朝的中国绘画有什么主要特点?

本章的时间段涵盖了极其多样的中国艺术，尽管将如此多元化的历史提炼成为单一的答案是件非常困难的事情，但是这段时间的大部分中国绘画的确有一些重要的共同点。与在木板上作画的中世纪欧洲画家不同，中国画家用水墨和水粉颜料将图案绘制在丝绸或纸张上。绘画被认为是一项与儒教和佛教哲学紧密相关的脑力训练。早期中国绘画常常表现出看似自发性的活动与冷静的深思之间的平衡。艺术家喜欢描绘山水和自然风景以及写实风格的人物。

中世纪时期中国的主要朝代有哪些？分别创造了何种类型的艺术?

朝代	年份	艺术类型	举例
隋	589—618 年	短命的朝代；佛教艺术；青铜雕塑	阿弥陀佛圣坛，约 592 年，质地青铜，高度 77 厘米，藏于波士顿美术馆
唐	618—907 年	巨型浮雕；木质建筑；壁画；卷轴绘画；陶瓷	《阿弥陀佛极乐世界》，中国敦煌，8 世纪，壁画，高度 3 米
五代	907—960 年	过渡时期，局势混乱	

续表

朝代	年份	艺术类型	举例
北宋	960—1127 年	风景绘画；宋明理学主题	范宽，《溪山行旅图》，11 世纪初，立轴，高度约 2 米，藏于中国台湾台北“故宫博物院”
南宋	1127—1279 年	小幅自然风景画；官窑陶瓷	夏圭，《山水十二景》，13 世纪初，横轴，绢本水墨，长度 3.3 米，藏于美国堪萨斯城纳尔逊美术馆
元	1279—1368 年	蒙古统治者对地毯、金属器和陶瓷感兴趣；纸本水墨绘画	管道升，《烟雨丛竹》，约 1308 年，横轴，纸本水墨，长度 1.8 米，藏于中国台湾台北“故宫博物院”

阿弥陀佛是谁?

阿弥陀佛曾是一位人间的国王，后来开悟成佛，属于净土宗，是中国佛教中最常见的形象，又名无量光佛、无量寿佛、西方之佛。阿弥陀佛可使信仰坚定的人重生后到达西方净土或极乐世界。

什么是《阿弥陀佛极乐世界》?

《阿弥陀佛极乐世界》是绘于公元 8 世纪的敦煌莫高窟壁画。敦煌莫高窟是中国西北部地区丝绸之路上的重要佛教遗迹。公元 9 世纪，唐武宗下令毁坏所有佛教寺庙和圣坛，但是莫高窟的佛教艺术却幸存了下来。画面中，阿弥陀佛坐在中央高台上，次级的神和菩萨围着他舞蹈，场面奢华，呈现了一个华美壮丽的极乐世界。

什么是禅宗佛教?

禅宗是中国大乘佛教的一个支派，于公元 6 世纪开始发展，南北宋时期成为重要的佛教传统。禅宗哲学强调个人的直观体验，通过冥想达成开悟。一部分禅宗信徒相信，人可以在一瞬间领悟真理，即“顿悟”。禅宗对中国绘画有着重大影响。13 世纪的画家梁楷简单却极具表现力的挂轴画《六祖斫竹》，描绘的就是六祖慧能蹲在地上砍伐竹子的场景，他在听到刀片砍击竹竿的声音

《爱问百科》系列知识问答书

未讀 UnRead | 探索家

畅销科普系列

来 自 美 国 的 经 典 百 科 知 识 问 答 书
由拥有 113 年历史的匹兹堡卡耐基图书馆编著

畅销 20 载，更新至第四版

爱问百科：从数理化到宇宙太空
作者：美国匹兹堡卡耐基图书馆
装帧：平装 / 双色 /16 开
书号：978-7-5502-6496-0
定价：39.80 元

爱问百科：你不了解的地球
作者：美国匹兹堡卡耐基图书馆
装帧：平装 / 双色 /16 开
书号：978-7-5502-6498-4
定价：39.80 元

爱问百科：我们身边的生命
作者：美国匹兹堡卡耐基图书馆
装帧：平装 / 双色 /16 开
书号：978-7-5502-6634-6
定价：39.80 元

爱问百科：了解我们的身体与健康
作者：美国匹兹堡卡耐基图书馆
装帧：平装 / 双色 /16 开
书号：978-7-5502-6633-9
定价：39.80 元

《爱问百科》系列知识问答书

未读 | 探索家
畅销科普系列

爱问百科：关于恐龙的一切

近 600 个问题、180 多幅图片
从“头”到“尾”，带你重返一个比《侏罗纪公园》还神奇的恐龙世界

作者：〔美〕帕特丽夏·巴尼斯-斯瓦尼、托马斯·E·斯瓦尼
装帧：平装 / 全彩 /16 开　书号：978-7-5502-6570-7　定价：48.00 元

爱问百科：人类艺术简史

800 多个问题、150 多幅图片
从东方到西方，从史前到现代，带你信步 3.5 万年的艺术长廊

作者：〔美〕玛德琳·迪克尔森
装帧：平装 / 全彩 /16 开
书号：978-7-5502-6571-4
定价：48.00 元

爱问百科：从小问到大却没找到答案的问题

囊括 4 到 14 岁孩子最常问的问题，一本全家共赏的百科知识参考书

作者：〔美〕吉娜·米西若格鲁
装帧：平装 / 全彩 /16 开　书号：978-7-5502-6497-7　定价：48.00 元

「未读 · 探索家」畅销科普系列 其他重磅好书

与狼同行：狼的隐秘生活
700 天极地生还：沙克尔顿南极探险实录
无言的宇宙：隐藏在 24 个数学公式背后的故事
无尽深蓝
What if？那些古怪又让人忧心的问题
我在这里等你：探访最后的野生动物家园
世界最美飞鸟
世界最美透明生物
深海：探索寂静的未知
一本不正经的科学
如果科学可以这么搞
迷人的材料：10 种改变世界的神奇物质和它们背后的科学故事
世界重启：大灾变后，如何快速再造人类文明

之后顿悟。

谢赫的“六法”有哪些?

谢赫是 5 世纪晚期的画家兼学者，以建立了绘画“六法”而著名。这六法详尽地解释了中国绘画背后的哲学。中文的“六法”如下[2]：

1、气韵生动
2、骨法用笔
3、应物象形
4、随类赋彩
5、经营位置
6、传移模写

尽管谢赫六法很难理解，但是它向艺术史学家解释了早期中国画家所重视的原则。第一个原则说明了艺术创作与精神性有非常紧密的联系。绘画的目标是抓住被描绘的主体身上肉眼看不见的气韵和灵性。后面的几个原则直白一些，涉及的是绘画的技巧。谢赫“六法”解释了如何握笔，倡导自然主义风格，还强调通过模仿和练习来提高技艺。

横轴、立轴和册页有什么区别?

横轴是一卷纸或丝绢，展开可以看到里面的文字和绘画，在平时则可卷起来存放。卷轴上的图像有影片效果，观者展开画卷时，可以一帧帧依次观看。横轴通常长度为 30 厘米左右，但是也有很多不同的尺寸。13 世纪的夏圭的横轴《溪山清远图》竟长达 9 米！

与横轴不同，立轴可以挂在墙上整幅观看，但是也可收起存放。尽管立轴的尺寸可能会很大，但它们仅用于私人场合欣赏，不会用于在大型公众场所悬挂展示。

画册就是绘画集，通常一册中各页的绘画都有相似的主题，其中一幅画被称为一页。

2. 英文中对谢赫六法的翻译仍存在很多争议，本书原作者采用了高居翰教授在《六法及其解读》（*The Six Laws and How to Read Them*）一文中的翻译。

什么是宝塔?

宝塔（pagoda）是指有多层飞檐的高塔，原型为印度的佛塔。宝塔是最有特色的东亚建筑，常见于佛教寺庙群的中心。早期宝塔为实心结构，无法进入，通常由石、砖和木材搭建而成。位于中国应县佛光寺内的应县木塔建于 1056 年，用于存放舍利，内有九层，是世界上最高的木制建筑。

应县木塔

什么是官窑?

官窑是宋朝的御用瓷器，官窑瓷瓶胎体光滑，表面覆盖着一层有裂纹的白釉（也有淡蓝或绿色釉），瓶体下部为球状，瓶颈优雅颀长，瓶口窄。这些高雅的瓷器是精益求精的工艺与不可预测的上釉过程的产物，瓷器从窑中取出冷却时，釉面就会开裂。

文人是指谁?

文人是指一群受教育水平很高的学者兼画家，由于他们善于思考、思想自由，而且不以绘画为谋生手段，所以当时的地位普遍高于宫廷画师。宋朝开始出现文人群体，他们的绘画相对朴实无华，均为用“施墨法”绘制的黑色水墨画。他们同时也是高水平的书法家和诗人。

元代绘画有什么特点?

成吉思汗之孙忽必烈建立了元朝，他死于 1294 年。此后直至 1368 年，蒙古势力一直控制着中国，关于蒙古文化对中国艺术的影响，仍存在很多争议。元代画家倾向于在纸上而不是丝绸上作画，画风特点为线条粗实、轮廓犀利。

管道升是谁?

管道升是元代著名女性书法家、画家兼诗人，擅长画竹。竹子是中国艺术中的重要符号，这种植物的枝叶如同书法的笔画，而且枝干十分柔韧——在压力下会弯曲，但不会折断。管道升的横轴《烟雨丛竹》是中国现存最早的由女性绘制的画作。画中竹叶丛生，描绘得十分精细，而坚实的竹笋则代表着忠贞。

什么是唐卡?

唐卡是一幅绘有图像的布幔，是西藏艺术的重要形式。唐卡上通常绘有重要人物，比如精神和政治领袖。唐卡上描绘的人物达到了半神的地位，这在某种意义上与拜占庭圣像有些相似。《绿度母唐卡》(*Thankga of Green Tara*)近 60 厘米长，描绘了象征智慧的西藏保护神绿度母，人们认为她是佛的普世母亲。这幅 13 世纪的唐卡由水墨和彩色颜料绘制在帆布上制成，画面中的绿度母四周环绕着建筑图案和 17 种菩提树，目前是克利夫兰艺术博物馆印度与东南亚艺术藏品的一部分。

1400 年之前的朝鲜艺术

前现代朝鲜艺术有哪几个主要时期?

在中国皇帝的影响下(约为中国唐朝时期)，新罗王朝于 668 年建立，统一了朝鲜半岛，该王朝约 935 年终结。新罗的统治者将佛教设为国教，并兴修了很多佛教建筑，但是没有一座新罗王朝的建筑得以幸存。

当统一的新罗王朝即将灭亡时，高丽王朝于 918 年建立，持续至 1392 年。高丽时期的艺术家擅长制作精美的陶瓷。

什么是青瓷?

青瓷是一种高丽时期出现在朝鲜半岛的透明有色釉瓷器。11 世纪的青瓷通常为灰色、淡蓝绿色或橄榄色，装饰简单，而 12 世纪的青瓷则更复杂，常有嵌花或印花装饰(如黑白图案)。

1400 年之前的日本艺术

本章涵盖了日本艺术史中哪几个主要时期?

时期	年份	艺术类型	举例
飞鸟和奈良时代	552—794	灵感来源于唐朝的建筑；佛教雕塑；绘画	鞍作止利，释迦三尊像，近藤，法隆寺，约 623 年，镀金青铜，高 88 厘米
平安时代	794—1185	彩绘卷轴；木制雕塑；佛教建筑	《源氏物语》，12 世纪，横轴，设色纸本
镰仓时代	1185—1392	绘画；立轴画；木制肖像；建筑；武士道文化	康庆，《空也宣法》，约 12 世纪，木制彩绘，镶嵌眼睛，高 1.18 米，藏于京都六波罗蜜寺

佛教对日本艺术有怎样的影响?

净土宗佛教是日本和中国佛教的主要支派，在日本兴盛于平安时代，随后，净土宗一直是日本最常见的佛教派别。阿弥陀佛（日本称“阿弥陀如来佛”）以及极乐世界的概念，是雕塑和绘画中的重要主题。

密宗佛教在日本也占有重要地位，由于受到了印度教的影响，所以密宗层级分明，有一个复杂的神灵系统。密宗佛教的重要视觉元素是曼荼罗（mandala，意译为坛城），即一种用于宗教仪式、冥想和传授教义的宇宙图式。平安时期的《胎藏界曼荼罗》是最古老、保存最完好的日本曼荼罗绘画。画中布满神像与佛像，中央是根本佛大日如来。有些神像多头、多手，有些则手持象征着心力的闪电。

《胎藏界曼荼罗》

什么是“来迎”图?

“来迎”图是描绘阿弥陀如来佛迎接死去的灵魂升入极乐世界的图画。《阿弥陀如来三尊下凡》是一幅镰仓时期的“来迎”三联画，画中身后发光的阿弥陀如来与两位菩萨好似悬浮在黑暗的背景上。光芒四射的人物图像由金色颜料和金箔绘制而成，与暗淡的丝绢表面形成鲜明对比。这幅三联画表现了面对死亡时的宽慰与安宁。

定朝是谁?

定朝是日本最具创新精神的雕塑家，以发明“寄木造”法而著名。造佛像时，他先设计雕像的几个部分，每部分用一块木料进行雕刻，随后再将这些中空的木块接合在一起。用该方法制作的雕像尺寸更大、重量更轻，不易变形或开裂。平安时期，定朝制作了一尊阿弥陀佛来迎像，使人想起复杂而华丽的西方极乐世界，该雕像现藏于京都平等院。

什么是平等院?

平等院是一座位于京都附近山区的佛寺，始建于平安时期，被认为是最美的净土宗佛教寺庙。平等院又名凤凰堂，因为庙顶上有两尊青铜凤凰雕塑，而且建筑上扬的飞檐很像鸟类的翅膀。寺庙面对阿字池（梵文字母 A 形状的

平等院

池塘）而建，阿字是阿弥陀如来的神圣象征。

紫式部是谁?

紫式部是平安时期一条天皇的中宫藤原彰子的贴身女官。她是一位著名诗人兼小说家，曾撰写了世界上第一部小说——《源氏物语》。尽管中文曾经是朝鲜与日本学术界的官方语言，但《源氏物语》却用日文写成，全书有 54 章，超过 400 个人物，讲述了源氏公子的宫廷生活与风流韵事。

《源氏物语》中的 20 章以绘图卷轴形式留存了下来，很可能由一群艺术家（其中包括一位书法家）制作而成。这些画颜色柔和、笔触精致，强调建筑结构，艺术家采用“吹拔屋台”的鸟瞰式构图，使得观者可从上方看到处于室内的人物。小说与图画均建立了人类情感与自然之间的联系，并反映出佛教中世俗享乐稍纵即逝的主题。

《源氏物语》

幕府大将军、大名和武士有什么区别?

12—19 世纪期间，日本是由幕府大将军掌控的封建社会，其权力覆盖了大片领地。大名阶级是封建土地所有者，与中世纪欧洲的领主类似。大名控制着武士，也就是一个专为效劳幕府大将军而训练的独特的剑士阶级。

武士道文化是否影响了日本艺术？

镰仓时代（1185—1392）武士道文化的发展兴盛，的确对包括雕塑和绘画在内的艺术形式产生了一定影响。13 世纪最伟大的横轴绘画之一《三条殿夜讨卷》，描绘的就是在旋转升腾的深橙色火焰中，“源”与“平”两大家族的骑兵战士身穿铠甲、互相打斗的场景。这次奇袭是日本军事史上一次重大的历史事件，而且，虽然这幅横轴画绘于战争发生近百年后，但却充当了那个时期的历史记录。

中世纪的非洲艺术

什么是大津巴布韦？

大津巴布韦是 12—15 世纪期间，说班图语（Bantu）的绍纳人（Shona）的重要首都，于 1250—1450 年间达到鼎盛，人口约 15000 人，控制的疆域也十分辽阔。大津巴布韦城市遗迹占地约 8 平方千米，主要包括三个建筑结构：山丘建筑群、山谷遗迹群和被近 9 米高的保护围墙围住的卫城。卫城建于 14 世纪中叶至 15 世纪期间，是撒哈拉沙漠以南的非洲地区最大的石结构建筑，由无接合剂的石块以特殊方式堆砌而成，这一技术仍被当代建筑师采用。在大津巴布韦遗址，人们发现了很多雕塑和陶器碎片，表明当时的艺术文化十分丰富。雕塑的主要材料为皂石，遗迹中发现了很多皂石的鸟类雕刻，但是其具体意义仍然未知。

伊费文化创造了什么样的艺术？

13—15 世纪期间，伊费（Ile-Ife）曾是尼日利亚约鲁巴人（Yoruba）的首都，这段时间又称“路面时期”，因为约鲁巴人将城市的部分地面铺成了一系列长方形的路面，而每一个长方形又用石头和陶片拼出了鲱骨状纹样。伊费是重要的艺术中心，而约鲁巴人则有历史悠久的肖像传统，会使用石头、木料、陶土制作肖像，后期也用失蜡法制作青铜、黄铜和其他金属合金的塑像。人物雕塑是为祭祖仪式制作的，在重要的仪式场合，雕塑通常装饰着精美的面纱、假发、皇冠或颈环。

约鲁巴人眼中的美是什么样的?

在约鲁巴传统中，制作美丽的艺术品是一项复杂的工作，需要符合众多美学要求，艺术批评也有着悠久的历史。约鲁巴人从多种角度来审视美，艺术家的品行也会影响他们制作的艺术品的美学价值。他们重视内在和外在的自我概念，这一价值观的核心是 iwa l'ewa，意思是“品格即美”或“自然即美”。艺术品本身（例如一件人物雕塑）也必须有一些特定的品质，包括如下几点：

•写实与抽象的平衡（例如，一尊雕塑不能太写实，也不能太抽象）
•线条轮廓分明
•表面光滑、精细，各个面部特征呈轻微圆弧形
•令人愉悦的比例，端庄严肃的对称形式
•青春活力与冷静成熟的平衡

一尊 30 多厘米高的 13—14 世纪铜质雕塑就很好地阐释了约鲁巴美学。这尊雕塑表现的是一位表情坚忍的男性坐姿人物，尽管现已损坏（人物前臂丢失，腿部也有损坏），但这件作品仍体现出了娴熟的写实技巧、个性化的细节、平滑的人物特征以及合适的大小和比例。这尊坐像可能曾身披约鲁巴领导者的衣饰，用于仪式场合，与尊敬和荣誉的主题相关。约鲁巴如今仍是非洲最大的族群，仅尼日利亚的约鲁巴人口就多达 3500 万，其他非洲、加勒比海国家以及美国也有约鲁巴人居住。直至今日，约鲁巴美学仍然继续影响着其艺术创作和功用。

什么是杰内大清真寺?

杰内大清真寺（Great Mosque at Djenné），也称杰内星期五大清真寺，是世界上最大的泥砖结构建筑。该清真寺经历了三次以上的修缮，始建于 13 世纪，后在 19 世纪和 20 世纪初经历了两次大规模重修。寺庙地处撒哈拉贸易线路上，而且由于伊斯兰帝国的扩张，13 世纪时，位于马里王国的杰内城是一座文明发达的城市，也是宗教中心。

杰内大清真寺的墙面由晒干的泥砖搭建而成（泥砖由泥土和干草混合制成），浅棕色的墙面十分平滑，墙上伸出很多根木头。由于泥砖质地并不坚实，所以清真寺的墙面经常重修，而那些木头支撑杆则方便工人们重涂墙面，在每

杰内大清真寺

年的特殊节日期间，城中所有的人都会前来参与。杰内大清真寺的宏伟设计，影响了包括苏丹在内的非洲其他地区的伊斯兰建筑。

什么是拉利贝拉岩石教堂?

拉利贝拉（Lalibela）是一座位于埃塞俄比亚的中世纪城市，处于扎格维王朝（1137—13 世纪末）的统治之下。这座城市也是重要的基督教中心和朝圣地，城市的教堂建筑工程可能是为了在埃塞俄比亚山区建造“新耶路撒冷”。

在拉利贝拉国王的命令下，埃塞俄比亚的基督教徒将红色火山岩雕刻成 11 座教堂，有些教堂是独立的，另一些则是与岩壁相连的半独立结构，并装有阿拉伯风格和十字形的窗户。这些又高又窄的长方形教堂建筑，已经被联合国教科文组织认证为世界遗产，至今仍是埃塞俄比亚基督教徒的重要圣地。

前哥伦布时期的美洲

什么是前哥伦布时期艺术?

前哥伦布时期艺术涵盖广泛，即哥伦布 1492 年发现美洲大陆之前中美洲（墨西哥和中美洲）和南美洲地区的艺术，包括玛雅、阿兹特克和印加文明的艺术。

下表中的年份给出了几个主要的前哥伦布时期文明的概况：

文化	年份	地区
奥尔梅克（Olmec）*	约公元前 1200—前 400 年	墨西哥中部和南部
纳斯卡（Nazca）*	约公元前 200—公元 600 年	前印加秘鲁
莫切（Moche）	约公元 200—600 年	前印加秘鲁
特奥蒂瓦坎（Teotihuacan）	约公元 1—750 年	墨西哥
玛雅（Mayan）	约公元 250—1521 年	墨西哥和美洲中部
阿兹特克（Aztec）	约公元 1000—1521 年	墨西哥和危地马拉
印加（Inca）*	约公元 1400—1530 年	秘鲁、厄瓜多尔和智利部分地区

* 注：《古代世界艺术，约公元前 5000—公元 400 年》一章中介绍了奥尔梅克和纳斯卡文化，《早期现代世界，约 1300—1600 年》一章中介绍了印加文明。

中美洲艺术有哪几个主要时期?

中美洲艺术（墨西哥及美洲中部艺术）分为三个主要时期：

- 前古典时期：约公元前 1200 年—公元 300 年
- 古典时期：约 300—950 年
- 后古典时期：约 950—1521 年

当荷南·科尔蒂斯（Hernán Cortés）带领的西班牙征服者占领了主要的美洲本土帝国后，中美洲的后古典时期戛然而止。

什么是帕卡尔大君雕像?

帕卡尔大君雕像

帕卡尔大君（Lord Pakal）曾居住于帕伦克古城（Palenque，位于现代墨西哥的恰帕斯州），他是一位强大的玛雅统治者，执政时间为公元 615 至 683 年。帕卡尔大君及其子嗣下令在这座玛雅都城建造了很多大型纪念性艺术及建筑。帕卡尔大君死后被安葬在一尊石棺中，考古学家在他的陵墓中发现了他年轻时头戴玉冠和花朵的雕像。人们认为，他的雕像符合玛雅人眼中美的典范：脸部和头骨长而倾斜，嘴唇丰满。雕像上残存的红色颜料说明，它与大部分玛雅雕像一样曾有彩绘装饰。

中美洲的球类游戏有什么重要意义?

球类游戏在中美洲非常流行，奥尔梅克、玛雅和阿兹特克等很多中美洲文化都有描绘球类游戏的艺术作品。考古学家甚至发现了沉入海底的奥尔梅克球场遗迹。不过，我们并不了解这种游戏的具体规则。一些玛雅艺术作品中描绘了身戴保护垫的球员，另一些作品中，则可以看到球员头戴头盔，腰间甚至系着皮带。值得注意的是，这种游戏不仅仅是娱乐——对球员和观众来讲，它还有严肃的宗教意义。有些球员可能是被迫参加比赛的，而游戏可能也与人祭有关。根据玛雅神话，球类游戏象征着生死轮回与重生。

什么是奇琴伊察?

奇琴伊察（Chichén Itzá）是前哥伦布时期一座由玛雅人建造的重要城镇，坐落在尤卡坦半岛东部，即现在的墨西哥地区。奇琴伊察的大型九层金字塔位于主广场的中心，其顶部有一个小型方形寺庙，可通过四面的四座阶梯走上去。金字塔附近还有球场、宫殿和一座天文台。

奇琴伊察

奇琴伊察于公元 800—1200 年达到兴盛，主要处于玛雅的后古典时期，正好是欧洲占领该地区之前。城内建筑均装饰着颜色明亮的彩色绘画和彩绘浮雕雕像，常见主题有动物和神话形象，包括美洲豹、狼、鹰、蟒蛇等。奇琴伊察还发现了查克穆尔（*chacmool*），即一种呈半躺状、双手放在身体两侧的人形圣坛。查克穆尔在中美洲全境都很常见。

什么是玛雅刻本风格?

在玛雅社会里备受尊重的艺术家，会在一种称为“刻本”的古老折叠式书籍上书写象形文字和绘制插图。这些刻本与彩绘陶瓷等其他艺术形式有着明显相似的艺术风格。玛雅刻本风格（Mayan codex style）的特点是表现力很强的文字和醒目的颜色，无论是陶器上还是书里的图画旁边，都有一些解释图像的文字，这些象形文字有的代表图像，有的代表声音，还有一个点和短线组成的系统，是用于记录时间的。学者们认为，这些刻本中的书写和绘图通常都由同一个人完成，因此称他们为“艺术家抄写员”。

阿兹特克的宗教是什么?

阿兹特克的宗教受到了奥尔梅克、玛雅、特奥蒂瓦坎和托尔特克等其他中美洲文化的信仰和神话的影响。与其他中美洲宗教一样，人祭也是阿兹特克宗教的重要元素，与生死轮回和重生有关。阿兹特克人十分重视太阳以及上千位力量强大却有时会犯错误的神灵。维齐洛波奇特利（Huitzilopochtli）是战神与太阳神，根据当地神话，他曾带领阿兹特克人到达特诺奇蒂特兰（Tenochtitlan）建造了这座城市。最受欢迎的神是羽蛇神（Quetzalcoatl），他经常以长满羽毛的蟒蛇形象出现在艺术作品中。宗教是阿兹特克人日常生活中极其重要的部分。

什么是太阳金字塔?

太阳金字塔是前古典时期墨西哥的阿兹特克遗迹，位于特奥蒂瓦坎，在现代的墨西哥城附近。特奥蒂瓦坎城曾有 20 万人口，于公元 350—650 年间达到鼎盛。太阳金字塔与吉萨大金字塔大小相当，是城中最重要的大型标志性

太阳金字塔（远处）、月亮金字塔和死亡大道

建筑。金字塔连接着死亡大道，高度超过 60 米，底边长达 210 米。金字塔上的阶梯伸向金字塔顶部，那里曾坐落着一座神庙。太阳金字塔的外部曾装饰着彩绘图案，对面还有一座较小的月亮金字塔。

北美洲

北美洲的前哥伦布时期的艺术如何分期?

北美洲的前哥伦布时期艺术分为三个时期：

- 古风时期（Archaic Period）：约公元前 1000 年结束
- 伍德兰时期（Woodland Period）：约公元前 300—公元 1000 年
- 密西西比时期（Mississippian Period）：约公元 900—1500 年

伍德兰时期的主要艺术脉络有哪些?

伍德兰时期的两个主要艺术传统为阿登纳文化（Adena）和霍普韦尔（Hopewell）文化，它们有很多相同的符号和图案主题，受到了北美洲全境内其他本土文化的重要影响。阿登纳和霍普韦尔人擅长建造大型土方工程建筑，制作小型铜塑或云母（多层的硅酸盐矿物）雕刻的雕塑和珠宝。由于遗址曾遭到掠夺，且该地区整体缺乏文字记载，我们对阿登纳和霍普韦尔的艺术传统知之甚少。

巨蛇山

什么是巨蛇山?

巨蛇山（Great Serpent Mound）是一座上下起伏的坟山，形如一条蛇，盘踞在美国俄亥俄州南部。这项巨型土方工程长度接近 400 米，到现在仍然可见。人们最初认为，巨蛇山属于兴盛于伍德兰初期的阿登纳文化，因为该文化以建造大型丧葬用土丘而著名。但现在，人们认为巨蛇山是较晚的密西西比文化在公元 1070 年前后建造的。巨蛇的形状也出现在其他密西西比的艺术形式中，并和其他文化一样，与生产、丰收有关。不过，有些学者认为，巨蛇山记录的是哈雷彗星的轨迹，因为它曾于 1066 年出现（贝叶挂毯也记录了这一事件）。

什么是卡霍基亚?

卡霍基亚（Cahokia）曾是最大的前哥伦布时期城镇，位于现在的美国地区，在公元 800—1500 年达到鼎盛，有近 25000 人口，比当时的伦敦规模还大。和巨蛇山一样，卡霍基亚也是密西西比人的城市，城内有很多耗费了大量人力建造的土丘。卡霍基亚有约 120 座土丘；最大的僧侣墩（Monk's Mound）高达 30 米，是按太阳的轨迹建造的，因此很可能与巨石阵类似，曾被用于天文观测。这处城市遗迹在美国伊利诺伊州南部。

什么是狩猎岩画?

狩猎岩画

狩猎岩画（Hunter's Mural）是指一组位于美国犹他州九里峡谷的岩画（petroglyphs，古希腊语中，*petros* 意为“岩石”，*glyph* 意为“书写”或“绘画”），是岩石艺术中的典范，也是美洲西南部弗里蒙特文化的产物。狩猎岩画描绘了猎人如何用武器瞄准一群大角羊的情景。弗里蒙特人制作岩画的方法十分独特，峡谷壁被细菌染成了深褐色，弗里蒙特人便把这层褐色的“漆”刮掉，露出下层浅色的岩石，形成图案。和狩猎岩画类似的岩画在美洲西部和西南部都有发现，有些美洲岩画最早甚至可追溯到公元前 7000 年。

什么是梅萨维德的峭壁皇宫?

位于美国科罗拉多州梅萨维德（Mesa Verde）国家公园的峭壁皇宫，由阿纳萨扎伊（Anasazi）印第安部族建造，他们在美洲西南部四州交界点

梅萨维德的峭壁皇宫

地区生活了几千年，被认为是普韦布洛族（Pueblo）的祖先。14 世纪以前，该地区土地不像现在这么贫瘠，天气也更凉爽，阿纳萨扎伊人依靠灌溉土地、发展农业维生。他们在天然形成的峭壁凹室中建造居所，而凹室正处于他们耕作的农地下方。这些峭壁房屋是最奇特、保存最完好的美洲本土建筑，专为食物储存、宗教仪式等特殊用途而设计。有些建筑包括多达 150 间居室，基本上就是一座岩洞村庄。另一处建筑，即普韦布洛的博尼托巨宅（Pueblo Bonito），也是由普韦布洛族祖先早在公元 9 世纪建成的。

罗马风格欧洲艺术

什么是罗马风格艺术?

“罗马风格”（Romanesque）一词本身直到 19 世纪才开始使用，原意为“似罗马风格”，用于描述 11—12 世纪有罗马特征的中世纪艺术与建筑。罗马风格时期又一次出现了大规模建筑、雕塑和壁画。

罗马式建筑有什么主要特点?

罗马式建筑的特点是多用圆拱，结构如军事壁垒一样坚实，外墙装饰着建筑结构雕塑，但在此之前的几个世纪，这些雕塑就已经过时。罗马式建筑墙壁很厚，拱顶为桶形，墩柱较粗壮，用于结构支撑，因此窗户通常比较小。中世纪的欧洲是一片文化和政治上都四分五裂的地域，不同地理区域的罗马式建筑风格也大相径庭。例如，位于法国图卢兹的圣舍宁教堂（Church of Sait-Sernin）看上去和意大利比萨教堂（Pisa Cathedral）大不相同，但是这两座 11 世纪的教堂都属于罗马式建筑，因为它们均有圆拱、厚墙、十字形结构和外墙雕像。

比萨斜塔为什么是斜的？

比萨斜塔

比萨斜塔（或称钟楼）是统一设计的大型白色大理石教堂建筑群的一部分。该塔建于 1171—1271 年间，由于工地土质松软，再加上地基尺寸过小，无法支撑这座 50 多米高的塔，所以它在建筑完工前就开始倾斜了。建筑师曾试图边建塔边调整倾斜的角度，将塔的上层轻微弯折，可惜都是徒劳的。过去的几十年内，建筑工程师也曾试着挖掘塔底的土层，使其站得更稳些。

罗马风格艺术与朝圣有什么联系？

11—12 世纪期间，宗教朝圣在整个欧洲境内流行了起来。在持续一年多的旅程中，朝圣者会沿着固定的路线行走，参观重要的教堂和宗教场所。最著名的朝圣路线之一连结着法国巴黎和西班牙的圣地亚哥 - 德孔波斯特拉，两地之间距离有 1600 多千米。

朝圣者教堂是专为接待参观团队而设计的，例如圣地亚哥 - 德孔波斯特拉的圣詹姆士大教堂。教堂内部设有带通道的横向殿、回廊和呈放射形的小教堂，方便引导和分散朝圣者人流，并确保教堂工作人员有足够的工作空间。圣詹姆士教堂的大门永远为长途奔波劳累的参观者敞开。

什么是圣骨匣？

圣骨匣是用于盛放圣人遗骨或遗物的容器。朝圣之路上的很多教堂都会展示圣人遗物，因而吸引了众多慕名而来的朝圣者。遗物多是圣人及其他重要宗教人物的尸体、肢体或个人物品，有些据说还有奇迹般的力量。圣骨匣可以是一个简单的方盒子，也可以是一尊精美的雕塑。存放在孔克斯修道院教堂（Abbey Church of Conques）的圣福瓦雕像（Statue of Sainte Foy）是罗马风格圣骨匣的典例。这尊 88 厘米高的人物雕塑的核心为木质，外表镀银，镶有珠宝装饰，其内部存放着圣福瓦的头骨。

什么是鼓室?

鼓室通常是指门户上方的半圆形的空间。在罗马式教堂（如法国欧丹的圣拉扎尔大教堂）中，该空间一般装饰着建筑结构浮雕雕像。常见的鼓室浮雕画面是“最后的审判”，也就是耶稣基督拯救受祝福的灵魂、将受诅咒的灵魂送往地狱的场景。

什么是雕花柱头?

雕花柱头是罗马式教堂装饰的一大创新，柱头位于立柱顶端，用简练的叙事手法展开一段故事。《逃往埃及》（*Flight into Egypt*）是法国 12 世纪圣拉扎尔大教堂（Cathedral of Saint-Lazare）内一个雕花柱头上的图案，由雕刻家吉斯勒贝尔大师（Master Gislebertus）设计制作，描绘了圣约瑟牵着驴，圣母与圣婴骑在驴背上的场景。圣母玛丽亚目光向前直视，而圣约瑟身体前倾，正好符合柱头的梯形形状。这个雕花柱头表现了圣经中的象征性故事，因此它不仅是装饰，也具有教育意义。

圣拉扎尔大教堂的雕花柱头

谁是吉斯勒贝尔大师?

尽管大部分中世纪工匠并不在作品上留名，但一位生活在 12 世纪上半叶的重要雕刻家却广为人知——吉斯勒贝尔大师。他参与了中世纪法国和勃艮第各地的多项建筑工程，最有名的作品是法国欧丹的圣拉扎尔大教堂的雕刻装饰。他的作品常常出现在鼓室和雕花柱头上，作品人物身材颀长、优雅，构图独特、均衡。

什么是默桑艺术?

默桑（Mosan）艺术是一类罗马风格的艺术，受到了从法国到荷兰的默兹河流域（Meuse Valley）一带古典时期艺术的影响，默桑艺术包括建筑、绘画、雕塑，但是 12 世纪默兹河流域的雕塑家尤其以制作金属器的高超技艺而知名。默桑艺术比其他区域的罗马风格艺术更写实，更注重身体结构和比例（与吉斯勒贝尔作品中伸长的人物不同）。

什么是贝叶挂毯?

谁知道世界上竟有“大型纪念性刺绣”这种东西！独一无二的 11 世纪贝叶挂毯长 70 米，高 60 厘米，不过它并不是由经纬线纺织而成的挂毯，而是刺绣的亚麻布。贝叶挂毯色彩丰富，融合了文字和叙事性图画，讲述了 1066 年诺曼人征服英格兰的故事；画中总共包括超过 600 个人物、700 只动物和 2000 个字母，是一幅令人惊叹的纺织艺术品。贝叶挂毯也是重要的历史遗物，记录了欧洲历史上最宏大的军事战役之一。

杜伦大教堂有什么创新之处?

诺曼建筑又称英格兰罗马式建筑，高耸入云的杜伦大教堂（Durham Cathedral）是最具代表性的例子。诺曼建筑的名称来源于居住在法国（诺曼底）的诺尔斯人（维京人），他们改信了基督教，并于 1066 年在征服者威廉的带领下，袭击了不列颠群岛。杜伦大教堂是征服者威廉留下的基督教遗产，是英格兰最高的教堂建筑之一。但是，杜伦大教堂的创新之处并

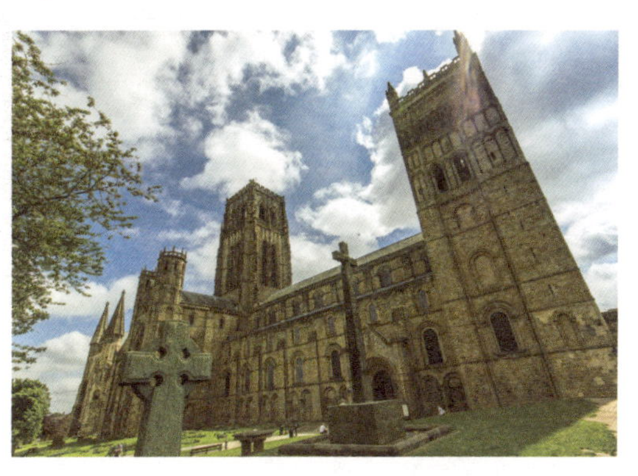

杜伦大教堂，这里是哈利 · 波特系列电影的拍摄地之一

不仅仅在于高度，也在于杜伦建筑师们将教堂建造到如此高的方法——肋架拱顶（ribbed vault）。

什么是肋架拱顶?

与罗马风格的圆形桶式拱顶及加厚的墙壁不同，肋架拱顶在结构支撑上更有效，不但让杜伦大教堂这样的建筑达到了新的高度，也促使了哥特时代的来临。肋架拱顶看上去形似人的肋骨，以砖石管道结构作为撑开的框架，承载天花板和墙壁的重量。

哥特时期的欧洲

哥特式建筑有什么主要特点?

12 世纪中叶，哥特式建筑在法国发展起来，成为欧洲的主要建筑风格，其特点为尖形拱门、肋架拱顶和飞扶壁。基于这些建筑结构，中世纪的石匠使建筑达到了前所未见的高度，墙壁也比罗马式教堂轻薄很多，还可以装上大块的彩色玻璃窗，例如法国沙特尔大教堂（Chartres Cathedral）的玫瑰窗。在欧洲，尤其是法国，哥特建筑一直到 15 世纪末时都非常受欢迎，有些国家甚至到了 16 世纪还在建造哥特建筑。不过，意大利一直偏爱罗马式教堂，对哥特建筑不太感兴趣。

沙特尔大教堂的玫瑰窗

什么是飞扶壁?

飞扶壁是从墙壁一侧向外突出、形态优雅的石制支撑结构，目的是加固尖拱和墩柱，使其能够承受更重的负荷。巴黎圣母院的飞扶壁非常有名，可见于教堂后殿的外部。瀑布般精美的飞扶壁让人们忽略了它的重要结构功用。如果没有这些飞扶壁，哥特教堂就无法达到极具特色的高度了。

第一座哥特式大教堂是哪个?

第一座哥特式大教堂是位于巴黎附近的圣丹尼斯修道院教堂（Abbey Church of St. Denis），12 世纪 30 年代在苏杰院长（Abbot Suger）的指导下建成，他还撰写过三本书，专门介绍教堂的设计与建造过程。苏杰院长计划重建安放着圣丹尼斯遗骨的本笃会修道院，于是到欧洲四处寻找具有创新精神的雕塑家和石匠，尤其是那些曾试过建造肋架拱顶和创作装饰性雕塑的工匠，而最后的成果便是这座风格统一、光线充足的建筑，为之后几个世纪内建造的新宗教建筑提供了灵感。

什么是沙特尔大教堂?

沙特尔大教堂是世界上最伟大的哥特式建筑之一，于 1134 年开始建造，位于巴黎西南方向 80 千米处。1194 年遭受大火之后，沙特尔大教堂开始重建，直到 1260 年完工。大教堂的西门（入口）上方装饰着精美的《最后的审判》浮雕雕像，还有尺寸巨大的彩色窗户和两座不配对的高塔（其中一个建于 16 世纪初）。沙特尔大教堂外部的人物装饰浮雕栩栩如生，仿佛正在互相推挤和面对面交谈。教堂内部的拱廊看上去轻如鸿毛，精致轻薄的墙壁高耸入云，阳光透过彩色的玫瑰窗照进正殿，玻璃窗上镶嵌的圣经故事闪耀着多彩的光芒。欧洲的哥特建筑师希望让置身教堂之中的人们看到来自天堂的圣光，

沙特尔大教堂（上）和圣丹尼斯修道院教堂（下）的半圆形墙壁

在沙特尔大教堂，他们的确成功地达到了这个目的。

什么是花窗玻璃?

花窗玻璃是指嵌在铅框内的透明彩色玻璃，通常用于窗户。花窗玻璃也见于早期基督教和拜占庭教堂，但是哥特建筑师尤其喜爱使用花窗玻璃，所以它也成为一种重要的艺术形式。近一千年以来，制作花窗玻璃的流程并未发生很大变化，需要在熔化的玻璃中加入金属氧化物，给玻璃上色，这个过程会耗费大量劳力。玻璃上图案的细节需要用黑色瓷漆绘制，再经过烧制使其与玻璃融为一体。最后，玻璃艺术家将上过色的玻璃碎片放在平面上，如同制作一个巨大的拼图一样拼出理想的图案，再用铅条或铁条将玻璃固定在一起，支撑住沉重的玻璃。

什么是“时祷书”？

“时祷书”（book of hours）是私人使用的祷告书，随着欧洲贵族识字水平的提高，时祷书于13—14世纪期间流行起来。这些祷告书通常都是献给圣母玛利亚的，内容包括可供白天和夜晚某些时刻背诵的具体祷词。时祷书是十分珍贵的物品，所以是财富的标志。14世纪的《让娜、德埃夫勒祷告书》（*Hours of Jeanne d'Evreux*）是装饰最精美的时祷书。

什么是《让娜·德埃夫勒祷告书》？

《让娜、德埃夫勒祷告书》是一本14世纪的祷告书，由艺术家让、普塞勒（Jean Pucelle）绘制插图，是法国国王查尔斯四世赠送给他的第三任妻子让娜、德埃夫勒的礼物。这本书尺寸很小（仅几厘米），但却代表着重要的艺术创新。书中灰色单色调的墨彩插图造成了独特的浮雕效果。插图的背景中常常融入哥特建筑，还使用了创新的空间透视画法，使画面具有早期中世纪绘画中没有的纵深感。

《让娜·德埃夫勒祷告书》

前文艺复兴

什么是“文艺复兴”？

“文艺复兴”（Renaissance）在法语中是“重生”的意思。人们通常认为，文艺复兴是古典主义（希腊罗马）文化的重生，公元 4 世纪罗马帝国灭亡后，古典主义经历了一段很长的黑暗时期，终于重见天日。但是，这是一种过于简化的说法。欧洲城市发展、经济增长等变化以及富有的资助人对艺术的支持，都是引发文艺复兴的因素，而且，文艺复兴期间典型的均衡、和谐、自然的绘画作品，也不是一夜之间就出现在了欧洲的文化领域。发源于意大利佛罗伦萨的文艺复兴是在 14 世纪和 15 世纪逐渐发生的，而且人们重新对古典希腊文献翻译和古罗马遗迹研究产生兴趣，也部分促成了这一运动的发展。

什么是“前文艺复兴”？

艺术史学家用前文艺复兴（Proto-Renaissance，意为“文艺复兴前期”）一词来形容哥特晚期的艺术风格转变，该时期的艺术预示了文艺复兴的自然主义、现实主义和人文主义等特征的最终形成。艺术史方面的书籍对前文艺复兴的年份定义都有所不同，但是基本上公认的起始时间是 12 世纪末，结束时间为 14 世纪初，地点在意大利。洛伦泽蒂兄弟、西蒙·马提尼

（Simone Martini）、杜乔、奇马布埃和乔托（Giotto）等艺术家的作品，是艺术风格从哥特向文艺复兴转变的主要代表作。该时代的著名作家和诗人包括彼得拉克（Petrarch），他的爱情十四行诗随后影响了莎士比亚。另外一位诗人但丁·亚利基利（Dante Alighieri）撰写的史诗《神曲》，讲述了作者的地狱之旅。

但丁的《神曲》

锡耶纳的前文艺复兴时期关键画家有哪些?

13—14 世纪的锡耶纳（位于佛罗伦萨西南 60 多千米）曾经是哥特晚期、文艺复兴前期艺术创作的温床。锡耶纳的艺术可与该时期任何其他城市的艺术媲美，锡耶纳的绘画之父杜乔·迪·博宁塞纳（Duccio di Buoninsegna），是这里最重要的艺术家之一，其代表作是 1308—1311 年间为锡耶纳大教堂创作的《主祭坛画》（*Maestà Altarpiece*）。这幅作品受到早期拜占庭艺术风格的影响，尺幅巨大，由 50 多块木板组成，以红色和金色为主色。杜乔将圣母玛利亚置于画面正中，被尊崇为“天国天后”，她的宝座装饰精美绝伦，向外敞开，仿佛正在热情欢迎观众，这是继早年的哥特和拜占庭风格之后发生的一大变化。圣母玛利亚周围环绕着众多圣人，每位圣人脑后都有一个圆盘状的光环。圣婴被画成小个子年轻男性，坐在圣母腿上，仿佛轻如鸿毛。不幸的是，18 世纪时，这幅美丽的锡耶纳艺术作品被拆下来分成了好多块，卖给了博物馆和私人收藏。画面剩余的部分被重新组合起来，现在正在锡耶纳大教堂展出。

洛伦泽蒂兄弟是谁?

洛伦泽蒂兄弟（Lorenzetti brothers）是锡耶纳的画家，他们的作品受到了“锡耶纳绘画之父”杜乔的影响。皮埃特罗（Pietro，约 1280—1348）和安布罗乔（Ambrogio，约 1348 年过世）的绘画风格简单、高雅，而且在作品中创造了一种真实的空间感。1338年，安布罗乔绘制了一幅大型湿壁画，画面呈现了好政府与坏政府的寓言，以锡耶纳主要市政建筑“公共大皇宫”为背景。《城中好政府的寓言》（*The Allegory of Good Government in the City*）通过描绘一个理想的锡耶纳城市，用视觉手法展示了一个公正的政府对人民的益处。这幅复杂的壁画中有很多美丽的彩色建筑和象征性的人物，人物与周围环境的比例也较为自然。《城中坏政府的寓言》（*The Allegory of Bad Government in the City*）则绘于大皇宫附近的一面墙上，画面呈现了一座堕落的城市；拟人化的贪婪、骄傲和赞美潜伏在野蛮的统治者脑后，城市中的人民饱受折磨。

什么是湿壁画？

湿壁画（fresco）是使用“湿壁绘画法”（*buon fresco*）制作的壁画，也就是将颜料画在刚混合好的湿灰泥上。用这种方法制成的壁画非常耐久。另外一种方法称为“干壁绘画法”（*fresco secco*），也就是将颜料绘制在已经晾干的灰泥上，不过这种技法绘出的壁画易损坏，时间久了之后可能会剥落。湿壁画通常需要在温暖干燥的天气绘制，这样的天气对“湿壁绘画法”的过程最有利。佛罗伦萨和锡耶纳等意大利城市都以湿壁画闻名。

乔治奥·瓦萨里是谁？

乔治奥·瓦萨里（Giorgio Vasari，1511—1574）在绘画方面普普通通，但在建筑方面却颇有造诣，不过，他给世人留下的真正遗产，是为重要的文艺复兴艺术家撰写的传记《绘画、雕塑、建筑大师传》（*Lives of the Most Eminent Painters, Sculptors, and Architects*，简称《艺术家传》）。通过瓦萨里的描述，我们了解到文艺复兴早期的艺术家奇马布埃（Cimabue）和乔托等人的生活，并读到了列奥纳多·达·芬奇和米开朗琪罗争论的细节。书中涵盖了从弗拉·安基利科（Fra Angelico）到提香（Titian）、多纳泰罗（Donatello）和萨尔维亚蒂（Salviati）等众多艺术家。尽管这本书对意大利艺术家持有偏见，故事都经过了修饰，历史细节也不准确，但是对艺术史和文艺复兴学术研究的影响是不可忽视的。

奇马布埃是谁?

《圣母子》

在《艺术家传》中，乔治奥·瓦萨里把13世纪艺术家奇马布埃形容为“阐明绘画艺术的第一人”。奇马布埃引领了自然主义的创新，其艺术创作在平面的拜占庭风格绘画与更符合现实比例的文艺复兴风格之间架起了一座桥梁。若将奇马布埃与其学徒乔托的作品相比，就会发现两者之间显而易见的区别。

奇马布埃的木板画《圣母子》（*Virgin and Child Enthroned*，约1280年）描绘了一群圣人环绕着圣母玛利亚和圣婴耶稣的场景。这件作品融合了哥特（拜占庭）风格与新的文艺复兴手法：圣母玛利亚的衣服布料上的褶皱由金线绘制而成，圣人们身材颀长、瘦削，圣婴的身体比例与成人一样。尽管仍然是平面化的画面与风格化的人物，但是奇马布埃绘出的场景看上去温暖而真实，人物比例自然，面部表情各不相同，仿佛都沉浸在深思中，十分有趣。乔托也绘制了相同的场景，但是他的作品则代表着从哥特风格到更写实的人物图像和三维空间的转变。圣母玛利亚的蓝色长袍显得比较沉重，可以通过长袍的褶皱看出她的身形，圣婴耶稣稳稳地坐在她的腿上。乔托的《圣母子》中的人物形象十分写实，圣母的王座也看上去像是处于真实空间中，向后延伸。

乔托为什么这么有名?

乔托是13世纪的著名人物。他一边放羊，一边画羊，后来他的天赋被路过的奇马布埃发现（故事是这么讲的）。后来，乔托声名鹊起，成为第一位艺术家明星。乔治奥·瓦萨里曾写过他的故事，艺术家兼作家切尼诺·切尼尼

（Cenino Cenini）也详细探讨过他的作品，列奥纳多·达·芬奇也称他是上一代最重要的艺术家之一。瓦萨里解释了乔托成名的原因，认为他“使艺术走上了可以称之为真理的道路”。瓦萨里还写道，乔托描绘了真实的三维空间，引领了绘画视角方面最大的突破。

乔托最伟大的作品是为史格罗维尼（Scrovengi）家族创作的一系列湿壁画，完成于1305年，位于意大利帕都亚的阿雷那教堂（Arena Chapel）。教堂的整个桶形拱顶都涂着深蓝色的青金石颜料，装饰着金色的星星和绘有圣人画像的圆盘。乔托将墙面分成了四部分，每一部分都讲述了圣母玛利亚和耶稣故事中的不同内容，而且每个场景还有一定的景深，用暗色表示阴影，浅色表示高光，使人物有了真实的感觉。该系列中最大的壁画是教堂西墙上的《最后的审判》。在这幅画中，耶稣抬起手以示祝福，被拯救的人群站在耶稣的右侧，被诅咒下地狱的人站在他的左侧，而资助人恩里克·史格罗维尼（Enrico Scrovengi）正在将他的家族教堂献给耶稣，以洗清他的罪恶。文艺复兴时期的艺术家洛伦佐·基布尔提（Lorenzo Ghiberti）曾表示，阿雷那教堂是“地球上的一大荣耀”。

《逃往埃及》

意大利文艺复兴早期

为什么佛罗伦萨成为了重要的文艺复兴城市?

文艺复兴始于15世纪的佛罗伦萨，这段时期又称*Quattrocentro*（字面意思为“15世纪”）。当时，佛罗伦萨不仅是一座城市，也是一座城邦，与古希腊的城邦十分相似。15世纪的佛罗伦萨还是拥有一部宪法的共和国（尽管

佛罗伦萨

离民主还远）和一个充满国民自豪感的经济强国。丰厚的资金注入了大教堂的建筑、建筑装饰以及艺术家的竞赛等市政项目，而这些项目都是以美化城市环境和享受财富带来的愉悦为目的。佛罗伦萨的资助人全力支持重要艺术家的艺术创作，包括马萨乔、多纳泰罗和基布尔提等，他们充满创意的作品拉开了文艺复兴的帷幕。

什么是人文主义？

19 世纪发明的词汇"人文主义"（humanism），是指文艺复兴时期拒绝中世纪学术价值观，重新迎接古典主义的思想风潮。人文主义也是一种思考方式，以历史研究为重点，强调个人道德和国民价值的教育体系是人文主义哲学的重要组成部分。文艺复兴时期的人文主义还带来了个性的回归：中世纪倾向于从上帝的视角来创作文学和艺术，而文艺复兴则完全相反，艺术家们以人类为中心，从人的角度来观察世界。

谁赢了洗礼堂大门竞赛？

1401 年，佛罗伦萨城举办了一场圣乔凡尼（受洗者约翰）洗礼堂青铜双扉大门的设计竞赛，这是城中最重要的宗教建筑之一。此次比赛的评审由极具影响力的富有羊毛商人协会担任，每位参赛者提交一扇青铜门板样本，门板上必须描绘《旧约》中亚伯拉罕牺牲他的儿子以撒的场景。七位参赛者的作品中，只有两扇门板的样本得以保存至今，其中一扇由著名文艺复兴时期建筑师菲利波·布鲁内莱斯基（Filippo Brunelleschi）制作，另一扇由雕塑家兼画家洛伦佐·基布尔提完成。

基布尔提的门板样本赢得了比赛，在随后的 25 年中，他一直在制作这两扇大门，直到 1425 年才完成，总共完成了 28 块青铜门板。他的大门非常成功，后来又被雇用创作第二道双扉大门，称为《天堂之门》（*Gates of Paradise*），1452 年完成后，安装在了洗礼堂的东侧。

单点透视法是如何发明的?

菲利波·布鲁内莱斯基是一位名副其实的“文艺复兴式人物”，他既是金匠、钟表匠，也是数学家、拉丁文学者、建筑师，还发明过文艺复兴时期最重要的技术创新之一——单点透视法。单点透视法又称线性透视法，是一个基于现实观察的数学系统。根据单点透视法的原则，画中的物体近大远小，在同一个物体上，远处的边线看上去比近处的边线短，这类形状的扭曲和倾斜被称为“透视缩小”（foreshortening）。

布鲁内莱斯基发明了图像平面（picture plane）的概念，把画框想象成一扇窗户，观者可以透过它看到一个虚拟的三维空间。艺术家根据坐标格安排画中场景，图中每个物体（如建筑结构组成部分，屋顶边缘线、墙等）都按照隐形的正交线绘制，这些正交线汇聚为一点，称为消失点，消失点通常位于观者的视平线上。奇怪的是，布鲁内莱斯基主要是以建筑师而不是画家的视角来研究透视法的，他的目标是设计一种室内装潢，使得参观者的注意力被引向空间尽头，例如教堂正殿尽头的圣坛。他在 1434 年设计的佛罗伦萨圣灵教堂有效地达到了这个目标。

布鲁内莱斯基如何建造佛罗伦萨大教堂的圆顶?

在富裕的佛罗伦萨城市中，市政项目进行得如火如荼，建筑师们想在佛罗伦萨大教堂顶部建一个巨大的圆顶，代表城市的荣耀。尽管菲利波·布鲁内莱斯基之前输了洗礼堂大门的设计竞赛，但是却被请来建造教堂的穹顶。穹顶直径达 40 多米，比罗马帕特农神庙的圆顶还宽。这并不是一件易事，而布鲁内莱斯基当时年仅 24 岁。在认真地研究了帕特农神庙等遗迹之后，布鲁内莱斯基建造了一座八边形的双层拱架穹顶。内层的砖块围成一个个圆环，从下到上逐渐缩小，每圈砖块都支撑着上一圈。外层的砖块按照坚固的鱼骨形图案排布。穹顶的八边还分别增加了肋架和金属条支撑。

布鲁内莱斯基面临的另一个巨大挑战是，工人们该如何建造这座穹顶。通常情况下，穹顶需要借助脚手架来建造，但是这个穹顶的跨度太大，根本找不到一棵足够高的树，能够横跨穹顶的直径。布鲁内莱斯基为工人们重新设计了一个小型脚手架与平台系统，以及一个起重系统，他甚至还抬高了食堂，这样工人们午休时就不用再爬回地面了！难怪布鲁内莱斯基被誉为文艺复兴的建筑之父。

马萨乔的《三位一体》是什么?

马萨乔（Masaccio）原名托马索·迪乔瓦尼·迪西莫内·卡萨伊（Tommaso di Ser Giovanni di Mone Cassai），由于原名太长，人们都以昵称“马萨乔”称呼他。马萨乔是文艺复兴早期的画家，作品融入了乔托的现实主义风格与布鲁内莱斯基的透视法概念。他的大型湿壁画《三位一体与圣母、福音传教士圣约翰和捐赠者》（*Trinity with the Virgin, Saint John the Evangelist, and Donors*）创作于 1426 年，在新圣母玛利亚教堂的墙壁上绘成。这幅壁画看上去像是一座凹进墙壁的立体壁龛，其中面色苍白的耶稣基督被钉在十字架上，悬挂在圣坛之上，他的两侧画着古典式壁柱，头部上方是一个桶形拱顶。耶稣基督形容憔悴、身体虚弱，但充满了精神力量，圣父上帝以人形显现，位于他的后上方，象征圣灵的白鸽则悬浮在耶稣的光环之上。圣母玛利亚身着蓝色长袍，福音传道士圣约翰身着红色服饰，二者神情忧郁，将观者的注意力引向耶稣所处的困苦境况。在神圣的拱形空间外围，众多圣人和资助人正在跪着祈祷。整幅场景下方画着一具躺在坟墓里的骨架，写着“我曾如你，你将如我”几个字。画中人物的现实主义风格以及单点透视法的运用，成功地欺骗了人们的眼睛，这些人物形象逼真，仿佛正在新圣母玛利亚教堂里面，向观者讲述救赎的重要性，极具说服力。

弗拉·安基利科是谁?

弗拉·安基利科（Fra Angelico）是圭多·狄·彼得洛（Guido di

Pietro）的昵称，在意大利语中的意思是“天使般的兄弟”。和马萨乔一样，他也以湿壁画著称。除了艺术之外，他的谦逊与对基督教的坚定信仰，也令他闻名遐迩。从1435年开始，弗拉·安基利科被雇用为佛罗伦萨的圣马可道明会修道院（Dominican Monastery of San Marco）绘制内部的壁画。这位艺术家用了近十年的时间，在每个修道室内部和修道院内其他墙面上都绘制了壁画，其中第三修道室壁画的内容是“天使报喜”（the Annunciation），描绘了天使加百利来到玛利亚面前，告知她即将成为耶稣基督的母亲。弗拉·安基利科笔下的人物端庄高雅，加百利有礼貌地鞠着躬，双臂叠在胸前，翅膀颜色明亮。玛利亚坐在他的右侧，处于房间的建筑结构框架之中。她的双臂也叠于胸前，即表示谦逊，也构成了象征着圣灵的白鸽形状。这幅场景简单、虔诚，仿佛闪耀着神圣之光。

安基利科的《天使报喜》

什么是多纳泰罗的《大卫》？

多纳泰罗（Donatello，多那托·迪·尼科罗·迪·贝托·巴地，约1386—1466）是文艺复兴早期的天才雕塑家，他创作了著名的青铜雕塑《大卫》（*David*），这是有史以来第一尊真人大小的男性裸体雕塑。多纳泰罗的《大卫》迷雾重重——例如，尽管雕塑当时放置在美第奇宫殿（佛罗伦萨执政家族的居所）的庭院里，但是艺术史学家仍然不知道雕塑的资助人到底是谁。人们认为，高贵的《大卫》象征着不久前（1428年）佛罗伦萨战胜邻近城邦米兰的事件。在这尊雕塑作品中，多纳泰罗将这位《旧约》中的英雄表现为年轻的裸体青年，他的胯部自信地向前挺起，呈“对立平衡”姿势，膝盖轻弯，踩在敌人歌利亚被砍下的头上。歌利亚头盔上的一根大羽毛向上翘着，碰到大卫的小腿内侧。多纳泰罗的《大卫》反映了古典主义的雕塑传统，但却用一个充满情欲的形象来表现青年英雄主义，与米开朗琪罗著名的《大卫》大相径庭。

波提切利的画作为什么被烧毁了?

桑德罗·波提切利（Sandro Botticelli，1445—1510）是一位佛罗伦萨画家——强大的美第奇家族经常从他那里定制作品——善于创作非宗教的神话作品，比如《维纳斯的诞生》（*The Birth of Venus*，1484—1486）和《春》（*Primavera*，1482）。《维纳斯的诞生》是他最有名的作品，描绘了古典神话中的爱与美之神从海浪中诞生的场景。她站在一个巨大的扇贝壳上，漂到海岸边，谦逊地用手挡住自己的裸体，头发在风中轻舞。风神泽费罗斯（Zephyr）怀抱着情人克罗丽丝（Cloris），将女神吹向岸边，空中飘着粉色小花。维纳斯的一位追随者前来迎接，并伸出手臂，试图用一件花朵图案的衣服裹住女神。与波提切利的其他作品一样，这幅画展示了艺术家对单点透视法的有效运用，以及用光的效果画出三维立体人物的高超技艺，同时，它也是一幅充满情欲的非宗教作品。

《维纳斯的诞生》

1494年至1498年间，道明会修道士季罗拉莫·萨沃纳罗（Girolamo Savonarola）掌控了佛罗伦萨，之后一切开始发生变化。萨沃纳罗在布道中指责佛罗伦萨城道德败坏、物欲横流，波提切利受到了萨沃纳罗保守的宗教宣传的影响，烧毁了自己的多幅画作，尤其是早期一些更世俗的作品。他的后期作品体现出了明显的宗教性。

什么是祭坛画？

祭坛画是一块彩绘木板，通常放置在教堂的祭坛上。祭坛画有很多种形式，其中最常见的是三联画，由三块相连的木板组成而得名。三联画的木板通常以铰链相连，两侧的两块木板可以像门一样合上，展示画在外面的图案。由两块木板组成的祭坛画称为双联画，多块木板组成的祭坛画称为多联画，例如《根特祭坛画》（将在下节中讨论）。

北欧文艺复兴

意大利文艺复兴与北欧文艺复兴有什么不同？

人们都说文艺复兴始于意大利，然后缓慢地向北传播至整个欧洲。然而，这种说法并不准确。当意大利人对古典艺术产生浓厚兴趣（他们毕竟生活在罗马废墟旁边）时，北欧艺术家却在关注其他方面。

意大利文艺复兴艺术家专注于理想化的裸体、古典风格建筑和单点透视法，而同时代的北欧绘画却体现出强烈的现实主义和对细节的关注。北方艺术家的兴趣在于可见世界中物体的物质性。北方文艺复兴的重要艺术家有扬·凡·艾克（Jan van Eyck）、罗杰·凡·德·维登（Roger van der Weyden）和克劳斯·斯留特尔（Claus Sluter）。

什么是国际哥特风格绘画？

国际哥特（International Gothic）指的是14世纪末到15世纪初盛行于欧洲的一种高度风格化的绘画形式，对北欧文艺复兴艺术产生了很大影响，与法国波西米亚地区和神圣罗马帝国的艺术有密切关联。国际哥特风格绘画中有更多的写实细节，适当地应用了透视法，而且强调背景和风景。

林堡兄弟是谁?

林堡三兄弟（Limbourg brothers）是14世纪晚期至15世纪初佛兰德斯地区最著名的手抄本插图画家。保罗（Paul）、赫曼（Herman）和吉恩（Jean）最早在巴黎经历了金匠的训练，并在1404年前后成为贝里公爵（Duke of Berry）的御用宫廷画师。他们最重要的作品是专为公爵制作的《最美时祷书》（*Très Riches Heures*）。书中包括日历页，列出了圣人的节日、十二宫星座以及天文学信息。林堡兄弟为一年中的12个月分别绘制了现实主义风格的整页插图。这些画页生动而有活力，例如，2月画页上的深蓝色和粉状的白色颜料令人想起寒冷的冬天。三兄弟使用了非常精细的画笔，还很有可

《最美时祷书》中的一年十二个月

能用了放大镜，才画出如此高水平的细节。林堡兄弟的作品是国际哥特风格的典型范例。

什么是《莫洛德祭坛画》？

《莫洛德祭坛画》（*Mérode Altarpiece*）是一幅三联画，作者是弗莱蒙艺术家罗伯特·康宾（Robert Campin），也称佛莱玛尔大师（Master of Flémalle）。这幅画中间的大幅画面描绘了“天使报喜”，也就是天使加百利告知圣母玛利亚即将成为耶稣基督的母亲的场景。加百利的翅膀颜色鲜亮，身着深红色长袍的玛利亚手捧一本《圣经》，天使的降临打断了她的阅读。圣母玛利亚身处中产阶级房间背景之中，这在北方绘画中比较常见；房间看上去属于15世纪的一个普通中上层阶级的家庭，到处放着日常生活用品。在较小的左侧木板上画着这件作品的资助人，他跪在地上，正在通过一扇门观看天使传报的场景。在右侧的木板上，圣约瑟正在一间工作室里制作捕鼠器。《莫洛德祭坛画》融合了国际哥特风格对细节的关注与三维立体空间的即视感：三块木板中的每一块都有自己的单点透视系统。这是荷兰最有名的文艺复兴作品之一。

《莫洛德祭坛画》中的众多物品有什么象征意义?

《莫洛德祭坛画》中有很多与“天使报喜”相关的宗教象征符号。玛利亚身边的桌上有三朵插在花瓶里的百合花，代表了玛利亚的纯洁，也暗示三位一体。百合花旁边有一支蜡烛。蜡烛的火焰刚刚熄灭，烛芯还冒着一缕细细的青烟，这是基督化身为人的象征。画面左上角画着手拿木制十字架的婴儿耶稣；一束光透过未破损的紧闭的窗户照进房间，代表着玛利亚仍是处女，而婴儿耶稣正乘着这束光飞来。房间后方有一个黄铜面盆和一块毛巾，象征着耶稣基督将洗清世界上的所有罪恶。在右侧的木板上画着玛利亚的丈夫圣约瑟，他正在制作捕鼠器，尽管可能听上去很奇怪，但是他的动作象征着圣约瑟是一位居家男人，将成为玛利亚和耶稣基督的保护者。

扬·凡·艾克是谁?

扬·凡·艾克（Jan van Eyck，1441年去世）是15世纪最重要的画家之一。他在勃艮第工作，最有名的作品是大型现实主义作品《根特祭坛画》（*Ghent Altarpiece*），该作品极其重视细节的呈现。扬·凡·艾克出生于艺术世家，曾与哥哥胡伯特（Hubert）一起作画。凡·艾克兄弟很可能共同制作了《根特祭坛画》。勃艮第公爵好人菲利普（Philip the Good）是他们的主要资助人之一。凡·艾克的其他重要作品还包括《戴头巾的男人像》（*Portrait of a Man in a Turban*，1433，可能是自画像）以及《阿尔诺芬尼夫妇像》（*Arnolfini Portrait*，1434）。

扬·凡·艾克如何在作品中呈现出不可思议的细节？

扬·凡·艾克的作品以其惊人的细节和现实主义著称。和其他北欧艺术家一样，凡·艾克使用油彩颜料，需要很长一段时间才能干透，所以艺术家们就可以缓慢地作画、混合颜料。北方艺术家（如凡·艾克）会给画面涂上很多层薄薄的油彩颜料。与意大利使用的蛋彩颜料不同，油彩颜料的颜色更鲜艳饱满。专为绘制细节而制作的画笔也很重要——有些画笔细到只有一根毛！扬·凡·艾克是首位大量使用视觉技术的文艺复兴艺术家，利用凸面镜和镜片等仪器来画出高水平的细节。

为什么艺术史学家对《阿尔诺芬尼夫妇像》感到十分困惑？

扬·凡·艾克的作品《阿尔诺芬尼夫妇像》完成于1434年，是一幅令人着迷的神秘作品，疑点重重。这幅画描绘了一对衣着光鲜的夫妇，很可能是名为乔瓦尼·阿尔诺芬尼（Giovanni Arnolfini）的商人与妻子乔瓦娜·塞纳米（Giovanna Cenami），四周的物品都体现出他们生活十分富裕。不过，新的研究发现，这两人直到肖像绘制完成十年之后才结婚，所以这幅作品显得更加神秘莫测。也许这对夫妇属于阿尔诺芬尼家族的另一支？和《莫洛德祭坛画》一样，这幅画中包含了很多象征性的物品，其中有些是宗教性的，有

《阿尔诺芬尼夫妇像》

些则是非宗教的。例如，画面前景中的狗象征着爱与忠诚，房间后方的水晶祷告珠象征着这对夫妇的虔诚。关于这幅画中的女人是否怀孕存在很多争议，她把手放在了腹部上方，但是，也许这对夫妇只是想要一个孩子？画面中最奇特的地方，是两人身后墙面上的镜子，镜子上方写着一行字“扬·凡·艾克在这里。”镜中反射出这对夫妇的背影和一个人的脸，他是凡·艾克本人吗？艺术史学家无法确认这一点。尽管这幅画充满了谜团，但无疑是一幅细节精致的大师之作，成为我们窥探另一个世界的窗口。

意大利文艺复兴盛期

什么是文艺复兴盛期？

文艺复兴盛期（High Renaissance）是指15世纪末至16世纪初这段活跃着列奥纳多·达·芬奇、米开朗琪罗和拉斐尔在内的艺术大师，以及时间上略晚的北部意大利艺术家提香、柯罗乔（Correggio）和乔尔乔内等的时期。人们普遍认为，文艺复兴盛期是艺术史上最伟大的时期之一，当然也是意大利艺术最著名的一段时间。文艺复兴盛期不仅是意大利一国的现象，北欧地区也出现了很多大师，包括阿尔布雷希特·丢勒（Albrecht Dürer）和汉斯·荷尔拜因（Hans Holbein）等。除艺术之外，文艺复兴盛期还有很多伟大的科学发现，伽利略（Galileo）和约翰尼斯·开普勒（Johannes Kepler）也带来了重大变革。文艺复兴盛期是欧洲历史上一段科技、认知和艺术成就集中出现的重要且独特的时期。

“大师”都有谁？

“大师”（Great Masters）一词用于形容极受尊敬的艺术家，后被用来界定某些特定的文艺复兴和16世纪时期的艺术家。列奥纳多·达·芬奇、米开朗琪罗、提香等艺术家都被称为“大师”，有时又称“老大师”（Old Masters），以便和近代的伟大艺术家区分开来。到了文艺复兴末期，艺术大师们逐渐被视为名人，而不是普通手工劳动者。

“大师”这个词本身来源于文艺复兴期间培训年轻艺术家的师父—学徒系

统。该系统中，年轻的学生（最小的仅 5 岁）被送到工作室成为学徒，在一位艺术家师父的指导下工作和训练，而不是在艺术学校学习（当时还没有艺术学校）。师父通常给学徒提供食宿，以交换学徒的劳动，如打扫工作室、准备材料等，直到最后可以代替师父在委托创作的作品上绘画。著名艺术家的很多作品都是由一个工作室的若干艺术家（包括年轻的学徒）共同完成的。

列奥纳多 · 达 · 芬奇是谁?

列奥纳多 · 达 · 芬奇（Leonardo da Vinci，1452—1519）是史上最著名的艺术家之一。他是一位托斯卡纳公证官的私生子，后在佛罗伦萨的艺术家师父安德烈 · 德尔 · 韦罗基奥（Andrea del Verocchio）工作室接受训练。列奥纳多 · 达 · 芬奇是一位天才，在他的有生之年就已经以才智和怪癖而出名。他为肉眼可见的世界而着迷，花费大量的时间画出他看到的事物。对他而言，绘画就像是一种理解世界的方法。达 · 芬奇有几千幅素描保存至今——他画过人脸、水流的漩涡、打架的鸟、解剖后的尸体、人体骨骼、自然风景、玩具设计……还有更多其他的内容。他撰写了大量艺术和科学理论，确立了面部形态的几个种类，解释了空间透视法的技巧，还分析了太阳的运转。意大利政府雇用达 · 芬奇设计武器和战争机器，包括所谓的“攻城机”，这些武器的设计草图都绘制在了他的笔记本上。尽管他有大量的文章和草图，但是达 · 芬奇从未发表过任何作品，而且他的所有笔记都是反向书写的——只有把他的笔记对着镜子才能读懂。这有可能是因为他被教堂宣布为异教徒，所以十分多疑，不过也许只是因为他非常注重隐私。

很明显，达 · 芬奇不仅是一位画家，而且是一位真正的“文艺复兴式人物”。他的《最后的晚餐》和《蒙娜丽莎》是世界上最著名的艺术作品。不过，达 · 芬奇的很多作品都因时间太久远而遭到了严重损坏。

什么是《维特鲁威人》?

《维特鲁威人》（*The Vitruvian Man*）是一幅列奥纳多 · 达 · 芬奇的素描画，展现了公元前 1 世纪的罗马建筑师维特鲁威（Vitruvius）在《论建筑》中所描述的视觉概念。作为一位建筑师，维特鲁威关注和谐、对称与均衡，而文艺复兴时期追求古典主义的艺术家和建筑师（包括达 · 芬奇在内）也都高度重视这几个特质。维特鲁威在书中解释了自己的观点，认为在人体比例的指导下，可以设计建造出自成一体的至美建筑。

不过，维特鲁威并未提供任何插图说明，所以很多的艺术家都曾试图在视觉上阐释这一概念，而达·芬奇的素描便是我们最熟悉的一个版本。图中，一个理想化的男人直立在一个圆形和一个正方形之中。人物双臂展开，呈两种姿态，其中一双手臂伸至圆形与正方形的两个交点处，而另一双手臂则水平伸直，指尖碰到正方形的两条纵边。图中人物也有两双腿，一双腿呈直立状，另一双腿向两侧伸开，与手臂对应。这幅素描体现了列奥纳多·达·芬奇在数学领域的独创性，也体现了文艺复兴时期对几何平衡的偏好。

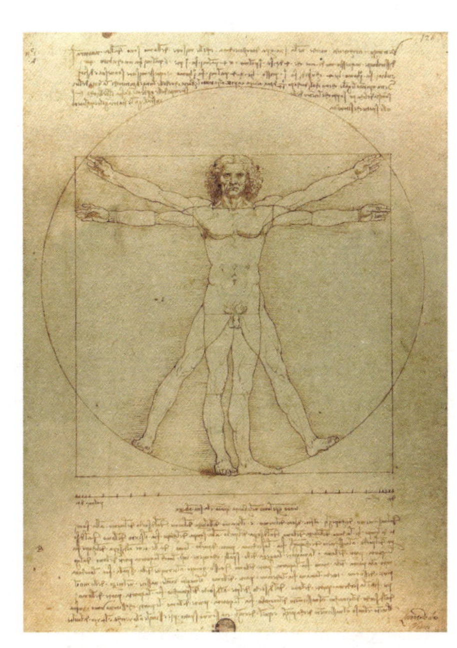

《维特鲁威人》

为什么《蒙娜丽莎》是一件如此伟大的艺术作品?

从背包到冰箱贴，无论何处都能见到她的脸。她偶尔还会长出两撇八字胡，或者戴上一副眼镜，头部甚至曾被巴特·辛普森的脑袋代替！毫无疑问的是，每年有成千上万的人挤在巴黎卢浮宫的原作前，想要一睹她的真容。那么，这到底是怎么回事？是什么让《蒙娜丽莎》成为一幅不朽的名画，让世界各地的人都能认出她？《蒙娜丽莎》是列奥纳多·达·芬奇在1503—1507年间绘制完成的。画作本身尺寸不大，只有77厘米×53厘米，材质为布面油画。它曾遭到盗窃，虽然后被归还，但有一部分可能被切掉了。作品描绘的是一位佛罗伦萨的贵妇，很可能名为丽莎·盖拉尔迪尼（Lisa Gherardini），肖像的背景则充满神秘气息。

请花一些时间欣赏这幅作品。丽莎神情冷静地望向画框之外，双臂优美地叠在一起。她在思考什么？她高兴吗？神态自若吗？害羞吗？她的嘴角一侧轻轻上扬，好像在微笑，双眼似乎正在向右侧看去。她是在故作忸怩吗？

列奥纳多·达·芬奇在蒙娜丽莎的嘴角和眼角使用了“晕染法”

（*sfumato*，意大利语原意为“烟熏的”），造成了画中人物个性和情绪都模棱两可的效果。正是因为这种画法，观者每次观看画作时，丽莎的情绪好像都有所不同，有时甚至会感觉到她在开玩笑。晕染法也加强了肖像的写实感，让蒙娜丽莎栩栩如生。

欣赏《蒙娜丽莎》是我们能够最近距离接触列奥纳多·达·芬奇这位天赋奇才的时刻。在历史上的某一时间，他与这位女人同处一室，相距仅几英尺，正在挥笔绘制她的肖像。这幅画是一件不朽的大师名作，体现出达·芬奇无与伦比的绘画技艺。

《蒙娜丽莎》

为什么说《最后的晚餐》具有革命性意义？

《最后的晚餐》（*The Last Supper*）于1495—1498年间完成，位于米兰的圣玛利亚修道院食堂大厅内。有些人认为它是列奥纳多·达·芬奇最伟大的作品（对不住了，《蒙娜丽莎》）。《最后的晚餐》是一幅湿壁画，也就是说，是在刚刷好灰泥的墙面上绘制而成的，画面描绘的是圣经中耶稣基督在受难前夜将面包分给追随者的场景。这幅作品因多种原因而具有革命性的意义，其中一个是画面的自然主义风格。达·芬奇选择了呈现基督宣布将有一人背叛他的时刻，而和耶稣一同围坐在长桌周围的使徒们都十分震惊，圣约翰无法接受这一事实，听到后立刻昏倒；圣彼得十分愤怒，拔出了他的刀（预示着圣经故事中犹大背叛基督后，他会使用这件武器）。这是艺术史上首次将犹大与耶稣画在餐桌同侧，画中的犹大身体后倾，向观者暴露出了他的罪行。

和其他文艺复兴艺术作品一样，画中也清晰地呈现了故事情节。使徒们被分为四组，每组三人，在餐桌的同侧坐成一排。餐桌后方有三扇窗户，两侧各有三个黑暗的壁龛，而数字三与神圣的三位一体有关。尽管背叛的消息令人震惊，但是整幅画面显得十分平静而严肃。达·芬奇的《最后的晚餐》，对其他绘制同样场景的艺术家产生了重大影响，包括丁托列托、汉斯·荷尔拜因和鲁本斯。

米开朗琪罗是谁?

米开朗琪罗·博纳罗蒂（Michelangelo Bounarroti，1475—1564）是文艺复兴盛期一位多才多艺的大师，擅长创作绘画、雕塑和建筑。他的职业生涯很长，而且十分成功，活跃了接近 70 年的时间。米开朗琪罗比达·芬奇小 20 岁，生前备受尊敬，但也是出了名的脾气暴躁、难以相处。米开朗琪罗是艺术史上最早出名的几位艺术家之一，有两部传记就是专门写他的，而且地位显赫的资助人也争先恐后地请他创作，其中就包括洛伦佐·美第奇和教皇。他最著名的作品是西斯廷教堂的天顶画和一些令人敬畏的雕塑，例如《哀悼基督》（*Pietà*，24 岁时创作）和《大卫》。他还设计了罗马的圣彼得大教堂的穹顶，不过，在建造完成前他就去世了。

如何识别米开朗琪罗的作品?

米开朗琪罗的绘画和雕塑作品风格独特，强调人体、尤其是男性身体的理想主义形态，他的《大卫》就是这种风格的典型例子。《大卫》身材高大，雕像高达 5 米，是从一块 6 米半高的白色大理石中雕刻出来的。雕像所表现的大卫正值盛年，体格健壮，身体全裸，正在活动肌肉，准备与敌人歌利亚一决高下。他的手和脚都偏大，而且非常写实，从远处就能看清手部的血管和筋骨。大卫一侧膝盖轻微弯曲，胯部向另一侧倾斜，呈经典的“对立平衡”姿势，显得更真实、栩栩如生。米开朗琪罗的很多其他作品，也突出表现了完美的人体，都是身材高大、肩膀宽阔、有明显的肌肉，而且面部表情严肃。

什么是西斯廷教堂?

在 1508 年写给朋友的一封信中，米开朗琪罗承认他不喜欢绘画，而且很不愿给西斯廷教堂（Sistine Chapel）画天顶画。但是，他所画的西斯廷教堂的天顶却成了世界上最著名的天顶之一。教堂位于罗马教皇的正式居所——梵蒂冈，以教皇西斯笃四世（Sixtus IV）命名，特意按所罗门圣殿的规模设计，建于 1475—1481 年间。教堂内部墙壁上布满了基督教主题的壁画。教皇尤利乌斯二世（Julius II）亲自点名要求米开朗琪罗来绘制教堂的天顶。据传言，艺术家在不情愿地同意之后，把自己在教堂里关了四年，不允许任何人进来。但是这部分故事估计是编造的，因为米开朗琪罗肯定需要工作室的学徒们帮忙，才能在四年内完成这个项目。

不过，西斯廷教堂墙面的壁画不是米开朗琪罗绘制的，而是桑德罗·波提切利和米开朗琪罗曾经的师父多米尼科·基尔兰达约（Domenico Ghirlandaio）等其他艺术家的作品。壁画描绘了圣经中的故事和场景，包括摩西的故事和基督的一生。在天顶画中，米开朗琪罗绘制了很多《旧约》中的场景，包括“大卫与歌利亚”“创造亚当”“逐出乐园”和“朱迪斯与赫罗弗尼斯”（Judith and Holofernes）等。西斯廷教堂里画着几百位不同姿态的人物、各式各样的不同场景、植物、自然风景和立体的建筑元素，很容易显得繁复冗余。但是米开朗琪罗让整个 13 米 x 39 米的空间变得优美、平静、令人心生敬畏。

什么是《创造亚当》？

《创造亚当》（*The Creation of Adam*）是米开朗琪罗最著名的湿壁画，绘制于西斯廷教堂的天顶上。全裸的亚当斜倚在一片寸草不生的地面上，圣父上帝由一群天使和小天使环绕着，从天而降。上帝的头发长而灰白，长须被风吹得向后飞舞，一块红色的斗篷围绕着他与周围的一群人物。上帝向前伸出一只手，食指指向亚当，赋予他生命之光。亚当向上帝的方向微微抬起身子，但是他手腕无力，头垂向一侧，尚未完全获得生命的活力。他们指尖相距仅几厘

《创造亚当》

米，给画面增加了戏剧性的张力。这是整个艺术史上最经典的画面之一。米开朗琪罗巧妙地呈现了上帝给亚当赋予生命之前的那一刻，使得《创造亚当》成为一幅精美而有力、在沉稳之中暗藏能量的作品。

拉斐尔是谁?

拉斐尔（Raphael，1438—1520）比达·芬奇小 31 岁，比米开朗琪罗小 8 岁，不过，十分敬仰这两位前辈的地位与高超技艺的拉斐尔，还是在文艺复兴盛期的万神圣殿中获得了一席之地。米开朗琪罗十分情绪化、难以相处，而拉斐尔却是一位性格和善、风度翩翩、做事井井有条的艺术家。他的绘画作品以温馨、和谐为特点，虽然经常被模仿，但是很少有人（基本没有）能够达到他的水平。

拉斐尔在佩鲁贾学习绘画，毕业后曾在佛罗伦萨发展，获得了成功，随后前往罗马，为教皇尤利乌斯二世装饰梵蒂冈的居所。他最著名的作品包括梵蒂冈的湿壁画《雅典学院》（*The School of Athens*，1510—1511）和圣母与圣子主题油画，如《草地上的圣母》（*Madonna of the Meadow*，画面中也包括了幼小的受洗者约翰）。1512 年，他绘制了重要的神话故事场景《加拉泰亚》（*Galatea*），同年，他还给教皇尤利乌斯二世画了一幅极富影响力的肖像。布拉曼特（Bramante）去世后，他受邀成为圣彼得大教堂的建筑师，但是他的大部分设计要么未被采用，要么经过了修改。37 岁时，拉斐尔去世，被安葬在了罗马的万神殿。

圣彼得大教堂为什么被毁？他们建造了什么来替代它?

最早的圣彼得大教堂建于公元 4 世纪，即罗马君士坦丁大帝执政期间，以圣彼得的坟墓为原址，现称“旧圣彼得大教堂”。这是一座巴西利卡式教堂，正殿较长，两侧有两道平行的走廊，还有一个前殿和一个后殿。建成近一千年之后的 1506 年，教皇尤利乌斯二世做出了一个大胆的决定，将这座状况日益恶化的建筑拆除，这一决定震惊了整个罗马，当时的情况就好比现在决定要拆除白宫一样！

多纳托·布拉曼特被聘来设计新的圣彼得大教堂。他最著名的设计是坦比哀多小教堂，于是，他想用相同的概念来设计圣彼得大教堂：一座基于四面等距的圆形和正方形的中央式教堂。然而，布拉曼特的设计并未实现，他和教皇尤利乌斯二世都不幸去世了。后来，拉斐尔等其他著名艺术家对布拉曼特的设计进行了一番调整。1546 年，米开朗琪罗成为该建筑的主设计师，修改了布拉曼特的设计，并增加了一座穹顶。后来，教堂终于建好了，但是直到米开朗琪罗去世后穹顶才最终完成。17 世纪初，教堂又被重新设计了一遍。现在的新圣彼得大教堂看上去和未拆毁前的最初设计有点像，但是教堂的外部和旁边著名的广场都属于巴洛克早期风格。

为什么说坦比哀多小教堂是文艺复兴盛期建筑的典例?

坦比哀多（Tempietto）是一座小型圆形教堂，正式名称是罗马的蒙托里奥圣彼得教堂（Church of San Pietro in Montorio），1502 年前后由乌尔比诺著名设计师多纳托·布拉曼特设计建造，之后他还受邀设计了圣彼得大教堂。坦比哀多在意大利语中是“小神庙”的意思，其建筑风格容易令人想起古代的非基督教神庙。据说，该教堂建于圣彼得被钉在十字架上受难的原址，教堂内藏有与这位使徒有关的遗物。布拉曼特的设计非常符合文艺复兴时期（尤其是意大利）流行的古典美学。建筑结构符合数学计算得出的比例，风格统一，整座建筑几乎像是一尊雕塑。简单的外部结构与古典立柱、穹顶和半球形檐，还为罗马城内众多其他建筑提供了灵感。坦比哀多教堂规模虽小，却是意义十分重大的意大利文艺复兴盛期建筑。

文艺复兴时期的威尼斯

威尼斯文艺复兴有哪些特点?

文艺复兴期间，威尼斯共和国是意大利境内最强大的城邦。由于地理上和文化上都与更靠南的罗马和佛罗伦萨等城市有一定距离，所以这里的艺术更多受到了北欧和东方的影响，包括奥斯曼土耳其帝国（前身为拜占庭帝国）的伊斯兰和波斯风格。威尼斯的气候也与意大利其他城市不同，城内的大部分地区为水域（威尼斯其实是一系列由水道联结的岛屿），空气过于潮湿，不适宜绘制湿壁画，所以威尼斯画家更喜欢使用油彩颜料，因而画面色彩十分鲜艳，包括深红、蓝色和来自东方的金色。威尼斯艺术家也继续制作了不少复杂精美的拜占庭风格镶嵌画，其城市建筑使用的拱结构和圆顶也更像东方、而不是意大利其他地区的风格。

贝利尼兄弟是谁?

贞提尔与乔凡尼·贝利尼来自一个地位颇高的艺术世家，是文艺复兴时期最具影响力的威尼斯艺术家。另一位著名威尼斯画家安德烈亚·曼特尼亚（Andrea Mantegna）是他们的姐夫。贞提尔·贝利尼（Gentile Bellini，约 1430—1507）接受了很多威尼斯城内位高权重人士的定制任务，例如为总督府（Doge's Palace）设计装饰，但是他的大部分作品后来都遗失了。其中一幅得以幸存的作品是苏丹穆罕默德二世的肖像，这是他在君士坦丁堡当宫廷画师时的作品。他在那里的作品，表明了两座城市之间的紧密联系。

乔凡尼·贝利尼（Giovanni Bellini，约 1430—1517）比他的哥哥更有名一些，有些学者认为，他是威尼斯文艺复兴时期最重要的艺术家之一。乔凡尼擅长利用颜色、空间和形状，并且完成了重要的大型基督教主题作品。1478 年，他为圣吉欧贝医院（Hospital of San Giobbe）的教堂绘制了《圣母与圣子登上宝座，以及圣方济、施洗者约翰、圣约伯、圣道明、圣塞巴斯蒂安和图卢兹的圣路易斯》（*Virgin and Child Enthroned with Saints Francis, John the Baptist, Job, Dominic, Sebastian, and Louis of Toulouse*）。在这幅作品中，乔凡尼·贝利尼熟练地绘制出了立体空间的效果，圣母子坐在宝座上，位于装饰着拜占庭风格绘画和拼贴画的拱状后殿之内。毫无疑问，他是应用透视法技巧（如透视缩小）的大师，创造了一个逼真、色彩饱满丰富的建筑空间，而且和北欧的大师们一样注重细节。作品中的金色、红色和蓝色，还有华丽的装饰以及光的运用，反映出威尼斯文艺复兴的美学倾向。

乔尔乔内是谁?

我们对威尼斯画家乔尔乔内（Giorgione）知之甚少。他于 1478 年出生在意大利北部城镇卡斯特尔夫朗科，是乔凡尼·贝利尼的学生，1510 年因鼠疫而去世。他是一位标新立异的画家，开启了威尼斯的文艺复兴盛期。他的作品重视对风景的描绘，当时在威尼斯十分流行，而且他广泛使用象征符号，给风景和肖像画赋予了意义。根据瓦萨里的书，乔尔乔内受到了列奥纳多·达·芬奇常用的晕染法的启发，并且倾向于直接在画布上绘画，不会事先在纸上画草稿。将某幅画归功于乔尔乔内是一件极端困难的事情，学者们目前只确认了五幅出自他之手的画作。他最著名的现存作品是《暴风雨》（*The Tempest*），一幅背景是电闪雷鸣的天空、近景为树林的风景画。画中，一位正在给孩子喂奶的妇女坐在树下避雨，一名身着红色外套的士兵在远处看着她。这幅神秘的画作令众多学者和观众为之着迷，人们仍在思索它的含义。

《暴风雨》

提香是谁?

提香（Titian）是提齐安诺·维伽略（Tiziano Veccellio）的昵称，他最早是乔尔乔内的助手，之后成为了威尼斯共和国的正式画师。可以说，提香继续完成了乔尔乔内因早逝而未竟的事业，绘制了一系列绘画，不过，有些人认为，这些画实际是乔尔乔内的作品。长寿的提香生前就已经是一位备受尊敬的艺术家，连神圣罗马帝国的皇帝查理五世都对他赞赏有加，想让提香只为他绘制画像。提香是一位油彩画家，他以研磨细腻的颜料和画布表面的多层油彩而闻名。也正是因为如此，提香画作明亮鲜艳的色彩几乎是独一无二的。

什么是《乌尔比诺的维纳斯》?

1538年，提香为乌尔比诺公爵吉多贝多·德拉·罗沃里（Guidobaldo della Rovere）绘制了《乌尔比诺的维纳斯》（*Venus of Urbino*）。这幅作品毫无顾忌地体现了情欲，画中一位裸体女人斜倚在铺着凌乱白色床单的深红色沙发上，红色长发顺着脖颈倾泻而下，一只手放在私处，半遮半掩。她从画框内戏谑地看向观众，一直小狗蜷缩在她的脚边。画面背景中，两个女人正在翻箱倒柜，挑选衣服。毫无疑问，提香创造了一位女神。艺术史上对女性裸体的表现历史悠久，这幅充满挑逗性的油画作为其中一部分，甚至影响了几百年之后的艺术家。如果没有《乌尔比诺的维纳斯》，就不会有马奈（Manet）同样大胆的《奥林匹亚》（1863）。

《乌尔比诺的维纳斯》

委罗内塞遇到了什么麻烦?

委罗内塞（Veronese，1528—1588）是保罗·卡利亚里（Paolo Caliari）的昵称，他是一位维罗纳的画家，16世纪下半叶来到威尼斯发展。他的很多作品都赞美了城中装饰华丽的建筑和贵族们的富裕生活，而一幅看上去十分无害的作品《利未家的宴会》（*Feast in the House of Levi*）却将他送上了天主教的宗教法庭。这幅大型油画原名《最后的晚餐》，高5.5米，长12.5米，画中的基督坐在一间富丽堂皇的大厅的正中，与一群欢闹的人一起用餐，其中包括几个酒鬼，一个鼻子正在淌血的人，还有猫、狗、鹦鹉、侏儒和日耳曼人——全是宗教法庭认为不能出现在这样一幅神圣场景中的角色。1573年，委罗内塞被传讯到宗教法庭上接受审问，“在我主最后的晚餐上出现小丑、酒鬼、日耳曼人、侏儒和其他类似的粗俗角色，你认为合适吗？”。对之前的问题还回答了几句讽刺挖苦之语的委罗内塞这时只能答道：“不合适，大人。”宗教法庭要求他在三个月之内“修好”这幅画，否则要接受更严厉的处罚。但是，委罗内塞只修改了画名，其他的什么都没做。名称不再是《最后的晚餐》，宗教法庭也就只得作罢了。

16 世纪的欧洲艺术与建筑

意大利

什么是样式主义?

16 世纪初，很多成功的艺术家延续了文艺复兴期间流行的古典美学，但是并不是所有人都这么做了。总体来说，文艺复兴艺术家用自然主义的手法呈现出肉体上和精神上都堪称完美的人物，艺术作品平衡、对称，形状符合比例。因此，当人们看到布伦齐诺（Bronzino）的《维纳斯和丘比特的寓言》（*Allegory with Venus and Cupid*）这样的画作时，可能会感到十分震惊。在这幅令人不安的情色绘画中，维纳斯亲吻着她的儿子丘比特。画中的人物身体被拉长、扭曲，他们看上去毫无重量，四肢与身体呈诡异的角度，颜色也不太对。丘比特扭曲的身体后侧，一个女人正抓着自己的头发喊叫，右边的小天使手中拿着花朵，姿势却像拿着武器一样，准备投掷出去，他的脚边放着丑陋的戏剧面具。

尽管《维纳斯和丘比特的寓言》引起一片哗然，但是它绝不是唯一一幅 16 世纪初的自然主义反常绘画。其他艺术家如蓬托尔莫（Pontormo）、帕尔米贾尼诺（Parmigianino）和本韦努托·切利尼（Benvenuto Cellini）都支持意大利的“样式主义”（Mannerism）风格。虽然样式主义的定义备受争议，但基本上它是对文艺复兴盛期精致典雅风格的另类思想反叛，主要特点是拉长的人物形态、不稳定的姿势和性暗示。样式主义艺术很受宫廷（而不是宗教）资助

《维纳斯和丘比特的寓言》

人的欢迎。尽管这种风格始于意大利，但在北欧也风靡一时。

布伦齐诺是谁?

布伦齐诺（Bronzino）是佛罗伦萨艺术家阿尼奥洛·迪·科西莫（Agnolo di Cosimo，1503—1572）的昵称。他是样式主义画家蓬托尔莫的学生。美第奇家族是布伦齐诺最重要的资助人，他为该家族完成了很多作品，包括祭坛画和湿壁画。如今，他的作品中数肖像画最有名，尤其是创作于16世纪30年代的《年轻男人的画像》(*Portrait of a Young Man*)，现藏于纽约大都会艺术博物馆。画中人物身份不明，但是很可能是与布伦齐诺在同一个文学圈子中的朋友（布伦齐诺也会写诗）。布伦齐诺的模特谨慎地把一根手指夹在一本书的书页之间，引起了观者对书的内容的好奇心。衣着华美的年轻人看上去沉着镇定，姿势优雅，散发着自信，但是一双略微斜视的眼睛出卖了他。他仿佛充分意识到了自己的浮夸气质，而他的脸也如同一张面具，和华丽的桌子侧面雕刻着的面孔异曲同工。这就是布伦齐诺的独特技艺——这位艺术家能够让他的模特故意装模作样，并让观者看出来他的虚假，让我们意识到我们只能看到书的封面，但是却看不到它的内容。

索弗尼斯瓦·安古索拉是谁?

这个时期，欧洲的大部分职业艺术家的确都是男人，女人很难被资助人和以男性为主导的行业协会接受。不过，当时也有一些女艺术家，而其中的职业女画师都通常来自艺术世家，例如卡特琳娜·凡·黑姆森（Caterina van Hemessen）和巴洛克画家阿尔特弥西亚·津迪勒奇（Artemisia Gentileschi）。克雷莫纳画家索弗尼斯瓦·安古索拉（Sofonisba Anguissola，约1532—1625）则不同，她出生于贵族家庭，是七位儿女中的长女，她的父亲热衷于古典主义，经常给所有儿女进行人文主义教育。看出了索弗尼斯瓦的绘画天赋后，父亲送她去跟一位备受尊敬的当地画师贝尔纳迪诺·坎皮（Bernardino Campi）学习绘画。她的肖像作品逐渐给她带来了声望，包括几幅动人的自画像和圣母玛利亚的画像。西班牙国王菲利普二世（Philip II）邀请她来担任他第三任妻子伊莎贝尔·德·瓦卢瓦（Isabel de Valois）的侍女，正如瓦萨里在书中提到的，这是一项极大的荣誉。在皇宫里，她为皇后画像，并在自画像中尝试使用镜子。1552年，她给自己画了一幅微型画像，画中的她手拿一块大徽章，她的名字围绕着徽章的边缘排列，徽章中央用交织的字母写着她妹妹的名字。当时，微型画像是纪念朋友和所爱之人的一种流行方式，这枚画像现藏于波士顿美术馆。

《强夺萨宾妇女》

詹博洛尼亚是谁?

詹博洛尼亚（Giambologna，1529—1608）是一位极其成功的样式主义晚期雕塑家，他有很多名字，比如让、德、博洛尼（Jean de Boulogne）和乔凡尼、达、博洛尼亚（Giovanni da Bologna）。尽管出生于北欧的佛兰德斯，但是他后来到了佛罗伦萨，得到美第奇家族以及其他住在那里的佛兰德斯家族的赏识和支持。他的很多作品都是大理石或青铜雕塑，作品常常表现充满活力、正在进行夸张的身体活动的人物，以及优雅、身材颀长的女性形象。他是创作姿势复杂的多人物雕像的大师，《强夺萨宾妇女》（*Rape of the Sabine*）和《海神喷泉》（*Fountain of Neptune*）是他的典型作品，而他最著名的雕塑应该是《墨丘利》（*Mercury*，约 1565），这位艺术家让罗马神话中众神的使者（即希腊神话中的赫尔墨斯）优雅而平衡地站在风神吹起的一阵风之上。长着翅膀的墨丘利将一只手伸向天空，长长的食指垂直指向上方，一条腿向后弯曲，姿势如同一名舞者。这尊雕塑是科西莫、德、美第奇赠送给神圣罗马帝国国王马克西米利安二世（Maximilian II）的礼物。

15—16 世纪期间有女性职业艺术家吗?

有！文艺复兴及之后，在意大利和北欧都出现了很多备受尊崇的女性艺术家，已知的就有大约 30 位之多，下面仅列出了其中少数几位：

普罗佩西亚·德·罗西（Properzia de Rossi，1490—1530）——博洛尼亚微型画画家、雕塑家，受到马尔坎托尼奥·雷蒙迪（Marcantonio Raimondi）的训练。

乐维娜·提尔林克（Levina Teerlinc，约1510—1576）——微型画画家，曾为英格兰皇室的爱德华四世、玛丽一世和伊丽莎白一世服务；受到高度赞誉，但是她的作品无一幸存。

卡特琳娜·凡·黑姆森（Caterina van Hemessen，约1527—1566）——肖像画和宗教画画家；为荷兰摄政王玛丽服务，随后成为西班牙宫廷画师。

索弗尼斯瓦·安古索拉（Sofonisba Anguissola，1531—1626）——克雷莫纳画家，西班牙国王菲利普二世的宫廷画师；妹妹露西亚也是技艺纯熟的艺术家。

戴安娜·斯考特里·吉兹（Diana Scultori Ghisi，1547—1612）——雕刻师，又称戴安娜·曼托瓦娜（Mantovana）或戴安娜·曼图亚娜（Mantuana），是第一位被允许以她自己的名义印刷和销售作品的女性艺术家。

拉维妮娅·丰塔纳（Lavinia Fontana，1552—1614）——11个孩子的母亲，教皇克莱门特七世向她订制了画作《殉道者司提反》（*The Martyrdom of St. Stephen*）。

玛丽塔·罗布思提（Marietta Robusti，约1560—1590）——著名威尼斯画家丁托列托的女儿，被昵称为小丁托列塔（La Tintoretta）。

菲德·加里奇亚（Fede Galizia，1578—1630）——意大利画家，以早期优雅的静物绘画而知名。

什么是圆厅别墅?

圆厅别墅（Villa Rotunda）是建筑师帕拉第奥（Palladio）于16世纪60年代设计的一处住宅。帕拉第奥是《建筑四书》（*Four Books on Architecture*）的作者，其灵感主要来源于罗马神庙的形状。他的兴趣在于建筑理论、理想比例和古典柱式。圆厅别墅的形状与罗马的万神殿相似，四面完全对称，正方形的每个边上都有一个突出的柱廊，建筑顶部有一个半球形的圆顶。帕拉第奥的设计影响了之后几个世纪的建筑师，在英国和美国尤其具有影响力。

北欧

宗教改革对 16 世纪及之后的艺术有什么影响?

宗教改革对整个欧洲造成了深远的影响，永久地改变了天主教会的政治力量，并且促使欧洲国家根据不同的宗教信仰组成了新的联盟。宗教改革始于 1517 年，马丁·路德（Martin Luther）在这一年发表了《九十五条论纲》（*Ninety-Five Theses*），抗议天主教会，尤其反对教会销售赎罪券，并且质疑教皇的权威，甚至把教皇在圣彼得大教堂计划上的巨额花销也作为抗议的论据。随后，马丁·路德被教皇逐出教会，但是那些与他感同身受的人们发誓要断绝与教会的关系，结果导致了延续数十年的暴力斗争。与天主教会断绝关系的基督徒称为“新教徒”（Protestant，英文字面意为“抗议者”）。

16 世纪的欧洲国家按支持天主教或新教分裂成了两部分。天主教国家包括：意大利、西班牙、法国、佛兰德斯和比利时。新教国家包括：英格兰、瑞士、德国和荷兰北部。

新教艺术家和资助人看待艺术的态度与天主教不同。新教国家不太需要宗教题材的作品，大部分资助人都是富有的个人，喜欢肖像画、道德谚语故事、静物画，后来还有风景画。为了回应宗教改革，天主教会启动了反宗教改革运动，意图复兴天主教信仰。天主教资助人订制了很多基督教艺术作品，均强调对三位一体和圣母玛利亚的敬畏，而且限制了对裸体和异教主题的描绘。

汉斯·荷尔拜因是谁?

小汉斯·荷尔拜因（Hans Holbein，约 1497—1543）是重要的德国画家，他后来成为了英国国王亨利八世的宫廷画师。荷尔拜因是一位技艺纯熟的现实主义画家，非常擅长表现纹理和细节。他的作品包括宗教绘画、版画甚至彩色玻璃窗的设计，但是他最擅长的是肖像画，其中 1540 年为亨利八世绘制的肖像尤其有名。画中的国王体型庞大，身穿他最好的一套衣服，身后是暗色的背景。国王身穿黄色的蓬蓬袖衬衫，外套镶嵌着华丽的花边，佩戴着精美的珠宝，头上戴着一顶插有羽毛的帽子，以庆祝他与第四任妻子克里夫斯的安妮（Anne of Cleves）的婚礼。荷尔拜因表现了布料的丰富纹理，并着重体现出国王粗壮的腰身和充满力量的体格。国王邀请一位日耳曼画家来到宫廷而不是一位意大利艺术家的决定，体现了宗教改革之后的英格兰和意大利之间的紧张气氛。

谁是希罗尼穆斯·博斯？

希罗尼穆斯·博斯（Hieronymous Bosch，1450—1516）是一位成功的荷兰画家，他主要绘制复杂的大尺幅基督教主题作品，这些作品至今仍令学者和观众感到困惑。他的作品充满想象力、技艺高超，其中一个例子是一幅三联画《人间乐园》（*The Garden of Earthly Delights*），左侧画着伊甸园，中间是人间生活，右侧是地狱。在这幅三联画的背面，博斯绘制了创造地球的场景，至少学者们是这么认为的。《人间乐园》充满了超现实的景象，比如巨大的粉色球形喷泉、一把锋利的刀与一对人的耳朵、在透明的球体里面欢跳的人物，还有地狱里吞噬灵魂的怪物。部分学者认为，某些特定的形象是炼金术（将不同的金属变成金子的科学与哲学传统）的隐喻。人们普遍认为，这幅画是对人类行为的批判，暗示罪恶将在地狱中受到惩罚。老彼得·勃鲁盖尔（Pieter Brueghel the Elder）的《荷兰谚语》（*Netherlandish Proverbs*，

《人间乐园》

1559），又名《颠三倒四的世界》（*The Topsy Turvy World*），也表现了人类的愚蠢。

什么是伊森海姆祭坛画?

《伊森海姆祭坛画》（*Isenheim Altarpiece*，约 1510—1515）是一幅高度写实的祭坛画作品，作者是德国画家马蒂亚斯·格吕内瓦尔德（Matthias Grünewald），他是美因茨大主教的宫廷画家。作品两翼的外部也有绘画，打开后就可以看到内部的复杂画面。背面画的是钉在十字架上的耶稣基督，细节令人毛骨悚然，暗色的背景上突出了耶稣所承受的苦难，他的手指弯曲折断，瘦弱的身体坠在十字架上。内部的画面覆盖了几块木板，其中有《天使报喜》《圣母子与天使》和《复活》。这些画作颜色鲜艳，充满希望和愉悦，没有任何痛苦。打开两侧木板的动作象征着基督牺牲换来的救赎。《伊森海姆祭坛画》情感浓烈，是基督教传统中艺术具有功用的有力例证。

版画是什么时候开始的?

这种技术最早出现在公元 5 世纪的中国，到了 16 世纪，印刷技术（如木刻）已经有了几百年的历史。版画技术最初用于在织物上印制图案，后来被应用到了纸上。包括雕刻和蚀刻在内的凹版印刷术于 15 世纪在德国出现，由金匠和珠宝匠的技术发展而来。版画技术使艺术家可以为一段文字或一幅图像制作多张复制品，16 世纪时，大规模的版画制作开始出现，永久地改变了艺术图像与文字的消费方式。

阿尔布雷希特·丢勒是谁?

德国的艺术大师阿尔布雷希特·丢勒（Albrecht Dürer，1471—1528）以完美无瑕、注重细节的素描、油画和版画而著称。他给艺术家写了一本提建议的书，名为《人体比例四书》（*Four Books of Human Proportion*）。据说，他拥有科学的头脑，而且充满自信。和列奥纳多·达·芬奇一样，丢勒也对观察可见世界感兴趣。他曾受过金匠的训练，这很可能使他获得了成为版画家所需的技艺和经验，最终，版画为他提供了展示他制作线条的高超水平的方式。

丢勒从小就显露出了天分。13 岁时，他完成了一幅自画像，并在上面写道："1484 年，当我还是个孩子时，照着镜子画了这幅自画像。"丢勒后期的自画像突出了他飘逸长发的华丽质感，而他最令人印象深刻的作品是《野兔》（*A Hare*，1502），巧妙地用水彩描绘出了野兔皮毛的光泽。

《野兔》

丢勒的木版画、雕刻版画和蚀刻版画，在很大程度上促成了版画从装饰艺术向美术的升级。他最有名的两幅版画作品是《启示录四骑士》（*The Four Horsemen of the Apocalypse*，1497—1498）和《忧郁 1》（*Melancholia I*，1514）。

西班牙

什么是埃斯科里亚尔？

埃斯科里亚尔（El Escorial）位于马德里，是一座规模宏大的修道院宫殿，由西班牙国王菲利普二世于 1563—1584 年间筹建。菲利普二世在他的父亲——神圣罗马帝国皇帝查理五世——退位之后，掌管了西班牙。因此，菲利普二世成为了欧洲最强大的统治者，控制着西班牙、荷兰、米兰、勃艮第、那不勒斯，甚至还包括美洲的一些地区。菲利普二世是虔诚的天主教徒，埃斯科里亚尔是神学院、修女院、巴西里卡式教堂和皇家宫殿的结合。主建筑师胡安·巴乌迪斯塔·德·托雷多（Juan Bautista de Toledo）为了这座建筑倾其一生，他去世后，胡安·德·埃雷拉（Juan de Herrera）接替，最终完成了该项目。建筑的设计汲取了意大利古典主义风格，但是十分严肃，令人心生敬畏，反映出西班牙皇室的强大权威。

为什么埃尔·格列柯的绘画看上去很现代？

对某些人，埃尔·格列柯（El Greco）的绘画看上去与 19 世纪的印象主义或 20 世纪的表现主义更相近，不太像近五百年前的 16 世纪西班牙的艺术风格。他的作品笔画随意而松散，人物常常身体拉长，如同鬼魅，画中

《奥尔加斯伯爵的葬礼》

色彩与样式主义绘画一致。埃尔·格列柯真名为多米尼克斯·希奥托科普罗斯（Domenikos Theotokopoulos），埃尔·格列柯在西班牙语中是“希腊人”的意思。他1541年生于克里特岛，先在意大利工作了一段时间，之后来到西班牙的托莱多，想要成为菲利普二世的宫廷画家。尽管国王并不喜欢埃尔·格列柯，但是他还是找到了很多其他资助人。1586年的画作《奥尔加斯伯爵的葬礼》（*The Burial of Count Orgaz*）描绘了死者的灵魂升入天堂的情形，伯爵的灵魂由一位天使陪同，四周围着圣人们和托莱多的著名人士。画中人物脸色如鬼魅般苍白，与牧师身上的亮黄色衣服和天堂中圣母玛利亚的红色长袍形成鲜明对比。可以说，该作品在风格上与蓬托尔莫等意大利样式主义画家的作品有相似之处，而且，的确有些人认为埃尔·格列柯是样式主义画家。

伊斯兰艺术与奥斯曼帝国

什么是奥斯曼帝国?

奥斯曼一世于13世纪创建了土耳其人的王国——奥斯曼帝国（Ottoman Empire），他不断拓展疆域，最终赶走了拜占庭统治者，并在1453年占领君士坦丁堡（现称伊斯坦布尔），将其定为奥斯曼帝国的首都。到了15世纪，帝国控制了北非的大部分地区、中东以及地中海。奥斯曼帝国是历史上持续时间最长的政治力量之一，直到1922年土耳其成为共和国之后，才寿终正寝。

圣索菲亚大教堂是如何变成清真寺的？

奥斯曼土耳其人击败并取代了拜占庭帝国之后，查士丁尼大帝于公元6世纪建造的圣索菲亚大教堂被改成了清真寺。圣索菲亚大教堂的转变，象征着征服者苏丹穆罕默德二世的强大权威。大部分拜占庭镶嵌画都被灰泥盖住，包括祭坛在内的一些设置也被去掉了。建筑中还被融入了伊斯兰建筑的元素，比如米哈拉布（指出麦加方向的壁龛）和外部高大的宣礼塔。20世纪，圣索菲亚大教堂成为一座公众博物馆，拜占庭时期的镶嵌画最终被复原。

苏莱曼大帝是谁？

苏莱曼一世[又称苏莱曼大帝（Suleiman the Magnificent），1494—1566]从1520年开始统治奥斯曼帝国，直到他生命的最后一刻。他受过金匠的训练，是一位伟大的艺术资助人。在他的统治下，陶瓷、书法、手稿插图、金属器、织物和建筑等艺术形式都得到了极大的发展。苏莱曼为皇家绘画协会那喀什坎恩（Naqashkhane）提供了支持，其风格在很大程度上影响了整个奥斯曼帝国的其他艺术家。那喀什坎恩风格的典型范例是苏丹国王签名

古里埃米尔陵

的设计，称为图格拉（*tughra*），笔画线条粗而流畅，墨与水彩在纸上构成华丽的草叶纹饰。签名融合了抽象设计与书法，内容是苏丹的名字和“永远的胜者”几个字。

伟大的锡南是谁?

伟大的锡南（Sinan the Great，约 1489—1588）全名为科查·米马尔·锡南·阿迦（Koça Mimar Sinan Aga），他是伊斯兰历史上最著名建筑师，曾设计了 300 多座建筑，其中包括他的杰作——塞利姆二世清真寺（Mosque of Selim II），又名塞利米耶清真寺（Selimiye Mosque）。塞利姆二世清真寺建于 1569—1575 年间，位于土耳其的埃迪尔内。锡南设计这座清真寺时已经接近 80 岁高龄，他的目标是超越之前的拜占庭帝国的伟大建筑，所以他建造的穹顶比圣索菲亚大教堂穹顶的垂直高度还高，而建筑的内部简直是将数学比例与几何图形完美结合的大师之作：一个八边形与圆顶覆盖的方形结合在一起，且正方形的每个角都有一个半圆顶。

什么是伊斯兰瓷砖?

伊斯兰艺术中，装饰性瓷砖的历史相当悠久，常被用来装饰墙壁及其他重要建筑的内部及外部表面，例如清真寺和宫殿。16 世纪和 17 世纪是伊斯兰瓷砖的“黄金时代”。瓷片镶嵌画是当时非常流行的技法，也就是将玻璃和瓷片拼成装饰性纹样，随后用灰泥抹好接缝部分。另外一种技法称为“干线装饰法”（*cuerda seca*），最早在倭马亚王朝时期的西班牙开始广泛使用。该方法使用大块彩色瓷砖，而不是每块单独上色的小碎片。位于伊朗伊斯法罕市的伊玛目清真寺（Imam Mosque）就装饰着布满几何和抽象形状精致花纹的瓷砖。

什么是细密画?

细密画（miniature painting）最常见于波斯、奥斯曼和莫卧儿的艺术传统中，是一种小型的纸面绘画，既可以是书籍插图，也可以是夹在画册中的单张绘画[称为莫拉恰（*muraqqa*）]。细密画通常不裱框，也不会挂在墙上展示，只适合捧在手中观看。细密画需要经过多年的学徒训练才能创作。位于阿富汗的皇家赫拉特学校（Herat School）是最重要的细密画中心之一，主要向学生教授绘画和书法课程。16世纪初，该学校移至伊朗的大不里士。细密画师通常坐在地上创作，一条腿膝盖弯曲支撑画板，画画时先绘制多层颜料（包括金色），然后再将表面磨光。

比扎德是谁?

卡迈勒·阿尔-丁·比扎德（Kamal al-Dìn Bihzad），是15世纪最著名的波斯手稿插图画家。他于1450年前后出生在现代阿富汗境内的赫拉特市。他是帖木儿（Timurid）和萨非（Safavid）王朝的宫廷画师（帖木儿王朝的统治者是成吉思汗的后人，后来萨非家族接替他们统治伊朗）。比扎德的作品颜色鲜艳、细节生动，使用扭曲变形的透视手法，作品主要为人物画。伊斯兰艺术的人物画在波斯和印度绘画传统中最为常见。

比扎德最有名的细密画之一是《诱惑优素福》（*Seduction of Yusuf*，约1488），描绘了优素福（约瑟）被波提乏（Potiphar）之妻祖莱哈（Zulaykha）勾引的故事。这个故事同时出现在《圣经》和《古兰经》之中，根据故事的波斯版本，祖莱哈引着优素福穿过她宫殿内的七个房间，每走过一间，就锁住身后的门。在最后一个房间里，她开始诱惑优素福，但是，那些门奇迹般地开了锁，于是他成功地逃走了。在这幅画中，画面顶部、底端和页面中间呈Z形的米色方框内写着阿拉伯语的故事原文。祖莱哈的宫殿由装饰精美的彩色隔板组成，并用多角形的楼梯连接起来。这幅几何形的平面绘画让我们产生立体空间的幻觉，是波斯手抄本插图中的杰作。

《诱惑优素福》

非洲艺术

什么是贝宁艺术?

贝宁(又称埃多帝国)是重要的非洲王国,从1440年持续至1897年。王国的首府贝宁城离尼日利亚的伊费古城约有240千米。与伊费一样,贝宁也有历史悠久的纪念性雕塑传统,人们会为死去的奥巴(*obas*,即国王)建造祭坛。常用的雕塑材料是象牙和青铜,由于使用了这些耐久材料等原因,贝宁比同时期其他非洲文化留下了更多艺术作品。埃多帝国于16世纪达到鼎盛,19世纪末被大英帝国征服。贝宁时期的众多艺术瑰宝,现在都成为大英博物馆和其他西方机构的藏品。

什么是“母后面具挂坠”?

“母后面具挂坠”(*Queen Mother pendant mask*)很可能代表了国王**奥**巴西吉(Oba Esigie)的母亲依蒂雅(Idia),**奥**巴西吉于1504至1550年间统治贝宁。面具长度约25厘米,由象牙雕刻而成,应该是悬挂在胯部的装饰。依蒂雅面部雕刻精美,属于自然主义风格,眼神犀利,发型独特。面具的顶部和底端雕刻着葡萄牙士兵的形象,与象征财富、创造性和海洋的泥鳅互相间隔,贝宁王朝与这些士兵发展了友好的贸易关系。同一根象牙还雕刻出了另一个几乎完全相同的面具挂坠。其中一件面具现藏于大英博物馆,另一件则藏于纽约大都会艺术博物馆。

什么是沙比盐瓶?

沙比盐瓶(Sapi saltcellars)由象牙制成,是葡萄牙人与西非海岸艺术家友好贸易关系的产物,葡萄牙人从西非订制过勺子、叉子、装饰盒、盐瓶等许多奢侈品。当时,盐本身就属于奢侈品,只有富人才能消费得起,所以具有异域风情的雕刻盐瓶更是成了财富的象征。艺术史学家发现,现存的沙比盐瓶中大部分都是三位沙比雕刻工匠制作的。盐瓶的艺术风格受到非洲和葡萄牙文化的影响,且融合了基督教图案、欧洲狩猎场景和贝宁艺术传统中王室的象征。从某个角度上讲,专为出口制造的沙比盐瓶是非洲最早的旅行纪念品。

艺术与禅宗佛教

什么是禅宗庭院?

禅宗（Zen）是流传于日本的主要佛教分支，禅宗教义认为，冥想是脱离俗世烦恼、达成开悟的方法[在中国称为禅宗佛教（Chan Buddhism）]。禅宗庭院让人感到平静，有助于冥想，是佛教传统中的重要元素。位于日本京都的西芳寺（Saihoji temple）的庭院内因布满精心修剪的青苔，有时也被称为“苔寺”。这座寺庙建于公元8世纪，在14世纪的室町时代期间，又根据禅宗哲学设计建造了内部的庭院。僧侣们在铺满苔藓的下层庭院中冥想打坐，上层庭院则放满岩石，制造出一片山脉的效果。有些禅宗庭院则只重视石块的排放方式，比如日本龙安寺（Ryoanji Temple）的岩石庭院。

什么是风水?

风水是道教的信仰系统，核心概念是无形的能量流动（“龙脉”或“气”）会影响人类的生活。重视风水的建筑师在设计一座建筑时，会考虑这种能量，而人也有能力通过改变地貌和建设运河等方式影响“气”。如今，尤其是在中国国内，人们仍会请风水先生来给建筑师的设计提出建议。

什么是果园厂?

明朝（1368—1644）的“果园厂”是位于皇城内的御用漆器作坊。果园厂主要制作漆木家具和质量上乘的装饰性器物。漆主要是指漆树的汁液，是一种透明的液体，用于涂在木质器物表面，起到保护的作用。漆中可以混入颜料，呈现多种色彩。在

明代的青花瓷是世界上最昂贵、最令人企望拥有的瓷器种类之一

器物表面涂上多层漆后，才能够进行雕刻，或镶嵌珍贵的宝石和金属。伦敦的维多利亚与艾尔伯特博物馆现藏有一把明朝的折椅，很可能是 16 世纪中期果园厂的作品。这把折椅是中国皇帝出行时使用的，装饰华丽，上面绘有龙和莲花的图案。

什么是瓷器?

Porcelain（瓷器）一词据说是 13 世纪首次来访中国的马可・波罗发明的。瓷器分两种：硬质瓷（也称真瓷）和软质瓷（也称假瓷）。硬质瓷最早出现于公元 7 或 8 世纪的中国，而欧洲直到 18 世纪初才掌握这门技术。瓷器由研磨精细的白色黏土经过窑中极高的温度烧制而成。明代的青花瓷是世界上最昂贵、最令人企望拥有的瓷器种类之一。明代画师使用来自波斯的钴料绘制粗线条的图像，其中，龙和自然题材的图案较为常见。

新世界的艺术

什么是马丘比丘?

马丘比丘（Machu Picchu）是 15 世纪的皇家房产，由印加皇帝帕查库提（Pachakuti）建造，位于安第斯山脉的群峰之间、秘鲁山地城市库斯科（Cuzco）附近。这座深深埋藏在历史记忆之中，却仍然保存完好的遗迹，充斥着未解之谜，是一项令人惊叹的成就。1911 年，美国考古学家海勒姆・宾

马丘比丘

厄姆（Hiram Bingham）对遗迹的研究，引发了公众对马丘比丘的兴趣（还有想象）。

马丘比丘坐落在海拔2740多米的高度，包括了石质建筑、梯田、露天广场和宗教祭坛。马丘比丘的建筑与其他印加遗迹一致，使用印加石工技术加工过的花岗岩建成，而且这种石质结构中的枕形砖块之间不需要水泥固定。库斯科城和城外山上的萨克萨瓦曼城堡（Sacsahuaman）内也有大量此类结构。

什么是米斯特克镶嵌画?

墨西哥及中美洲本地的米斯特克人（Mixtec）擅长制作陶器、金属器和镶嵌画。他们用镶嵌画的技术制作颜色鲜艳的面具，并使用绿松石、珍珠母贝壳等材料造成彩色、有光泽的效果。《烟雾镜头骨》（*The Skull of the Smoking Mirror*）是一件16世纪的米斯特克面具，代表了强大的神灵特斯卡特利波卡（Tezcatlipoca）。面具本身由一个真人头骨支撑，但是去掉了头骨的后半部分，并被系上了方便佩戴的鹿皮带。面具的眼睛由反光的黄铁和白色贝壳做成，脸部装饰着白色、黑色和蓝绿色的条纹。这件面具的原料（如绿松石和褐煤）非常难找，所以毫无疑问，它是一件极其珍贵的物品，需要耗费大量时间和劳力来制作。另外，这件面具是为佩戴而设计的，有重要的仪式用途，现藏于大英博物馆。

什么是苏支－纳托尔抄本?

苏支-纳托尔抄本（Codex Zouche-Nuttall，约1350—1400）是一本折叠的图画手抄本，为仅存的几部后古典主义时期的米斯特克手抄本之一，高25厘米，由鹿皮制成，有46张折页，若完全展开，长度超过90厘米。手稿中每一张折页的两面都画着不同的故事，其中一个故事讲述了米斯特克地区的历史，还有一个解释了11世纪米斯特克强大的统治者八鹿豹爪（Eight Deer Jaguar-Claw）的族谱及其政治胜利。苏支-纳托尔抄本是已知最古老的米斯特克史料记载。

阿兹特克的“鹰人”有什么重要意义?

鹰人（约1449—1469）是一尊高1.7米的陶制雕塑，表现了一个头戴鹰形头盔、穿着翅膀状长袖的年轻人。雕塑上半部分比较精美，但是整体来

阿兹特克日历石

看，他的身体特征十分简单，而且看上去像穿着军装，很可能是一位以无畏和残暴而著称的阿兹特克战士。

什么是阿兹特克日历石?

与玛雅人一样，阿兹特克人对日历也十分重视，并认为它与创世纪有关。阿兹特克日历石（Aztec Calendar Stone，约 1502—1520）也称太阳石，体积庞大，直径超过 3.3 米，重约 25 吨。石块上的雕刻体现出阿兹特克人的循环时间观及宇宙观和神话。日历石中央刻着奥林（Ollin）时期的象形符号，符号内部是舌头呈刀形的太阳神头像，四周则雕刻着奥林时期之前出现的四个太阳以及两个火神的身体，这些都是阿兹特克文化的传统形象。

尽管这件大型石刻上刻出了阿兹特克一个月中的 20 天以及第五个太阳（即现在的太阳）的诞生时间，但它并不是用来标记时间的工具。这块从墨西哥城中心挖掘出来的日历石，现安放在阿兹特克帝国的首都——特奥蒂瓦坎。

阿兹特克人认为，特奥蒂瓦坎是第五个太阳的诞生地，也是帝国的政治中心。尽管阿兹特克日历石仍笼罩着一层神秘面纱，但是它的图案仍然继续影响着现代墨西哥的艺术与文化。

什么是“蒙特祖玛皇冠”？

当荷南·科尔蒂斯带领西班牙军队占领阿兹特克帝国时，阿兹特克的首领是蒙特祖玛（Moctezuma）。他的皇冠由红绿金刚鹦鹉和凤尾绿咬鹃的彩色羽毛制成，这些羽毛被分成束，缝到了一个嵌有宝石的芦苇框上。蒙特祖玛皇冠上的长羽毛是深绿色的，芦苇框则涂了亮红色和浅蓝色颜料。虽然皇冠的传承路径仍有争议，但是有证据证明，蒙特祖玛曾亲自将其交给荷南·科尔蒂斯。科尔蒂斯的一条船载着皇冠，送到神圣罗马帝国皇帝、西班牙国王查理五世手中。这件头饰现藏于奥地利，奥地利与墨西哥政府正在协商将其借到墨西哥展览，如果成功，这将是皇冠五百年来首次回归墨西哥。

巴洛克及其以后，约 1600—1850 年

巴洛克时期的意大利与法国

“巴洛克”是一个贬义词吗？

巴洛克（baroque）一词源于葡萄牙语 barocco，意思是“不完美的珍珠”，说明尽管巴洛克艺术和珍珠一样可爱，但是缺乏之前文艺复兴艺术的完美与平衡。巴洛克最初用于描述一种比文艺复兴艺术戏剧性更强的艺术风格，后来有时也宽泛地用于指代 17 世纪的欧洲。“巴洛克”也可以形容建筑、音乐、舞蹈和文学。最著名的巴洛克艺术家包括卡拉瓦乔、贝尼尼、鲁本斯、普桑、伦勃朗和委拉斯开兹。和很多其他艺术史分类一样，“巴洛克”的定义也相对灵活。

巴洛克时期，世界发生了什么变化？

从 16 世纪中叶至 18 世纪中叶，欧洲与整个世界都在经历翻天覆地的变化，欧洲人进入了探险的时代——他们心怀不同的目的，将船队送往世界的各个大洋，为了“新世界”的政治主导地位、经济扩张优势和宗教倾向而互相竞争。从 1618 年一直持续到 1648 年的“三十年战争”永久地改变了欧洲大陆的权力格局，削弱了神圣罗马帝国的力量。巴洛克时期还有很多重大科学发现，例如，艾萨克·牛顿（Isaac Newton）发现了地球引力。笛卡尔（Descartes）的革命性论断“我思故我在”强烈地冲击了这段时间的哲学，他也因此成为了“现代哲学之父”。

巴洛克和文艺复兴风格有什么不同?

巴洛克绘画与文艺复兴绘画最大的区别在于，巴洛克绘画整体上戏剧感更强。文艺复兴时期的绘画，整体光线均匀、画面平衡、对称，而巴洛克绘画则通常呈明显的对角线构图，明暗对比强烈（明暗对比法），装饰华丽。

瑞士艺术评论家海因里希·沃尔夫林（Heinrich Wölfflin）在极具影响力的著作《艺术史的基本原理》（*Principles of Art History*）中，建立了一个“对立点”（polarities）——即文艺复兴和巴洛克艺术之间的对比点——的清单，这些对立点可应用于建筑、绘画和雕塑。其中最后一对（以⋆标记）最复杂，也被艺术评论家和艺术史学家认为是最具争议性的特点。读这些对比的特点时，可以想想列奥纳多·达·芬奇的《最后的晚餐》（约 1495—1498），这是一幅文艺复兴绘画的典例，相比之下，丁托列托的《最后的晚餐》（1594）则更具巴洛克的特征。

沃尔夫林的“对立点”[3]

文艺复兴艺术	巴洛克艺术
线描（作品可用线条勾勒出轮廓）	涂绘（作品中有很多细节，以至于仅用线条不足以定义作品）
平面（作品有平面感）	纵深（作品有纵深感）
封闭（无法想象图画平面外有任何事物）	开放（感觉绘画中的世界可以延伸到画框之外）
多样性⋆（作品的每部分自成一体；与线性的特征类似）	同一性⋆（作品非常复杂，必须当作整体而不是放在一起的几个独立部分来看）
主题绝对清晰⋆（没有太多阐释空间，作品中所有事物受到等量光线照射）	主题相对清晰⋆（作品意义更模糊；阐释空间较大）

3. 下表中的几对“对立点”的译法参考了潘耀昌在《美术史的基本概念：后期艺术中的风格发展问题》中的译文，北京大学出版社，2011 年第 1 版。

丁托列托的《最后的晚餐》

什么是耶稣会教堂?

耶稣会教堂（Church of Il Gesù）是贾科莫·德拉·波尔塔（Giacomo della Porta）于16世纪晚期设计建造的。该教堂是为耶稣会（the Order of the Jesuits）在罗马建造的，被认为是第一座正面墙面属于巴洛克风格的建筑，其设计与传统的十字形巴西里卡式教堂相似，内部有长长的正厅和走廊，顶部是一个小圆顶。不过，当时更令人震惊的是教堂的外观，它的正面分为两层，融入了罗马、希腊和文艺复兴的建筑元素，例如装饰壁柱、附墙圆柱、半圆楣、三角楣、壁龛、窗户、科林斯式柱头以及大型卷曲涡形装饰。尽管大部分元素迥然不同，但是教堂的正面墙面却没有显得过于拥挤或混乱，这些元素形成了特定的式样，使墙面空间显得丰富而统一。巴洛克时期复杂而精巧的建筑在很大程度上为耶稣会教堂的装饰性正面墙面提供了灵感。

贝尼尼是谁?

济安·劳伦佐·贝尼尼(Gian Lorenzo Bernini,1598—1680)定义了巴洛克风格。贝尼尼主要创作雕塑,但也是建筑师、画家和诗人。他的雕塑作品有浓烈的自然主义色彩,栩栩如生,有的甚至如同会呼吸的生命一般。贝尼尼个人魅力十足,在罗马的上层社会中游刃有余。他冷静而自信,20岁时就已经成名,教皇和贵族们都曾为他提供过赞助。在他的定制作品中,规格最高的应属圣彼得大教堂内的青铜祭台华盖和位于罗马胜利圣母教堂中的大理石雕塑《圣特蕾莎的狂喜》。不过,在成功的职业生涯之中,贝尼尼曾遭遇了一次小挫折,他重新设计的圣彼得大教堂正面墙面是一个败笔,但是教堂的广场却是公认的建筑杰作。

什么是圣彼得广场?

圣彼得广场(Saint Peter's Square)可不是一个简单的长方形。从空中俯瞰,它的形状像一个钥匙孔,由一个椭圆和一个梯形组成。气势宏大的圣彼得广场是圣彼得大教堂的入口,而这座位于梵蒂冈的巴西里卡式大教堂正是天主教会的心脏。柱廊每排有四个立柱,从大教堂的正面墙面两侧展开,环绕了整个卵形广场,卵形的中央矗立着罗马暴君卡利古拉(Caligula)从埃及带回来的方尖碑。人们形容柱廊的形状像母亲的双臂,从教堂伸开,环绕着聚集在广场上的朝拜者。

圣彼得广场

圣彼得广场很可能是济安·劳伦佐·贝尼尼设计的最有名的建筑之一，其意大利语名称是 Piazza San Pietro。要设计一个能容纳所有涌向梵蒂冈聆听教皇讲话的人群的大广场，并用各个历史时期的不同风格构成统一的空间，这对于设计师而言是一个巨大的挑战。贝尼尼的广场包含了上百根支柱或立柱以及上百座圣人雕像，而且和耶稣会教堂一样，虽然融入了很多不同的建筑元素，却仍然显得气势恢宏，风格和谐统一。

什么是《圣特蕾莎的狂喜》？

《圣特蕾莎的狂喜》（*The Ecstasy of St. Teresa*）位于罗马胜利圣母教堂内的柯纳罗礼拜堂（Cornaro Chapel）之中，是那里最重要的雕塑。这件由济安·劳伦佐·贝尼尼于 1645—1652 年间创作的作品，是公认的巴洛克时期雕塑杰作。雕塑展现了阿维拉的圣特蕾莎（Saint Teresa of Avila）经历强大幻象时的场景。她曾经写道，她看到天使用金色长矛贯穿了自己的心脏，并相信这就是她与上帝相遇的经历。这尊复杂的雕塑安置在比地面略高的壁龛之内，占据了礼拜堂里最重要的位置。圣特蕾莎仿佛漂浮在如水一般的长袍之中，脚趾从繁复的裙裾下露出，似乎因为亲历上帝显灵的痛苦和愉悦而蜷曲起来。她微张着嘴，头向后仰，小天使的一只手小心翼翼地抓住她的衣服，另一只手握住金色长矛，矛尖直指她的胸膛。雕塑中的人物由隐藏的大理石悬臂支撑着，看上去仿佛悬浮在空中。与长矛交相辉映的青铜光束，自上而下照射在两个人物身上，框住了壁龛内的整个场景，强调了神的存在。在小礼拜堂的其他位置，大理石雕的旁观者从剧院包厢中观看着这幅圣景，充满敬畏之情。这尊雕塑如同一个冻结了的戏剧场景，十分逼真地展现了幻境中圣特蕾莎的愉悦与痛苦，而且毫不避讳地将神性呈现为肉体的享受。

卡拉瓦乔是谁?

米开朗琪罗·梅里西（Michelangelo Merisi, 1571—1610）是一位经历曲折而复杂的艺术家，他更广为人知的名字是“卡拉瓦乔”（Caravaggio）。卡拉瓦乔从未开设过工作室，也没有学徒，而且，与居住在资助人的宏伟的教堂和宫殿里相比，他更愿意待在罗马城内昏暗的巷子里。卡拉瓦乔有暴力倾向，并因此经常遇到法律纠纷。1606 年，他在一场街头斗殴中打死了一个人，导致教皇颁布了将他处决的命令。但是，他仍然是史上最伟大的自然主义画家，其现实主义绘画宣扬了基督教的救赎主题。

卡拉瓦乔也是一位技艺精湛的静物画家。他最重要的静物作品之一是《一篮水果》（*Basket of Fruit*，1597）。画中的窗台上放着一个柳条筐，里面装满了快要腐坏的水果，画面背景为黄色，其中紫色的葡萄正在变成发霉般的灰色；绿色的叶子即将枯萎，有些叶子上还布满褐色的斑点；一只红黄相间的苹果上，两个虫眼四周已经开始变成棕色。很明显，这只苹果曾经有着健康的光泽，而现在却只剩下一丝微弱的生命迹象。画中的一篮水果看上去如此靠近绘画平面，甚至有点儿咄咄逼人，强迫观者注意到时间的流逝。人们认为，这幅画象征着青春与美貌的稍纵即逝。

什么是《圣马太蒙召》？

《圣马太蒙召》（*The Calling of Saint Matthew*，约 1599—1600）是一幅具有浓郁自然主义风格的巴洛克绘画，是卡拉瓦乔最有名也最神秘的作品。这幅画呈现的是一个昏暗的酒吧内部，一群年轻男人围坐在桌子边，正在数钱。突然，一束光穿透黑暗，从画面右侧照射进来：耶稣出现了。他抬起一只手，姿势如同西斯廷教堂里米开朗琪罗的《创造亚当》中的亚当。耶稣指向收税员利未（Levi），神之光照在利未的脸上，他神情十分惊讶，做了一个手势，仿佛在询问耶稣：“谁？我吗？”而耶稣正在召唤利未（他即将成为圣马太）摆脱罪恶，开始他的信仰之旅。

正如卡拉瓦乔的其他作品，《圣马太蒙召》中的写实手法令人震惊，而且，他还让神圣的人物出现在罗马的街头巷尾（例如，我们很少能见到耶稣走进酒吧）。画中，卡拉瓦乔使用了“暗色调主义”（tenebrism），这是一种夸张的明暗对比法，画面对比非常强烈。卡拉瓦乔的“暗色调主

《圣马太蒙召》

义”艺术风格在巴洛克时期十分流行，从伦勃朗到苏巴朗（Zurbarán）等很多艺术家都使用过这种风格。卡拉瓦乔本人对《圣马太蒙召》的主题一定十分熟悉——即使罪孽最深重的灵魂也能得到救赎。

阿特米希娅·津迪勒奇是谁?

与其他“卡拉瓦吉斯第”（*caravaggisti*，即卡拉瓦乔画派的画家或卡拉瓦乔的追随者）一样，女画家阿特米希娅·津迪勒奇（Artemisia Gentileschi，1593—约1652）的作品的主要特点也是戏剧性的对角线构图、自然主义风格、明暗对比的运用和感染力很强的主题。可以说，她是那个时代最成功的女性艺术家。津迪勒奇曾为托斯卡纳公爵工作，还是佛罗伦萨设计学院的第一个女学员，她最有名的几幅作品的主题是《旧约》中朱迪斯（Judith）砍下赫罗弗尼斯（Holofernes）头颅的故事，该场景在16世纪和17世纪的艺术作品中十分常见。而且，人们常常将这幅画与她17岁时被导师强奸的经历联系在一起。无论性别如何，阿特米希娅·津迪勒奇都是巴洛克时期画技最好的自然主义画家之一。

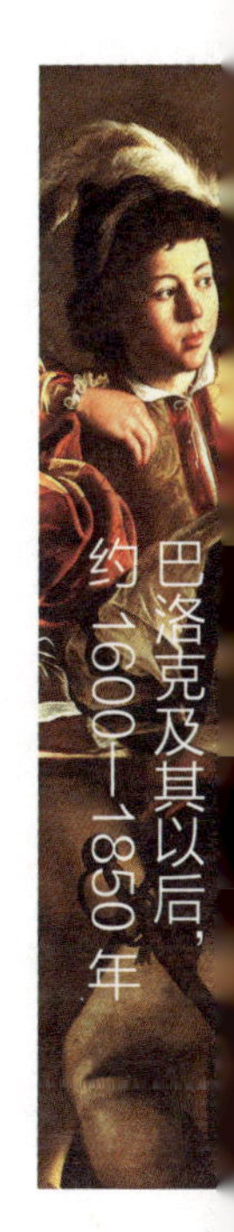

什么是巴洛克古典主义?

巴洛克古典主义（baroque classicism）是指巴洛克艺术中一种特定的风格，受到了古典主义的很大影响，其特点为完美的理想主义、现实主义以及对于古代的浓厚兴趣。在巴洛克古典主义作品中，明暗对比并不是很明显。巴洛克古典主义流行于法国，画家尼古拉·普桑、克劳德·洛兰（Claude Lorrain）、查尔斯·勒布朗（Charles Le Brun）和建筑师路易·勒沃（Louis Le Vau）等人都偏好这种风格。有些艺术史学家认为，意大利人安尼巴莱·卡拉齐也属于巴洛克古典主义风格，他的作品对普桑产生了很大影响。

尼古拉·普桑是谁?

尼古拉·普桑（Nicolas Poussin，1594—1665）是一位法国画家，但他绝大部分时间都在罗马学习和工作，在那里，罗马的废墟成了他的灵感来源。普桑是一位有思想的艺术家，受到了与他想法类似的资助人的青睐。他擅长创作主题复杂深刻、与哲学和古代历史及《旧约》有关的绘画。他的作品《随时间之神的音乐起舞》（*Dance to the Music of Time*，约1638—1640）

《随时间之神的音乐起舞》

充满了难以理解的符号，令人着迷。画面中央，四个穿着罗马服装的少女（或许是三个少女和一个男性）手牵着手围成一圈，随着七弦琴演奏的乐曲跳舞，七弦琴的演奏者背上长着翅膀，下颌蓄着胡子，是时间的化身。小天使在他们的脚边玩耍，其中一个在吹泡泡，另一个手拿沙漏，象征着生命的脆弱易逝。舞者旁边有一座雕塑，雕刻着罗马的双面神雅努斯（Janus），他可以同时看到过去和未来。在上方的天空中，曙光女神欧若拉（Aurora）引领着阿波罗的马车，在天空中划过一道弧线，带来了太阳。画中有很多古典神话人物，画风严肃而谨慎，与古典主义艺术十分相似。人们认为，画中的舞者是四季，也是人类发展进程（即贫穷、劳动、富有和奢侈）的化身。我们可以用多种方式来解释这幅作品，一种说法是，它表现了生命的脆弱和一切文明的短暂无常。

安尼巴莱·卡拉齐是谁?

安尼巴莱·卡拉齐（Annibale Carracci，1569—1609）作品的创新性，在于它们的自然主义、断续的笔划以及对光的运用。卡拉齐出生于艺术世家，他的哥哥阿戈斯蒂诺（Agostino）和表亲卢多维科（Ludovico）也是颇受尊敬的画家。卡拉齐受到了意大利北部文艺复兴大师提香、柯列乔（Correggio）和丁托列托等的影响，希望能够延续古典主义风格绘画传统。他曾在罗马学习绘画，米开朗琪罗和拉斐尔的作品给他留下了深刻的印象。和他们一样，他开始创作精美的错觉镶嵌画和天顶画。1595 年，红衣主教奥多阿尔多·法尔内塞（Cardinal Odoardo Farnese）委托他来装饰罗马的法尔内塞宫。他为宫殿创作了一幅名为《神之爱》（*The Loves of the Gods*）的连环天顶镶嵌画，用了接近十年才完成这幅公认的巴洛克艺术杰作。这幅画覆盖宫殿的整个桶形拱顶，描绘的是神话中的众神和英雄，场面十分宏大。卡拉齐的作品影响了其他伟大的镶嵌画艺术家，如彼得罗·达·科尔托纳（Pietro da Cortona），还有包括普桑和鲁本斯在内的部分画家。

路易十四为什么建造凡尔赛宫?

从 1638 年到 1715 年，法国处于国王路易十四（太阳王）的集权统治之下。他在位期间，法国是欧洲最强大的国家。17 世纪 60 年代，路易十四贸然决定翻修路易八世的乡下狩猎小屋，将它变成法国的新皇宫——凡尔赛宫。这一决定意味着贵族、外交官和所有的侍从都得离开巴黎的卢浮宫，搬到相对偏僻的乡村去。建筑师路易·勒沃和查尔斯·勒布朗负责重新设计凡尔赛宫，最终完工后，小小的狩猎屋变成了一座几乎与城市一样大的建筑，足以容纳两万人居住，其中包括一万四千名侍从，宫殿的规模简直前所未见。凡尔赛宫是一座令人望而生畏的巨型建筑，拥有朴素的古典主义风格外观、精心修剪的花园和豪华的内部装饰。

路易十四搬迁皇宫可能有政治上的目的，除此以外，这座宫殿也是对强大的国王的赞颂。作为"太阳王"，路易十四突出强调了君权神授和自己毋庸置疑的权威。国王的卧室处于宫殿中央，每天早晚，他都要举行繁缛的仪式，代表日出和日落。同样位于宫殿中央的镜厅得名于大厅内的上百面镜子和玻璃板，这些镜子使整个房间充满阳光。镜厅的长度为 73 米，天顶高达 14 米，受到卡拉齐在法尔内塞宫创作的镶嵌画的启发，查尔斯·勒布朗在镜厅的拱顶上绘制了古典神话中的众神以及国王征战胜利的场景。宫殿周围的花园由路易·勒沃和安德烈·勒诺特尔（André Le Nôtre）设计。花园里设有池塘、大型雕塑和精心设计的道路，植物均经过仔细修剪，进一步凸显了国王的权力与财富。

荷兰与佛兰德斯绘画

彼得·保罗·鲁本斯是谁?

彼得·保罗·鲁本斯（Peter Paul Rubens，1577—1640）是一位佛兰德斯画家，他的作品绘画性强、色彩浓郁、色调生动而具有表现力。鲁本斯的绘画尺寸通常很大，常常使用深红色（他的最爱），以古典神话、基督教主题油画和风俗画为主，广受贵族和天主教资助人的欢迎。鲁本斯曾为英格兰国王查尔斯一世、哈布斯堡皇室（Hapsburg）和西班牙皇室服务。为了研究之前的大师和同时期的画家（比如卡拉瓦乔），他游历了整个欧洲大陆。鲁本斯是一位非常成功且多产的画家，赚的钱足以在安特卫普给自己建造一座豪宅和一间工作室。他最有名的画作包括《上十字架》（*The Raising of the Cross*，约 1610），这是一幅 4.5 米高的三联画，位于安特卫普的圣瓦尔普加教堂（Church of Saint Walpurga）；还有《维纳斯和阿多尼斯》（*Venus and Adonis*，约 1635）和最近发现的一幅作品《对无辜者的屠杀》（*Massacre of the Innocents*，约 1611）。2002 年，《对无辜者的屠杀》以 7000 万美元的价格在拍卖行成交。

什么是“鲁本斯式”？

在鲁本斯的画中，人物特征独特，通常体格强壮、体态丰满、魅力十足。他的风格是如此一致，以至于可以通过这些“鲁本斯式”（rubenesque）的人物轻易辨认出他的画。在《维纳斯和阿多尼斯》中，鲁本斯描绘了古代神话中的爱神与她的爱人阿多尼斯即将分别的一刻。维纳斯和她胖乎乎的儿子丘比特一起拉住阿多尼斯，她的红色长发在空中飘舞，柔软的手指按住阿多尼斯强壮的胳臂，恳求他不要离开。她裸露的身体洁白而丰满，与前几个世纪北欧艺术中常见的消瘦颀长的身体大不相同。所以，人们用“鲁本斯式”来描述其他艺术家的作品中体态相似的人物，他们都受到了这位伟大的佛兰德斯画家的影响。

伦勃朗是谁?

荷兰画家伦勃朗·范·莱因（Rembrandt van Rijn，1606—1669）擅长创作富有表现力的油画和版画，内容包括肖像、风景以及神话和圣经中的故事。他的作品中常常出现强烈的明暗对比，背景昏暗甚至全黑，而人物面部非常明亮。伦勃朗被称为 17 世纪最重要的艺术家之一。他居住在阿姆斯特丹，资助人中大部分是新教徒，通常是富有的商人，委托他绘制肖像。17 世纪的阿姆斯特丹经济繁荣，他的画作也常常供不应求，成为奢侈品和金融投资的对象。伦勃朗曾积攒了大笔财富，获得了令人难以置信的成功，但是在人生的最后几年之中，他却失去了一切。伦勃朗用 75 幅自画像真实地记录了命运改变的过程。代表作包括《夜巡》(*The Night Watch*，1642)、《尼古拉斯·杜普医生解剖课》(*The Anatomy Lession of Dr. Nicolaes Tulp*，1632) 和《沐浴的拔士巴》(*Bathsheba at Her Bath*，1654)。

伦勃朗是如何画出人物深思表情的?

伦勃朗的绘画蕴含着微妙的情感。凝视一幅伦勃朗的肖像画时，你会感觉好像正在看着一个真实的、活生生的人，可以感受到他或她的思想和情绪。这种效果并不容易达到。伦勃朗一生中画的自画像比任何其他 17 世纪的艺术家都多。他对着镜子做出各种表情，试图描绘出不同的情绪和精神状态。在一些早期作品中，可以看到年轻的伦勃朗做出震惊、厌恶、害怕和自信的表情。绘画技艺精湛的他，还能够准确地刻画出服饰或皮肤的细节与肌理。1963 年，他为皮毛商人尼古拉斯·拉茨 (Nicolaes Ruts) 绘制了一幅肖像，画中的毛皮大衣看上去特别柔软、极尽奢华，凸显了拉茨的财富和商业上的成功。但是，拉茨目光深沉、眉头紧锁，身体略向前倾，显得十分谦卑。一幅完成于 1661 年的伦勃朗后期自画像，则向我们展示了他在损失了巨额财产、爱妻萨丝吉亚 (Saskia) 也离世后的状态。画中，光线照亮他的脸部，但背景一片黑暗，他穿着简单的衣服，双眼蒙着一层阴影。我们所熟悉的脸庞现在已经布满皱纹，之前的自信气质消失不见，取而代之的是下垂的肩膀和浮

伦勃朗自画像之一

肿的脸颊。通过对质地、光线和细节的微妙掌控，伦勃朗展示出了精湛的绘画技艺，在观者和作品之间建立一种情感上的联系。

什么是风俗画?

风俗画（genre painting）是指用写实手法对与日常生活中的常见场景进行描绘的画作，在荷兰尤其流行。风俗画避开了理想主义和奇幻题材，而且与其他常见绘画形式（如宗教和神话题材的绘画）形成鲜明对比。17 世纪的荷兰艺术家约翰内斯、维米尔、扬、斯蒂恩（Jan Steen，1626—1679）和彼得、德、霍赫（Pieter de Hooch，约 1629—1684）等，都是著名的风俗画家。

雅各布·凡·雷斯达尔是谁?

17 世纪期间，风景画在荷兰和欧洲其他地区流行了起来，雅各布、凡、雷斯达尔（Jacob van Ruisdael，1628—1682）就是当时一位著名的风景画家。他画的风景通常色彩昏暗，显得情绪低落，而且他喜欢布满幽暗建筑的树林和海岸。凡、雷斯达尔的风景画非常富有表现力，代表作有《犹太墓园》（1655—1660）、《本特海姆城堡》（*Bentheim Castle*，约 1650）和《韦克拜杜尔斯泰德的风车》（*Windmill at Wijk bij Duurstede*，1660）。

谁是维米尔?

约翰内斯、维米尔（Johannes Vermeer，1632—1675）以风俗画和风景画而闻名，画面宁静而令人着迷，例如《戴珍珠耳环的少女》（*The Girl with the Pearl Earring*，1665）、《地理学家》（*The Geographer*，1668—1669）和《倒牛奶的女佣》（*The Kitchen Maid*，1660）。他的风景画笔法细腻、重视细节、色彩明亮，1657 年的油画《窗边读信的少女》（*Girl Reading a Letter By an Open Window*）便是一幅十分安静的作品，

《窗边读信的少女》

透过大窗户流泻进来的光线照亮了室内，正如阅读的举动使外面的世界渗透到了少女的内心。画面上几乎看不见维米尔的笔触，作品表面如同瓷釉一样光滑。贡布里希在《艺术的故事》中写道，维米尔的绘画“实际上是有人物的静物画”。

谁是雷切尔·勒伊斯?

雷切尔·勒伊斯（Rachel Ruysch，1664—1750）是17世纪荷兰最著名的三位女艺术家之一，另外两位是以静物画著称的玛丽亚·范·乌斯特韦杰克（Maria van Oosterwijk）和擅长风俗画及肖像画的朱迪丝·莱斯特（Judith Leyster）。雷切尔·勒伊斯专门绘制花卉静物，在所谓的“荷兰黄金年代”十分受欢迎。一幅勒伊斯的静物画甚至还被作为礼物送给了来访的法国女王玛丽·德·美第奇。花卉常常出现在静物画中，因为它们象征着生命的短暂与脆弱，给这些画作赋予了一定的说教意义。

什么是虚空派绘画?

虚空派绘画（*vanitas*）是一种静物画，流行于17世纪的荷兰和西班牙。它们象征着美、物质上的奢侈和生命的短暂。在哈尔门·斯滕韦克（Harmen Steenwyck）1640年的作品《虚荣的人类生活之寓言》（*An Allegory of the Vanities of Human Life*）中，艺术家描绘了一堆放在桌布上的杂物，一束光从画面的左上角照射进来，照亮了这些物件。桌上有头骨、油灯、乐器、一只手表、一把剑、一个海螺和几本书。剑和来自异域的海螺属于奢侈品，代表着财富和个人所有物，头骨、油灯和手表则是死亡的象征（*memento mori*）。虚空派绘画中的其他常见符号还有蜡烛、花、异域水果以及沙漏。

西班牙黄金时代

什么是西班牙黄金时代?

西班牙的黄金时代从15世纪持续至17世纪，这段时期的西班牙是世界上最富有的国家之一，艺术和文学蓬勃发展。1492年，西班牙的基督徒从摩

尔人手中“重新夺回”了西班牙，并资助了哥伦布横跨大西洋的航行，确立了西班牙在“新世界”的权威。自此以后，西班牙开始占据欧洲的主导地位。随着哈布斯堡家族失势，并在与荷兰、英格兰等国的一系列战争中战败后，西班牙的主导地位也就逐渐拱手让人了。不过，正是在这段时间内，塞万提斯（Cervantes）写出了《堂吉诃德》，查尔斯五世皇宫和埃斯科里亚尔修道院也修筑完成。这段时期著名的西班牙画家有埃尔·格列柯、迭戈·委拉斯开兹、弗朗西斯科·德·苏巴朗、巴托洛米·埃斯特班·牟利罗和何塞·德·里贝拉（José de Ribera）。

谁是迭戈·委拉斯开兹？

著名西班牙画家迭戈·委拉斯开兹（Diego Velázquez，1599—1600）生于塞维利亚，曾担任国王菲利普四世的宫廷画师。受到卡拉瓦乔的影响，委拉斯开兹的作品重视自然主义、明暗对比、还有普通民众的尊严。他为菲利普四世、教皇英诺森十世，还有名为胡安·德·朴瑞哈（Juan de Pareja）的奴隶和宫廷里的侏儒塞巴斯蒂安·德·莫拉（Sebastian de Morra）都绘制过肖像。委拉斯开兹尤其注重提高西班牙艺术家的地位，他的作品《纺纱女》（*Las Hillanderas*，约1657）和《宫娥》（1656）都与该主题有关。

什么是《宫娥》？

《宫娥》（*Las Meninas*，1656）是一幅大型油画，这里的大，不仅指物理尺寸很大，还包括其在艺术史上有着很大的影响力。乍一看，这幅画只是一幅简单的油画，描绘了小公主玛格丽特·特蕾莎正摆着姿势，准备画像，但仔细看时，却会发现这个场景其实复杂得多。站在画面中央的小公主身穿白色礼服，金发上系着蝴蝶结，周围环绕着一群侍从，一只乖巧的狗趴在一侧。侍从们身后还有一个女随从和一个侍卫在看守着整个房间。背景的右后方，女王的管家穿过一扇敞开的门走进这个房间，室外的光线也透过门，从她背后照射进来。艺术家本人迭戈·委拉斯开兹站在画面左侧，挺胸抬头，充满自信，手拿一个调色盘展示给观者，面前摆着一张巨大的画布，他很可能正在画我们所见的这幅画。奇怪的是，小公主的头部后方的墙上还挂着一面镜子，镜中反射出国王和王后。难道他们刚刚通过一扇我们看不见的门走进房间？或者他们才是画家笔下肖像的主人公？也许我们看到的并不是镜子，而是一幅褪了色的肖像。

《宫娥》

与《阿尔诺芬尼夫妇像》相似，委拉斯开兹的《宫娥》是一道深奥而微妙的谜题，提出了很多关于我们实际所见事物的疑问。多年来，艺术史学家们绞尽脑汁，对这幅画的含义进行分析，提出了各种各样的理论，探讨委拉斯开兹为何画了这样一幅作品。其中一个主要的结论是，委拉斯开兹通过谜一般的构图，强调了他本人艺术家兼创作者的地位。他是画中最重要的角色，也是画面的控制者。艺术家出现在皇宫的核心位置，与皇室处在同一个空间，而且他的衬衫上还有一个红色的圣地亚哥骑士团（the Order of Santiago）标志，说明他是其中一员，这些都表明他的社会地位很高。《宫娥》既是一幅皇家肖像画，也是艺术家的自画像。几个世纪以来，这幅作品使委拉斯开兹备受尊崇。

谁是苏巴朗?

和委拉斯开兹一样，弗朗西斯科·德·苏巴朗（Francisco de Zurbarán，1598—1664）也受到了卡拉瓦乔的影响，擅长画极具感染力的圣人和殉难者的画像，还有非常逼真的静物作品。苏巴朗最具震撼力的画作是《圣谢拉皮翁》（*Saint Serapion*，1628），描绘了牺牲自己换取摩尔人俘虏的自由的圣谢拉皮翁。画面背景漆黑一片，圣人的尸体被光线照亮，他的身体向前倒下，手被绳子向上拉住，白色长袍反射着强光，看上去无比真实。类似的明暗对比也出现在他的另一幅画《上帝的羔羊》（*Agnus Dei*，约1635—1640）中，画面中有一只绑住了脚准备作为牺牲的白色羊羔。苏巴朗的作品画面简洁，具有感人的精神力量和强大的视觉冲击力。

什么是牟利罗的圣母无染原罪图?

巴托洛米·埃斯特班·牟利罗（Bartolomé Esteban Murillo，1617—1682）居住在塞维利亚，是一位重要的西班牙画家。他作品中的常见主题是圣母玛丽亚和圣人，而且他还严格遵循着天主教改革领导者关于圣母玛利亚画法的规定。牟利罗画了几幅各不相同但都符合规定的圣母无染原罪图，其中包括《埃斯科里亚尔的圣母无染原罪图》（*The Immaculate Conception of the Escorial*，约 1678）。“圣母无染原罪”是直到 19 世纪才被正式接受的天主教教义中的概念，指圣母玛丽亚出生时即没有原罪。在牟利罗的画作中，玛丽亚身穿蓝白两色的衣服，看上去仿佛悬浮在光明的天国之中，周围环绕着一群小天使。她仰视上方，双手叠在胸前作祈祷状，双脚小心翼翼地站在一弯精致的月牙上，这个形象是按照《启示录》12:1（“接着，天上出现了一个大征兆：有一个妇人身披太阳，脚踏月亮”）描绘出来的。牟利罗精致而细腻的画风，对新世界西班牙画家的影响持续了两百年之久。

《埃斯科里亚尔的圣母无染原罪图》

亚洲艺术

清朝的中国绘画是否发生了变化?

满族人入主中原，建立了满族皇室对中国的统治，也就是清朝（1644—1911）。对于很多中国人，尤其是明朝的忠臣来说，这一政权变化令人痛苦和恐惧。然而，尽管满族人属于外部势力，但却大量吸收了明朝的中国艺术传统。清朝出现了很多绘画流派，其中包括个性派和传承了早期文人画传统的正统派。个性派的画家，重视表达明清更替动荡时期的个人情感，该时期个性派画家中，石涛（1642—1707）是非常重要的代表性人物。他是明朝第一任皇帝的后裔，清军占领北京城时，他逃离了都城，隐姓埋名，之后信仰禅宗佛教、出家为僧。他撰写了大量艺术理论的文章，其中最有名的一篇是《苦瓜和尚画语录》，文中提出了笔墨的重要性。他的作品达到了强表现力与柔和色调的完美平衡，以偏抽象的笔触和有深度感的留白著称。石涛在中国绘画传统形式的基础上进行了创新，成为最著名的个性派画家之一。

什么是茶道？

传统的茶道仪式起源于中国，传到日本之后广泛流行起来，在桃山时代（1573—1615）尤其盛行。茶道也称“茶汤”（*chanoyu*），即“冲茶的热水”。皇宫、城堡里的茶室（*chashitsu*）通常是仪式进行的场所，由未抛光的竹子等简单的材料建造而成。日本茶道是一个非常安静的过程，最长可达四个小时。仪式中的动作和语言与佛教中的冥想有关。从某种角度看，茶道仪式如同戏剧或诵诗活动，礼节被提升到了宗教仪式的标准，参与者纷纷陷入沉思，思考社会和谐、人的卑微，与自然融为一体，远离虚伪的物质世界。

什么是画屏？

在日本，折叠屏风（byobu）常见于桃山时代精英军事领导者的宫廷居所之中，这样的城堡或豪宅大部分已经不复存在了，但是17世纪狩野家族制作的画屏得以幸存。与西方相比，17世纪的日本住宅内部显得空空荡荡，没有用来填充空间的家具和装饰物。不过，房间里会摆放颜色鲜艳的可移动屏风，通常描绘自然、山川风景和风俗场景。狩野家族制作的著名画屏中包括狩野永德（1543—1590）所画的八联折叠作品《柏树》，它最初曾被用作滑动门。艺术家突出表现了树皮的质地，同时简化了背景，使柏树本身显得更加宏伟高大，表现出自然的气势磅礴。

朝鲜王朝期间的朝鲜半岛艺术发生了什么变化？

朝鲜半岛的朝鲜王朝（Choson Dynasty）从1392年一直存续，到1910年日本侵略该地区才结束。在这段漫长的时间内，朝鲜半岛艺术受到了中国艺术风格与思想的很大影响，但是也逐渐发展出了自己独特的、非宗教的艺术风格。例如，金弘道（1745—约 1814）以生动的风俗画而著称，作品充满 18 世纪和 19 世纪早期朝鲜半岛的生活气息，常常描绘人们日常活动的场景，代表作是《教室》（约 1814），画中的一名年轻学生因为听不懂课而哭了起来，他的老师留着胡须，头戴一顶长方形帽子，看上去有点儿心神不定，不知该如何讲下去。

什么是实景山水画？

实景山水画（Silhak Movement）是一种 18 世纪期间发展起来的朝鲜半岛绘画风格，受到新的"朝鲜"身份以及儒教的启发。著名的朝鲜画家郑敾（1676—1759）是实景山水的领军人物，活跃于 1392—1910 年的朝鲜王朝期间，朝鲜王朝的都城位于首尔，即现在的韩国首都。郑敾受到中国文人画的影响，以绘制山景水墨画著称，其中《金刚山图》的笔墨颜色深，质感强。与文人画家一样，郑敾致力于捕捉自然界中的"真景"，对其进行写实描绘。

洛可可与 18 世纪

什么是洛可可？

洛可可（Rococo）是一种独特的风格，适用于艺术、建筑、文学、音乐等领域，流行于 18 世纪的欧洲。"洛可可"来源于法语，是"石"和"贝壳"形成的混合词，这两者都是 18 世纪花园里常见的东西。和"哥特""巴洛克"等词一样，"洛可可"也是之后才发明的词汇，被 19 世纪评论家用来贬低 18 世纪华而不实的坏品味。洛可可建筑装饰繁多，均为弧线形状，没有僵硬的直角，色彩清淡柔和，有种梦幻般的感觉。洛可可绘画也颜色浅淡，场景妙趣横生，常常表现贵族情人们和神话人物嬉戏耍闹的场景，偶尔也有些洛可可绘画隐含着愤世嫉俗的情感（例如威廉・霍加斯的版画和油画）。洛可可最早在巴黎发展成为统一的风格，与法国国王路易十五以及中产阶级的发展壮大有密切的关系。和其他艺术类别一样，洛可可风格在不同的地域也会呈现出不同特点。重要的洛可可画家有让・安东尼・华托、让・奥诺雷・弗拉戈纳尔和约翰・巴塔萨・纽曼（Johann Balthasar Neumann）等。

巴洛克与洛可可有什么区别？

巴洛克与洛可可艺术很容易被混为一谈，连艺术史学家都无法明确地在两者之间划出界限，有些人甚至认为，洛可可是巴洛克风格中比较华丽的一个类别。总体来说，人们认为巴洛克比洛可可更僵硬，例如，将凡尔赛宫和德国南部的维尔茨堡主教宫（饰有涂成金色的柱头和浅色的天顶画）的建筑风格进行比较的话，可以发现，洛可可艺术的宗教因素整体比巴洛克艺术少，倾向于以社交晚会、完美的风景和浪漫的约会为主题，而巴洛克艺术家则常常画宗教象征、圣经故事和大幅神话主题油画。另一种区分方法是颜色，以卡拉瓦乔为代表的巴洛克绘画色彩浓郁、用色大胆、明暗对比强烈，而洛可可绘画则色彩明亮，使用浅粉色、淡绿色以及其他柔和的颜色。

什么是维尔茨堡主教宫？

维尔茨堡主教宫（Würzburg Residenz）是位于德国的一座十分重要的洛可可建筑，由约翰·巴塔萨·纽曼（1687—1744）为勋彭家族（Schönborn family）的成员、维尔茨堡亲王主教设计建造。主教宫内的皇帝大厅（Kaisersaal）主题是金色、白色和粉彩色，强调弧线和精美繁复的装饰，包括大理石立柱和波浪形的装饰条板。宫内有一座向上延伸的豪华阶梯，面积达55平方米，阶梯两侧的扶手和栏杆上装饰着雕像和希腊花瓶。在向上延伸的阶梯之上，意大利洛可可艺术家乔万尼·提埃波罗（Giovanni Tiepolo）绘制了世界上最大规模的天顶湿壁画，描绘了亲王主教和希腊的阿波罗神，还有四季和黄道十二宫以及世界上当时已知的四大洲，这些都象征着勋彭家族遍布世界的强大权力。

谁是多米尼克斯·齐默尔曼？

1757年，巴伐利亚裔德国建筑师米尼克斯·齐默尔曼（Dominikus Zimmermann，1685—1766）设计了巴伐利亚朝圣教堂Die Weis（意即“草地”）。教堂位于阿尔卑斯山脚下，是18世纪洛可可设计风格的典例，外观相对朴实、简单，但是内部却令参观者心生敬畏，仿佛来到天堂一般。丰富多彩的湿壁画覆盖了所有墙面和天顶，与雕塑和灰泥装饰融为一体。齐默尔曼还设计了其他几个重要的德国18世纪教堂，其中包括位于施坦豪森的朝圣教堂——维斯教堂（Wallfahrtskirche）以及位于京茨堡的圣母教堂（Frauenkirche）。

什么是“雅宴”？

“雅宴”（*fête-galante*）是一类洛可可绘画，描绘了贵族的小型高雅宴会的场景，这些宴会通常设在风景优美的室外场所，而且期间经常会发生风流韵事，有时甚至还有情色场面。18 世纪早期，让 - 安东尼· 华托（Jean-Antoine Watteau）最早开始创作这类绘画，他的作品《塞瑟岛朝圣》（*A Pilgrimage to Cythera*，1717）就是一个非常好的例子。神话中的小岛塞瑟是诞生于海水泡沫之中的爱神阿佛洛狄忒（罗马神话中称维纳斯）的出生地。画面最右侧是花朵装饰的阿佛洛狄忒雕像。雕像下面坐着一群身着华服的贵族，他们手牵着手，神情恍惚，有的拥抱在一起，明显是在向古希腊的爱之神致敬。画面最左侧有一艘渡船，形似扇贝壳，船上挂着粉色的布帘，等待载着这群不愿离开的来访者驶离小岛，粉色的小天使悬浮在布满晚霞的天空中。华托的绘画体现出了洛可可风格，画面的粉状质地如丝绸一般细腻，主题与情爱有关，人物主要是贵族。华托的《塞瑟岛朝圣》开启了一个全新的绘画类别：雅宴。

什么是弗拉戈纳尔的《秋千》？

让 - 奥诺雷· 弗拉戈纳尔（Jean-Honoré Fragonard，1732—1806）的情色绘画《秋千》（*The Swing*，1756）是典型的“闺阁绘画”（boudoir painting），因为这类主题涉及隐私的绘画是专为私人欣赏而创作的。在加百利 - 弗朗索瓦· 杜伊恩（Gabriel-François Doyen）拒绝了这个项目之后，弗拉戈纳尔接受了《秋千》的委托。这幅画描绘了郁郁葱葱的花园景色，在画面中央，身穿飘逸粉色连衣裙的年轻小姐坐在秋千上，她的情人身着灰色套装，头戴白色假发，斜倚在画面下方，

《秋千》

一名牧师推着秋千。小姐正荡到她的贵族情人的头顶，裙下风情一览无余，旁边的小天使们都惊呆了。她脚上精致的粉色小鞋也露出尖尖的脚趾。这幅画以亮丽的色彩和情色主题为特色，也是洛可可风格的典型例子。

什么是启蒙运动?

启蒙运动（Enlightenment），又称理性时代，是指18世纪时在哲学、政治、宗教、科学和艺术领域宣扬理性主义（rationalism）和经验主义（empiricism）的文化运动。这段时期重要的理性主义思想家有让－雅克·卢梭（Jean–Jacques Rousseau）、德尼·狄德罗（Denis Diderot）、让·达兰贝尔（Jean d'Alembert）和伊曼努尔·康德（Immanuel Kant），他们都受到了早期哲学家如勒内·笛卡尔（René Descartes）的影响。在启蒙运动时期，人们认为自然法则是理性的、有秩序的，并相信人类能够控制自然界。在科学界，人们发展了科学方法，发现了电和氧气。约翰·洛克（John Locke）、托马斯·杰斐逊（Thomas Jefferson）等思想家开始质疑统治者的“天赋君权”。启蒙运动时期也正是工业革命的开始，农业、制造业的变革对欧洲的财富分配和社会层级产生了翻天覆地的影响。蒸汽机和铁的生产等新技术也极大地改变了产品的生产方式。启蒙运动是一段朝气蓬勃、充满希望的时期，其间虽不时发生一些变革和政治动乱，但世界总体上正处于从“前现代”到“现代”的过渡阶段。

什么是中国风?

“中国风”（*chinoiserie*）一词源自法语。17—18世纪，随着欧洲的探索家们到达地球上越来越远的地方，欧洲也逐渐接触到了更多样的艺术与文化。19世纪期间，中国艺术在欧洲尤其流行，富人们喜爱收藏中国的瓷器、雕塑以及其他装饰艺术，后来，欧洲艺术家也将中国设计元素融入自己的装饰艺术设计之中。1762年，伦敦的邱园（皇家植物园）中建起了一座中国风格的十层高塔，该塔既是洛可可风格的建筑，也体现了西方对于亚洲艺术风格的浓厚兴趣。

《时间用烟熏画》是什么意思?

这件威廉·霍加斯(William Hogarth, 1697—1764)的作品代表了洛可可风格中偏讽刺的那一面。英国人霍加斯是一位画家兼雕刻家，也活跃于文学圈，和作家朋友亨利·菲尔丁(Henry Fielding)关系甚好。他的作品经常包含明确的道德教诲以及充满嘲讽的社会评论。例如，他的系列画作《时髦的婚姻》(*Marriage à la Mode*, 1743—1745)就讽刺了包办婚姻，提醒人们警惕虚荣、背叛以及酗酒、赌博等恶习。

霍加斯的蚀刻版画《时间用烟熏画》(*Time Smoking a Picture*)也传达了一个非常明确的信息。画面中央坐着年迈的老人，背上长着一对翅膀，手拿一把镰刀，这些特征都说明他是时间的化身。他坐在一幅裱了框的画布前，弓着身子，闷闷不乐，正在抽一只细长的烟斗，并将烟雾都吐到面前的画布上。他赤裸的身体坐在一块破损的雕像上，长长的镰刀向前坠去，砍向画布，在画面上切了一个洞。他的身旁放着一大罐清漆，面前的画框上写着两行希腊文，内容是:“时间不是一个聪明的工匠，因为他把一切都变得模糊不清。”在时间化身下方还有一句话:“雕像损坏后更有价值。”整个画面最底下的两行字写道:“致人性及您的自我诉求/感受勿向他人学。”18世纪，人们常用清漆和烟来让当时的艺术品看上去年代更久远，以便让价值变得更高(当时旧画比新画值钱)，而霍加斯的这幅作品就是对该现象的评论。霍加斯借《时间用烟熏画》有力地批评了唯利是图的艺术品商人毁坏艺术品的行为。

18世纪有哪些重要的肖像画家?

•罗萨尔巴·卡列拉(Rosalba Carriera, 1675—1757)——威尼斯著名肖像画家，以绘制细密画和使用彩色粉笔颜料著称。在一次巴黎之旅途中，她为国王路易十五绘制了一幅彩粉肖像。卡列拉曾被罗马的圣路加学院和法国皇家绘画与雕塑学院录取。

•弗朗索瓦·布歇(François Boucher, 1703—1770)——法国洛可可画家，擅长绘制当时流行的神话及情爱场景，风格优雅、色彩明亮。他常为有钱的客户(包括国王路易十五的情人蓬皮杜夫人)创作时尚而美观的肖像。

•乔舒亚·雷诺兹(Joshua Reynolds, 1723—1792)——英国画家，在罗马学习绘画，以新古典主义风格及大型真人尺寸肖像著称。他的肖像画能够捕捉到被画者的核心特点。雷诺兹的作品广受赞誉，而且他在艺术理论方面也颇有造诣。

• 托马斯·庚斯博罗（Thomas Gainsborough，1727—1788）——英国肖像画家，也画风景画，极受尊敬。他与雷诺兹势不两立，作品充满自然气息，十分优雅，有时被认为有浪漫主义的倾向。在他为理查夫人（Mrs. Richard Brinsley Sheridan）绘制的肖像（1785）中，可以看到艺术家标志性的精细笔触。

伊丽莎白·维热－勒布朗为玛丽·安托瓦内特和她的孩子们绘制的肖像

• 伊丽莎白·维热－勒布朗（Elisabeth Vigée-Lebrun，1755—1842）——很可能是18世纪最重要的女画家。她在凡尔赛宫工作期间，为玛丽·安托瓦内特（Marie Antoinette）以及法国皇室绘制了众多肖像画。作品有明显的洛可可风格。

• 约翰·辛格顿·科普利（John Singleton Copley，1738—1815）——爱尔兰裔，居住于殖民地城市波士顿，为很多早期移民美国的著名人士绘制了肖像，包括保罗·列维尔（Paul Revere）、塞缪尔·亚当斯（Samuel Adams）等。1774年，在乔舒亚·雷诺兹的命令下，他被逐回英格兰，一同被驱逐出境的艺术家还有本杰明·韦斯特（Benjamin West）。

•吉尔伯特·斯图尔特（Gilbert Stuart，1755—1828）——著名美国肖像画家，代表作为乔治·华盛顿肖像。他还为其他著名美国领袖绘制了肖像，包括托马斯·杰斐逊和詹姆斯·门罗。他的绘画风格在很大程度上影响了当时其他的美国画家。

印度莫卧儿艺术

什么是莫卧儿艺术?

成吉思汗曾在 1526—1857 年间统治南亚次大陆，莫卧儿（Mughal）统治者就是成吉思汗的后代，信仰伊斯兰教。事实上，“莫卧儿”的意思就是“蒙古人的后裔”。鼎盛时期的莫卧儿帝国囊括了印度和阿富汗等地。“古典”莫卧儿时期是指阿克巴大帝（Akbar the Great）统治时期（1556—1605），该时期整个帝国境内相对平安无事，艺术蓬勃发展。阿克巴大帝支持了一些大型建筑项目，并对基督教传教士从欧洲带来的蚀刻版画喜爱有加。他的儿子贾汗吉尔（Jahangir）继任后，支持创办了皇家艺术工作坊，艺术家们在那里创作了很多完美无瑕的插图手稿和细密画。

什么是《阿克巴传奇》?

《阿克巴传奇》(*Akbarnama*，约 1569—1590）是由 116 幅细密画系列构成的作品，记录了阿克巴大帝的传奇一生及伟大成就。《阿克巴传奇》以非同寻常的细节和写实性著称。阿克巴大帝委托他的朋友阿布勒·法兹勒（Abul Fasl，1551—1602）为他写了这部传记，整部作品由几位艺术家共同完成。阿克巴大帝自己留存的版本中，插图由画家巴斯万（Baswan）设计创作，查塔尔·穆尼（Chatar Muni）负责上色。现藏于维多利亚与艾尔伯特博物馆的《阿克巴传奇》第 22 页，生动地描绘了阿克巴骑着一头野象踩踏在浮桥上，追赶另一头失控的大象的场景。画面颜色鲜艳、细节丰富，增强了故事的戏剧性。横冲直撞的大象把船夫们掀到水中，他们挣扎着，在水面上荡起一圈圈波纹，这些细节都被精细地呈现出来。根据这个故事，阿克巴最终使大象平静下来，并抓住了它，该场景也寓意着阿克巴的才能足以统治一个庞大且难以管控的帝国。

什么是拉贾普特绘画?

印度北部的拉贾斯坦邦（Rajasthan）并不是莫卧儿帝国的领土，它的统治者是印度的拉贾普特人（rajput）。拉贾斯坦的绘画传统受到了波斯和莫卧儿细密画的影响，常见绘画主题是印度众神（如黑天/奎师那），而且通常将他们描绘得充满情爱和情色意味。在《阁楼中的拉达与奎师那》(*Krishna and Radha in a Pavilion*，约 1760）中，蓝色皮肤的印度神明奎师那正在爱抚他的爱人拉达，他们头顶的黄色闪电象征着二者之间的性吸引。

《沙贾汗传奇》中的一页插图

谁是比奇特尔?

比奇特尔（Bichitr）是阿克巴大帝之子贾汗吉尔统治时期（1605—1627）和沙贾汗（Shah Jahan，建造泰姬陵的皇帝）统治时期的重要宫廷画家。他是一位技艺高超的细密画画家，很可能由宫廷抚养长大，并在宫廷中接受早期教育。比奇特尔对欧洲绘画很感兴趣，有时会用欧洲的透视法来绘制印度风景。在细密画《贾汗吉尔偏向苏菲派长老而非其他国王》(*Jahangir Preferring a Sufi to Kings*，约 1625）中，比奇特尔把自己画在了一群重要人物之中，这群人物中有奥斯曼帝国的统治者，甚至还有英格兰国王詹姆斯一世，很可能是画家从其他画像中临摹的。画中的比奇特尔正在向莫卧儿帝国的统治者贾汗吉尔恭敬地鞠躬行礼，他手持一幅自画像，造成画中之画的效果。

什么是泰姬陵?

位于印度阿格拉的泰姬陵（Taj Mahal）是世界上辨识度最高的建筑之一，有着洋葱头似的穹顶、拱形的窗户和平静如镜的长形水池。泰姬陵由大理石建造而成，镶嵌着拼成花朵图案的彩色石头，还装饰着《古兰经》中的经文书法。不过，泰姬陵不是一座宫殿，而是一座陵墓，由 17 世纪的莫卧儿皇帝沙贾汗（阿克巴大帝之孙）为他的第三任妻子慕塔芝・玛哈（Mumtaz

Mahal）建造。规模宏大的陵墓是伊斯兰教传统的一部分，而泰姬陵的设计也与伊朗的花园亭阁颇为相似，对称的设计、比例均衡的形状、宽阔的水池和高高的尖塔令人感到心境平和、安宁。泰姬陵的设计与《古兰经》中对天国花园的描述有关，是印度伊斯兰教建筑中的杰作。

新古典主义艺术

什么是新古典主义艺术?

有时候，我们觉得欧洲艺术从未远离古典主义，但是在 18 世纪巴洛克时期结束后，欧洲却出现了一次大规模的“古典主义复兴”（classical revival）。这一时期的艺术家和贵族们纷纷涌向罗马，参观令人心生敬畏的古罗马遗迹和文艺复兴艺术。与此同时，希腊发现了新的考古遗迹，向人们揭示了更多古希腊社会与艺术的秘密，于是人们对古典主义思想和美学的热情更加迅速地高涨起来。与洛可可华丽张扬的风格截然不同，新古典主义（neoclassical）强调气势宏大、简洁、稳重、高贵、充满英雄的理想主义气质。对于古典时期思想的重新发掘，不仅仅对艺术和建筑产生了影响，也带来了政治重心的转移和哲学思想的极大丰富，进而造成了包括法国大革命、美国独立革命、拿破仑的崛起等一系列社会巨变。

什么是乔舒亚·雷诺兹的“宏伟风格”?

乔舒亚·雷诺兹（1723—1792）致力于将英国画家提升至与文艺复兴大师同等的地位，为了达到这一目的，他做出了各种各样的努力，其中包括使他的肖像画充满宏伟庄严之感和英雄式的理想主义等，这些都是当时绘画的最高形式历史绘画（history painting）的特点。在他的一系列讲演《艺术论十五讲》（*Fifteen Discourses on Art*）中，雷诺兹宣扬了他的“宏伟风格”（Grand Manner），倡导同时代的英国画家以文艺复兴时期的艺术大师庄严宏伟的风格来创作绘画。他的巨幅真人尺寸肖像画在背景中融入了包括雕塑、花瓶、建筑等古典主义元素，使画面有些古意。代表作有《哈灵顿伯爵夫人简·弗莱明肖像》（*Portrait of Jane Fleming, Countess of Harrington*,

1778）和《莎拉·班伯利夫人为优美三女神献祭》（*Lady Sarah Bunbury Sacrificing to the Graces*，1765）。在第二幅作品中，班伯利夫人被描绘成一位罗马女祭司，身着罗马长裙，腰部系着绸带，并用别针固定到肩部。班伯利夫人正在向优美三女神献祭，她的朋友苏珊·福克斯-斯特兰韦斯（Susan Fox-Strangways）跪在一旁。雷诺兹将这幅贵族肖像拔高成了一幅具有象征意义的绘画，令观者对女性的美与友谊产生思考。

雷诺兹的《简·哈莉戴夫人》（*Lady Jane Halliday*）

什么是新古典主义建筑？

18世纪的新古典主义建筑是对极具装饰性的洛可可风格建筑的强力抵制，在设计中强调逻辑、对称和几何图案。新古典主义风格常见于当时的公用建筑及英国私人乡村住宅的设计。

18世纪新古典主义建筑有哪些典例？

- 奇兹威克府邸（Chiswick House）——由第三代伯灵顿伯爵罗伯特·博伊尔（Robert Boyle）设计，位于英国伦敦西部，1724—1729年建造完成。受到建筑师帕拉第奥及其圆厅别墅的启发，奇兹威克府邸也有一个八角形穹顶和简洁的大型柱廊，柱廊上方的三角墙处无任何装饰。整体建筑风格十分朴素，外形平直、对称。
- 普尔特尼桥（Pulteney Bridge）——由著名苏格兰建筑师罗伯特·亚当（Robert Adam，1728—1792）设计。亚当还设计了爱丁堡市政厅和位于苏格兰艾尔郡的卡尔津城堡（Culzean Castle）等伟大的建筑。这座独特

奇兹威克府邸

的帕拉第奥式普尔特尼桥（建成于 1773 年）横跨英国巴斯的埃文河（River Avon），桥上排布着一些商店。

•欧迪翁剧院（Théâtre de l'Odéon）——原名法国剧院（Théâtre Français），是一座简朴的新古典主义建筑，由玛丽 - 乔瑟夫、佩合（Marie-Joseph Peyre）于 1767—1770 年设计建造。它几乎没有任何装饰，柱廊的立柱是最简单的托斯卡纳式，没有三角墙，强调平直性与几何对称。

•蒙蒂塞洛（Monticello）——由弗吉尼亚宣言和独立宣言的作者托马斯、杰斐逊（Thomas Jefferson）设计，是他在夏洛茨维尔的私人住宅，建造于 1769—1782 年间，1796—1908 年间曾重新设计改造。杰斐逊希望发展出一种独特的美国风格建筑，弘扬爱国主义精神，帮助新国家确立国家身份。

谁是安杰利卡·考夫曼?

安杰利卡、考夫曼（Angelica Kauffmann，1741—1807）是一位著名的英国新古典主义艺术家，曾前往罗马学习，是乔舒亚、雷诺兹的朋友，1768 年，他们一同创办了皇家艺术学院（Royal Academy of Arts）。研究如何绘制男性裸体一直都是学院培训的基础，但是当时的学院却禁止她上这门课。尽管如此，考夫曼仍然绘制了当时地位比任何其他绘画类别都崇高的历史画，而且是 18 世纪唯一一位画历史画的女性画家。考夫曼创作了一些洛可可风格和新古典主义风格的历史画，包括《被忒修斯抛弃的阿里阿德涅》（*Ariadne Abandoned by Theseus*，1774）、《牧羊人守候熟睡的仙女》（*A Sleeping Nymph Watched by a Shepherd*，1780）以及《科尔内利亚视子若珍宝》（*Cornelia Presenting Her Children as Her Treasures*，约 1785），最后这幅呈现的是古罗马最有影响力的女人之一的故事。考夫曼也是一位成功的肖像画家，擅长为贵族资助人绘制肖像，很多作品都被制作成印刷品。

谁是本杰明 · 韦斯特?

本杰明 · 韦斯特（Benjamin West，1738—1820）是一位出生在美国的画家，曾在费城和罗马学习，随后在伦敦发展，成为一名成功的历史画画家，同时，他也是首位在国际上颇具名气的美国艺术家。继乔舒亚 · 雷诺兹之后，他成为英国皇家艺术学院的院长，并在经济上受到了有权有势的国王乔治三世的资助。韦斯特的历史画通常严格遵从新古典主义的特征，但是，与传统作品不同的是，《沃尔夫将军之死》（*The Death of General Wolfe*，1770）没有再现某个历史事件，而是描绘了同时代的人，他笔下的国王军队身穿当时的军服而非古装。尽管国王（以及乔舒亚 · 雷诺兹）非常不喜欢这种创意，但是由于作品广受公众欢迎，国王只好转变态度，将韦斯特任命为皇家历史画家。

什么是碧玉细炻器?

碧玉细炻器（jasperware）是英国陶工乔舒亚 · 韦奇伍德（Josiah Wedgwood）的发明，最常见的碧玉细炻器是一种新古典主义风格的蓝底白花无釉瓷器（尽管也有各种其他颜色）。韦奇伍德雇用了雕塑家约翰 · 弗拉克斯曼（John Flaxman）来模仿近期考古发掘出的古希腊花瓶的设计，制作当时非常流行的浮雕图案。碧玉细炻器成功地得到了推广，并开始被大规模生产。韦奇伍德陶瓷时至今日都广受青睐。

谁是雅克 – 路易 · 大卫?

雅克 - 路易 · 大卫（Jacques-Louis David，1748—1825）可能是最重要的法国新古典主义风格画家，他的艺术作品先是诠释了法国大革命的涵义，后来又体现了拿破仑皇帝的皇室风格。在大卫的历史画中，他常常描绘表现罗马爱国主义精神的场景，强调牺牲与英雄主义的主题，以此来体现革命精神，比如《荷拉斯兄弟的宣誓》（*The Oath of the Horatii*，1784）。1793年的油画《马拉之死》（*The Death of Marat*）是大卫在血腥的“恐怖统治时期”（Reign of Terror）受委托，为纪念让-皮埃尔·马拉（Jean-Pierre Marat）的惨死而绘制的。马拉是一位雅各宾派的记者与政客，被与吉伦特派有牵连的女人谋杀，死在浴缸中。马拉患有一种皮肤病，身体虚弱，所以要经常泡在浴缸里工作。这幅画将马拉的形象理想化地表现了出来，他的身体倒在极简风格的浴缸边上，画中简单的浴室也与马拉家中明显更华丽的浴室截然不同。附近还放着刺客夏洛特·科黛（Charlotte Corday）刺穿他胸膛时所用的血淋淋的刀。大卫与马拉属于同一个政治党派，因此这幅画有明显的政治宣传意图。革命结束后，大卫的政治命运跌宕起伏（他有一段时间被关进了监狱，之后却当上了主席！），但是，他最终还是追随了新崛起的权力——1804—1815年间，法国的统治者拿破仑·波拿巴成为大卫的重要资助人。

《马拉之死》

什么是法国大革命？

法国大革命从1787年一直延续至1799年，在这超过十年的政治动荡期间，法国为时甚久的君主制被推翻（国王的头被砍下），封建制度终结，第一共和国建立，这些事件永久地改变了法国社会。受到美国革命和启蒙运动思想的影响，新的国民大会采用了《人权与公民权宣言》(*Declaration of Rights of Man and the Citizen*)，将权力赋予了法国人民而非君主，建立了一些社会性项目，例如公共教育与社会福利等。法国政府分为吉伦特派和雅各宾派，由革命政治家马克西米连·德·罗伯斯庇尔(Maximilien de Robespierre)领导。在他的命令下，国王路易十六和他的王后玛丽·安托瓦内特因叛国罪被斩首处决。罗伯斯庇尔是“恐怖统治时期”的负责人，之所以称之为恐怖统治时期，是因为这一时期有1.7万人因叛国罪被处死，革命军政府试图斩除对新社会秩序的所有威胁，但是后来，罗伯斯庇尔本人也成了“恐怖统治”的目标，于1794年被处决。1799年，拿破仑·波拿巴发动军事政变，自立为法国皇帝，暂时中止了大革命千辛万苦建立起来的共和制。

浪漫主义

什么是“浪漫主义”？

浪漫主义（Romanticism）是一场思想、文化和艺术方面的运动，反对启蒙时期的理性主义，强调情感和主观性。浪漫主义从18世纪中叶开始，一直持续到19世纪中叶，与新古典主义几乎同时出现，所以有些新古典主义艺术的理想主义和怀旧心绪甚至被认为是浪漫主义的特征。浪漫主义时期，人们对中世纪文学、艺术和建筑重燃兴趣，引发了“哥特复兴”，这在英国国内的建筑设计中尤其常见。浪漫主义的范畴超越了视觉艺术，还囊括了音乐与文学。贝多芬和肖邦、维克多·雨果、威廉·华兹华斯、赫尔曼·梅尔维尔、埃德加·爱伦·坡等，都是浪漫主义运动中的重要角色。浪漫主义画家有托马斯·庚斯博罗、威廉·布莱克、弗朗西斯科·戈雅、西奥多·杰利柯、欧仁·德拉克罗瓦、让-奥古斯特-多米尼克·安格尔、约翰·康斯特布尔、约瑟夫·玛罗德·威廉·特纳、哈德逊河派艺术家等。

什么是“如画”？

尽管 picturesque 字面意思是“如图画一般”，但是这个词是指一幅画美观且令人愉悦的特质，通常是画面的质地、光线、构图及形式上迷人的不规则性等因素共同作用的结果。18 世纪期间，英国画家发现，17 世纪艺术家［如尼古拉斯·普桑和雅各布·凡·罗伊斯达尔（Jacob van Ruisdael）］微妙且神秘的风景画是“如画”的典范。受到该潮流的影响，英国建筑师甚至按照这些风景画来设计花园。19 世纪，由于威廉·华兹华斯和沃尔特·司各特爵士等浪漫主义诗人对湖区和苏格兰高地的赞美，英国人蜂拥到国内这些“如画”的地方旅行。

什么是“崇高”？

18 世纪的哲学家建立了三个不同的美学范畴：美丽、如画、崇高（the beautiful, the picturesque, and the sublime）。1763 年，德国启蒙时期哲学家伊曼努尔·康德撰写了《论美与崇高》（*Observations on the Feeling of the Beautiful and Sublime*）。在这篇文章中，他论述了“美”与形式和谐的关系，“崇高”与无形的畏惧和不知所措感的关系，埃德蒙·伯克（Edmund Burke）在《关于崇高与美的两种观念的起源之哲学研究》（*Philosophical Enquiry into the Origin of our Ideas of the Sublime and Beautiful*，1957）一文中这样解释“崇高”的概念：“凡是能以某种方式引起苦痛或危险观念的事物，凡是以某种方式令人恐惧的事物……就是崇高的来源。”“崇高”是对美学体验之宏伟与浩瀚的兴趣，其概念反映了浪漫主义运动的价值观和关注点——强调情感、神秘性和想象。

什么是哥特复兴?

哥特复兴（Gothic Revival），又称新哥特运动（Neo Gothic Movement），是 18—19 世纪期间复兴中世纪建筑风格的运动。在这段时期，中世纪文学、诗歌也越来越受欢迎。哥特复兴建筑的典型例子是霍勒斯·沃波尔（Horace Walpole，1717—1797）的私人住宅“草莓山”（Strawberry Hill），位于英格兰的威肯汉姆。沃波尔设计了圆筒状的塔楼，塔楼顶部有锯齿状防卫墙（中世纪建筑中用于防卫的一排尖牙状豁口），还有尖拱型的花饰窗，与法国哥特式大教堂的花窗类似。哥特复兴建筑的另一个例子是伦敦的西敏寺，建于 1834 年的伦敦大火之后。哥特复兴风格的建筑常见于欧洲和美国的大学，包括格拉斯哥大学、芝加哥大学、纽约城市大学等。

谁是威廉·布莱克?

《亘古常在者》

威廉·布莱克（William Blake，1757—1824）是非常虔诚的英国版画家、画家兼诗人，他反感皇家艺术学院的正规培训，所以整个职业生涯中都在创作充满想象力的作品，包括一系列仿照《圣经》撰写和绘制了插图的预言书。布莱克不相信写实绘画，也并不以自然主义为目标。他按照自己的想象来绘制图画，作品都非常复杂、有明确主题、而且大部分受到了中世纪手稿式样的影响。他自创了一部神话，其中的主要角色之一是尤里森（Urizen），名字与“你的理智”（Your Reason）发音类似，代表着理性。他最经久不衰的作品是《亘古常在者》（*The Ancient of Days*，1794），也常被称为《上帝创造宇宙》（*God Creating the Universe*），布莱克将米开朗琪罗的风格与中世纪的图像融为一体，描绘了须发飘舞的尤里森从云中向下伸出手，手指张开，形成一个闪耀着金色天堂之光的圆规。米开朗琪罗笔下的上帝强大而优雅，而布莱克所创作的尤里森则代表着复杂的负面力量，《亘古常在者》的画面整体为深红色、色彩昏暗。威廉·布莱克的艺术在生前并未受到赏识，在去世一个世纪后才被重视起来。他不满于启蒙运动和新古典主义的价值观，是一位重要的浪漫主义艺术家，也是历史上最重要的英国艺术家之一。

康斯特布尔和特纳的风景画有什么不同?

约翰·康斯特布尔（John Constable，1776—1837）和约瑟夫·玛罗

《暴风雪：港口的蒸汽轮船》

德、威廉、特纳（Joseph Mallord William Turner，1776—1851）都是成功的英国风景画家，但是他们的绘画风格和描绘自然的手法几乎截然相反。在伦敦皇家艺术学院学习了一段时间之后，康斯特布尔发现自己并不喜欢学院的传统，开始致力于在他的家乡东勃高尔特村（萨福克郊外）研究自然、探寻真理。为了让风景画得到足够的尊重，康斯特布尔的油画尺幅很大，比如他的作品《干草车（风景：晌午）》[*The Haywain*（*Landscape: Noon*），1821] 的长度就超过 1.8 米。他的绘画细致而清晰，通过厚重的云彩、如镜的水塘和闪光的树叶传达了丰富的情感。康斯特布尔的风景显得平静而质朴，展现出艺术家眼中经过精心修剪维护的英国乡村。

相比之下，特纳的风景画则如同一股戏剧性的旋风，融入了图像，展示出大自然的强大力量，足以吞噬人类及其创造的并不耐久的建筑。特纳画了很多巨幅油画，以水彩画领域的创新，尤其是以接近抽象、模糊而迅疾的笔触闻名。当时，特纳的画风令人震惊，1842 年的作品《暴风雪：港口的蒸汽轮船》

（*Snowstorm: Steamer off a Harbour's Mouth*）描绘了海上的暴风雪，轮船几乎消失在了惊涛骇浪之中，而观者也几乎不可能将团团乌云和冲天的海浪区分开来。康斯特布尔笔下的自然是谨慎、克制的，而特纳的自然则如同猛兽。

谁是弗朗西斯科·戈雅？

弗朗西斯科·戈雅·路先底斯（Francisco Goya y Lucientes，1746—1828）是西班牙浪漫主义画家，他在有生之年目睹了拿破仑·波拿巴将西班牙纳入自己的帝国，还经历了之后新政府的血腥大屠杀、西班牙皇权的恢复，以及宗教法庭的重新建立。戈雅曾经是西班牙国王查理四世的宫廷画家（1800年，他给皇室画了一幅过于真实以致有损皇室形象的肖像），当他受到启蒙时期和法国大革命观念的启发，却发现这些观念无法彻底改变西班牙时，感到非常失望。查理四世镇压了社会变革，甚至严禁进口书籍。戈雅的系列蚀刻版画《狂想曲》（*Los Caprichos*）共80幅，创作于1796—1798年，是艺术家对当时西班牙人民的“愚蠢”的评论。

《理性入睡催生梦魇》（*The Sleep of Reason Produces Monsters*）是这个系列中用凹铜版腐蚀制版法制作的版画，将“理性”描绘成一个趴在桌上睡觉的人。“理性”酣然入梦时，黑暗中出现了很多不祥的生物，有猫头鹰、蝙蝠，还有一只双眼圆睁且闪闪发光的猫。戈雅的作品结合了委拉斯开兹的灵韵、霍加斯的讽刺以及雷诺兹的雅致，展示出非常独特、丰富而复杂的想象力，充满西班牙的神秘主义与迷信。戈雅的重要作品还有纪念法国人屠杀西班牙犯人的《1808年5月3日》（1814—1815）及暗色调作品如《萨杜恩噬子》（*Saturn Devouring one of his Children*，1820—1823）和其他众多肖像画。

什么是《美杜莎之筏》？

与戈雅的《1808年5月3日》类似，另一幅19世纪绘画《美杜莎之筏》（*The Raft of the Medusa，1819*）也强调了人们面对无法战胜的困难时所承受的悲痛与苦难，其作者为法国浪漫主义画家西奥多·杰利柯（Théodore Géricault）。《美杜莎之筏》属于历史画，描绘了一场同时期的恐怖海难。一艘满载法国殖民者的大船搁浅了，但携带的救生船无法承载所有的船员，人们临时造了一艘勉强能浮起来的筏子，载着152名船员，系在主救生船上，可最终船长切断了绳子，这些船员只能在海上漫无目的地漂荡。13天之后，经历了疾病侵袭、饥饿和互相残杀，救生筏上只剩下 15 个人。故事在法国引起了轰动，因为人们发现船长是一个毫无经验的贵族，通过贿赂才谋得这个职位。在杰利柯的画中，救生筏上的人看到了一艘路过附近的船，这是他们第一个获救的机会。画中人物扭曲但却理想化的身体（有些人已经死去），横七竖八地躺在小小的救生筏上，四周黑暗的大海无边无际，预示着灾难的降临。随着木筏被一阵大浪推举起来，观者的目光被引向船员向上伸出的双手中疯狂摇着的那片破烂红布，他们试图借此向路过的船求救。《美杜莎之筏》融入了浪漫主义看待自然的视角以及英雄主义、冒险精神和不公正的元素。

《美杜莎之筏》

谁是欧仁·德拉克罗瓦?

欧仁·德拉克罗瓦（Eugéne Delacroix，1798—1863）对艺术学院所倡导的明确外形和古典主义的坚韧刚毅并不感兴趣。这位法国浪漫主义画家以粗犷的笔触和戏剧性场景著称，他的灵感来源于神话、时事，还有他的北美之行。德拉克罗瓦的《希阿岛的屠杀》（*Massacre at Chios*，1822—1824）画的是希腊人为了获得独立与奥斯曼帝国进行的战争，这场战争影响了很多浪漫主义作家和艺术家。通过描绘每个人的脸部细节，这幅画表达了对筋疲力竭的希腊人的同情。一个神情凶恶的土耳其人主导了整个画面，他的黑马前蹄高高扬起，蹄下是一群受害者。与此相似的是，德拉克罗瓦的《自由引导人民：1830 年 7 月 28 日》（*Liberty Leading the People: July 28, 1830*，1830）将革命党人表现为一个个英雄，他们拿起武器，前赴后继、斗志昂扬，准备推翻帝制。法国国旗的红白蓝三色将观者的目光引向画面中的自由女神，她胸部裸露，如同古典雕塑一般，从灰尘和烟雾中显现出来，一只手高举法国国旗，另一只手拿着刺刀，引导革命者们投入战斗。这幅浪漫主义绘画在呈现重要历史事件的同时，强调了理想主义和英雄主义。

谁是让 – 奥古斯特 – 多米尼克 · 安格尔?

法国艺术家让 - 奥古斯特 - 多米尼克· 安格尔（Jean-Auguste-Dominique Ingres，1780—1867）的艺术，神奇地结合了新古典主义和浪漫主义传统，虽然他曾下定决心秉持新古典主义的价值观，而且人们也认为他与更散漫的德拉克罗瓦正好相反。他的灵感来自文艺复兴时期的拉斐尔以及革命派画家雅克 - 路易 · 大卫。尽管安格尔的兴趣在于历史画，但是他更以女性裸体肖像画著称，其中《大宫女》（*La Grand Odalisque*，1814）尤其有名，描绘了一位苏丹王的妃子懒洋洋地斜躺在奢华的彩色布料上的情景。《大宫女》属于“东方主义”（Orientalism），或者说是浪漫主义对于东方异域风情的喜爱。尽管安格尔偏好新古典主义，且不喜欢肖像画，但是在这幅画中，妃子颀长的身材和来自东方的奢华物品（例如一把孔雀羽毛扇和精美的珠宝）等，都符合浪漫主义的特征。

美洲艺术

西班牙艺术对新世界艺术有怎样的影响?

从 16 世纪开始，随着西班牙征服者的到来，中南美洲的神殿被毁坏，传教士试图让（有时甚至强迫）当地人信仰天主教，于是，西班牙文化开始在中南美洲占据主导地位。到了 18 世纪，拉丁美洲的天主教与本土宗教信仰逐渐融合，出现了很多新的艺术与建筑风格。例如，瓜达卢佩圣母教堂对面的耶稣受难十字架（atrial cross）接近 3.6 米高，约 16 世纪 60 年代之前建成，这座大型石制十字架位于教堂中庭，是传教士委托当地艺术家制作的。十字架上装饰着与耶稣基督有关的图案，比如荆棘冠和圣尸衣，还有中美洲象征生命之树的符号。耶稣受难十字架在当地的教堂中很常见，本地教徒都是在这里了解并皈依天主教的，而位于瓜达卢佩的十字架上的装饰则强调了它在视觉上将不同文化与信仰融合的作用。

西班牙新世界的主要建筑风格是什么?

巴洛克风格建筑在欧洲过时之后，在西班牙占领的拉丁美洲仍然流行了很久。从 18 世纪初到世纪末，墨西哥、秘鲁、厄瓜多尔甚至菲律宾等国家都建造了很多气势恢宏的巴洛克建筑。位于墨西哥达斯哥德阿拉尔孔（Taxco de Alarcon）的圣塞巴斯蒂安教堂和圣普里斯卡教堂（Santa Prisco）就是 18 世纪的巴洛克教堂，装饰着很多“丘里格利风格”（Churrigueresque）的灰泥雕塑。位于亚利桑那州图森附近的圣撒维尔修道院（Mission San Xavier del Bac）同样建于 18 世纪，也属于西班牙巴洛克建筑。教堂长度接近 30 米，由砖和水泥建成，而不是亚利桑那本地人常用的土坯。

为什么托马斯·杰斐逊对建筑那么感兴趣?

托马斯·杰斐逊非常厌恶殖民地的乔治亚式建筑，而这些建筑在他的家乡弗吉尼亚州很常见。他在《弗吉尼亚州记事》(*Notes on the State of Virginia*，约 1871）中写道：“简直不可能设计出更丑陋、更不舒服、（所幸的是）更不耐久的建筑了。”杰斐逊是一位技艺高超的业余建筑师，曾学习了帕拉第奥的《建筑四书》，他对建筑的理解定义了新美国的精神，并将毫无关联、散居各地的前殖民地居民团结在了一起。他设计的最有名的建筑是蒙蒂塞洛，这是他位于弗吉尼亚州的个人居所，花费了四十年才建成。他还设计了弗吉尼亚州议会大厦和弗吉尼亚大学圆顶大礼堂，礼堂建筑的灵感来自罗马的圆厅别墅。弗吉尼亚大学是美国的首个州立大学，设计主校园时，杰斐逊想促进教育发展，让新的大学显得气势宏伟、屹立不倒。杰斐逊相信，建筑可以改变人类，所以他的设计也反映出类似的政治目标——建造一个强大、持久，而且尊重个人主义、民主和自由的政府。

为什么霍拉肖·格里诺的乔治·华盛顿雕像备受争议?

新古典主义雕塑家和艺术家霍拉肖·格里诺（Horatio Greenough，1805—1852）是美国首位专业雕塑家。他为乔治·华盛顿总统创作的大理石雕塑，以古希腊雕塑家菲狄亚斯（Phidias）的奥林匹亚宙斯神像为原型，将美国第一任总统表现为一个身体半裸、穿着罗马长袍、坐在狮子王座上的男性形象。他右手指向天空，姿势与拉斐尔的文艺复兴湿壁画《雅典学院》中的柏拉图差不多，格里诺将华盛顿雕成这个姿势的目的，是强调他作为军事领导者兼哲学家的角色，但该雕像于 1841 年在议会大厦展出时，却让公众大为震惊，认为它非常不合时宜，甚至有些好笑。之后，这座雕塑因年久失修，最终被挪到了史密森尼博物馆，目前正在美国国家历史博物馆展出。

谁是托马斯·科尔？

托马斯·科尔（Thomas Cole，1801—1848）是一位美国画家，早年从英格兰迁居美国，以早期的肖像画和后期的风景画著称。他的作品帮助确立了美国的风景画风格，即“哈德逊河画派”（Hudson River School）。科尔最著名的画是《牛轭湖》（*The Oxbow*，1836），描绘了风暴前（或后）从马萨诸塞州的霍利约克山顶（Mount Holyoke）俯瞰康涅狄格河的景色。尽管该作品重现的是一个实际存在的地方，但是科尔对风景进行了一些处理，使得整幅画面更具戏剧性。为了逃脱现实主义的禁锢，科尔往往会先打好草稿，过几个月之后再创作。

《牛轭湖》

什么是哈德逊河画派？

哈德逊河画派的艺术家包括托马斯·科尔、阿舍·杜兰德（Asher B. Durand）、弗雷德里克·埃德温·丘奇（Frederic Edwin Church）和阿尔伯特·比尔施塔特，他们都是美国艺术家，致力于建立一个独立于欧洲的美国艺术传统。这个非正式群体最初受到了浪漫主义和欧洲风景画的影响，但是却在某些程度上表现出了现实主义风格，并且在思想上与美国哲学家拉尔夫·瓦尔多·爱默生（Ralph Waldo Emerson）和亨利·戴维·梭罗（Henry David Thoreau）的超验主义（transcendentalism）有一定联系。哈德逊河派的艺术家们会徒步旅行或者到卡茨基尔、尼亚加拉大瀑布、优胜美地峡谷等地采风，通过户外写生（或“外光派”，*plein air*）来创作绘画。他们描绘出一个个无人涉足的世外桃源，同时呈现了田园牧歌般的场景和美国荒野的力量。

什么是“光亮主义”？

光亮主义（luminism）是20世纪时用来描述19世纪美国绘画风格的词汇，这种风格的特点是用散射光的效果和不可见的笔触来描绘风景和自然场景。应用光亮主义的艺术家有乔治・迦勒・宾汉姆（George Caleb Bingham）、阿舍・杜兰德、马丁・约翰逊・赫德（Martin Johnson Heade）等，这些艺术家都属于哈德逊河派。宾汉姆的《沿密苏里河而下的皮毛商人》（*Fur Trader's Descending the Missouri*，1845）就是一个很好的例子，密苏里河反射的晨光使得河面漂浮的迷雾闪闪发亮，父子二人坐在一艘小船上，身穿颜色鲜艳的衣服，与背景中雾蒙蒙的树林形成鲜明的对比。一只有可能是小熊的小动物坐在小船的一端，在水面上投下一小片阴影。马丁・约翰逊・赫德的《沼泽落日》（*Sunset over the Marshes*，约1890—1904）是另一例美国光亮主义的绘画，该作品描绘了马萨诸塞州盐沼地上的红色落日，前景中摆放着一个尖尖的稻草堆。光亮主义是早期美国绘画的重要元素，表现出19世纪浪漫主义和随后的现实主义倾向，艺术家们希望借此捕捉到这个国家自然风光的精髓。

《沿密苏里河而下的皮毛商人》

19 世纪晚期绘画

浪漫主义与现实主义有什么区别?

尽管 19 世纪的现实主义与同时期的浪漫主义运动看上去不尽相同，但是它们有很长一段时期是并存的。浪漫主义是对启蒙运动的反抗，艺术家呈现的历史事件和时事通常比较理想化，而 19 世纪的现实主义艺术家则倾向于准确地呈现出人类所处的状态，表现出社会意识。现实主义和浪漫主义艺术家都提倡直接观察自然，但是现实主义者更强调对社会的观察，有时候也会创作一些政治或社会的讽刺作品。

什么是“为艺术而艺术”?

19 世纪期间，人们对艺术在社会中的角色和作用进行了一番争论。“为艺术而艺术”（art for art's sake）最早由法国哲学家维克多·库辛（Victor Cousins）提出，体现了唯美主义（Aestheticism）的原则。唯美主义的核心概念是：艺术的唯一目的就是表现美。有些批评家反对这一观点，比如卡尔·马克思就认为艺术是社会阶层的反映，能够带来政治变革。英国最重要的评论家约翰·拉斯金（John Ruskin）则相信，艺术具有政治和社会意义，因而它的意义比单纯的美影响更加深远。

什么是巴比松画派？

巴比松画派（Barbizon School）由一群法国艺术家组成，他们偏好户外写生风景画，而不是新古典主义的理想化风景。画派的名称来源于巴比松村，大部分创始艺术家都居住在这里。巴比松画派的艺术家有夏尔 - 弗朗索瓦·多比尼（Charles-François Daubigny）、让 - 弗朗索瓦·米勒、让 - 巴蒂斯特 - 卡米耶·柯罗（Jean-Baptiste-Camille Corot）等，他们倾向于现实主义风格，推崇近距离观察自然。与之前和之后的艺术家一样，他们在法国的乡村寻求“真理”。尽管巴比松画派艺术家松懈的笔触和笔下柔软的形状有时会遭到批评，但是他们的影响一直持续到了 19 世纪的法国现实主义和印象主义绘画。

19 世纪艺术发生了怎样的变化？

19 世纪期间，工业革命使整个世界经历了大规模的社会动荡。《资本论》（1848）的作者、德国哲学家弗里德里希·恩格斯（Friedrich Engels，1820—1895）和卡尔·马克思（Karl Marx，1818—1883）认为，工人阶级（无产阶级）很快将开始反抗资产阶级。马克思对艺术家尤其感兴趣，认为作为无产阶级的一员，他们的工作（艺术）被上层阶级消费和利用，但工厂产品的出现，赋予了手工制品和传统手工艺新的价值。其他重要的思想家也影响了 19 世纪人们对于艺术的看法，比如创立了精神分析学的奥地利精神分析学家西格蒙德·弗洛伊德（Sigmund Freud，1856—1923）就为很多艺术家和作家提供了灵感。

19 世纪时，报业逐渐兴起，艺术评论家的重要性随之大幅提升。在判断艺术品的价值时，评论家的看法得到更多的重视。之前的几个世纪（尤其是文艺复兴时期），由皇室或教会为艺术创作提供资助，但到了 19 世纪，博物馆和画廊却成为运作艺术品重要的公共和商业机构。19 世纪中叶，浪漫主义逐渐退出舞台，现实主义在欧洲越来越流行。到了世纪末，从现实主义和（在某些情况下）心理学概念发展而来的印象派和后印象派的作品令人们瞠目结舌。

什么是《拾穗者》?

巨幅油画《拾穗者》(*The Gleaners*，1857)描绘了法国的劳动人民，属于浪漫主义到现实主义过渡期的典型作品，其作者为巴比松画派艺术家让 - 弗朗索瓦·米勒(Jean-François Millet，1814—1875)。《拾穗者》尺幅较大，笔触模糊、柔和，表达了工业革命时期的人们对乡村生活的怀念。“拾穗”是指住在农村的人们从地上捡起农场工人收获后丢下的麦穗，这是一项艰苦的体力活，而且收获也常常十分微薄。画中的农民妇女脸模糊不清，说明她们只是代表一个符号，而不是某些特定的个人，而且，通过柔和的光线和高大的人物形象，绘画也唤起了人们对农村穷苦人民的同情。艺术家还将穷人与富人同时放在画面之中，形成对比——背景中，富裕的农场工人开着昂贵的机器，高效率地收割着庄稼。看过这幅作品之后，一些评论家认为，米勒对 1848 年的革命抱有同情心理，尽管他本人拒绝承认，但是仍然引起了一定的争议。

《拾穗者》

谁是古斯塔夫·库尔贝?

与米勒不同，古斯塔夫·库尔贝(Gustave Courbet，1819—1877)公开承认了他受到 1848 年法国革命的影响，以激进的社会观念和对家乡奥尔南(接近法国与瑞士的边界)的忠诚而闻名。库尔贝不但认为艺术家只能表现出他们的个人经历，还拒绝接受传统学院派对于绘画的观点。在米勒开始描绘穷困的乡村之前，库尔贝就创作了《碎石工》(*The Stone Breakers*，1849)，类似地表现了两个劳动者沿着路边敲碎大石块的场景——也是非常费力的工作。画面含有一定的浪漫主义元素，表达了对简朴乡村生活的怀念，而且与《拾穗者》一样，劳动者的脸也模糊不清。有些批评家认为，这是一幅讽刺画，将繁重的体力劳动与工业革命的机械过程并置于画面中。作为一幅主题为工人的油画，它的尺寸非常大，长度近 2.7 米、高度 1.5 米。《奥尔南的葬礼》(*A*

Burial at Ornans，1849）尺幅更加夸张，超过 6 米长，描绘的是一场乡村葬礼。穷人的葬礼平淡无奇，却用如此大幅的作品来表现，让这幅作品受到了广泛的批评，但是，这恰恰是库尔贝想要的效果。规模宏大的画面使得普通的工人阶级和乡村生活也有了尊严和高贵感。

奥诺雷 · 杜米埃为什么被捕?

奥诺雷 · 杜米埃（Honoré Daumier，1808—1879）是一位著名的石版画家，他的漫画经常出现在巴黎的报纸上，而他的现实主义作品则注重表现城镇的穷人，经常批评法国政府甚至是法国国王路易 · 菲利普，结果还招致了牢狱之灾。1831 年发表在漫画杂志《讽刺画》（*La Caricature*）上的石版画《巨人高康大》（*Gargantua*）将国王描绘成法国文艺复兴时期作家拉伯雷（Rabelais）作品中的怪诞角色“高康大”。画中的国王体型庞大、臃肿，长着一双细腿和一个尖尖的脑袋。他坐在宝座上，而穷苦的法国臣民们则带着一篮篮沉重的贡品，在坡道上排着队走向国王张开的大嘴。贵族们如同食腐动物一样，聚在坡道下方，等着接住落下的硬币，画面最右侧则坐着一个营养不良的贫穷女人，正试图喂她的孩子。把国王画成这样的负面形象，导致杜米埃被罚款 500 法郎，还在监狱里被关了六个月，罪名是煽动群众蔑视政府以及侮辱国王本人。但这次惩罚并未阻碍艺术家继续创作激进的石版画，在《言论自由》（*Freedom of the Press*，1834）中，杜米埃还咄咄逼人地批评政府审查言论。奥诺雷 · 杜米埃的作品体现了艺术作为社会评论载体的角色，也表现出了图像和文字的力量。

什么是俄国现实主义运动?

同法国一样，19 世纪的俄国艺术家也对艺术学院的传统艺术手法提出了批判。为了表示抗议，13 名学生从学院退学，形成了一个艺术群体，后被命名为“巡回展览画派”（*Peredvizhniki*）或“流浪者”（The Wanderers）。巡回展览画派艺术家倾向于创作具有强烈社会意识的作品，并提倡俄国工人和农民阶级的价值观。常见的俄国现实主义艺术题材包括农民、风景和俄国牧师。该群体在旅行中创作，喜欢到那些通常无人去过圣彼得堡沙龙或画廊的乡村和城镇，创作出非常独特、易于理解、真实可感的作品。“流浪者”艺术家包括伊利亚 · 列宾（Ilya Repin，1844—1930）、瓦西里 · 彼罗夫（Vasily

Perov，1834—1882）、尼古拉·戈（Nikolai Ge，1831—1894）、伊凡·克拉姆斯科伊（Ivan Kramskoi，1837—1887）等。

什么是拉斐尔前派?

拉斐尔前派（Pre-Raphaelites），又称前拉斐尔派兄弟会（Pre-Raphaelite Brotherhood），是一个由但丁·加布里埃尔·罗塞蒂（Dante Gabriel Rossetti）领导的艺术群体，其前身是1848年于英格兰皇家艺术学院创立的秘密学生群体，其成员拒绝维多利亚时期的物质主义，也不接受学院的教学。参加前拉斐尔派兄弟会的人还包括威廉·霍尔曼·亨特（William Holman Hunt）和约翰·埃弗里特·米莱斯（John Everett Millais），他们认为19世纪的学院作品看上去虚假而颓废，更喜欢文艺复兴大师作品的简朴与真诚，如弗拉·安基利科和扬·凡·艾克。拉斐尔前派艺术家还认可这些艺术家作品的说教性和宗教主题。前拉斐尔派绘画作品有亨特的《良心的觉醒》（*The Awakening Conscience*，1853—1854）、米莱斯的《基督在木匠店里（基督在父母家里）》[*Christ in the Carpenter Shop*（*Christ in the House of His Parents*），1849—1850] 以及罗塞蒂的《少女时代》（*The Girlhood of*

《基督在木匠店里（基督在父母家里）》

Mary Virgin，1849）。拉斐尔前派艺术家获得了英国艺术评论家约翰·拉斯金的支持，而且有时也会被当作浪漫主义艺术家，之后还影响了美学运动（the Aesthetic Movement）、象征主义和新艺术运动。

什么是《格罗斯医生的临床课》？

《格罗斯医生的临床课》

《格罗斯医生的临床课》（*The Gross Clinic*）是一幅1875年的现实主义绘画，作者是美国画家托马斯·埃金斯（Thomas Eakins），描绘了塞缪尔·大卫·格罗斯在一群医学院学生面前做腿部手术的场景。这个主题让传统艺术评论家们十分惊讶，1876年的费城百年展览（Philadelphia Centennial）甚至拒绝这幅画参展。画面使用了明暗对比法，暗处与光亮处的对比非常明显，令人想起巴洛克时期的绘画。强光照亮了格罗斯医生的额头和拿着手术刀、沾满血的手，凸显了他头脑的智慧和双手的灵巧与熟练。病人的腿被切开，露出皮肤下面的肌肉，导致观众之中的病人母亲忍不住向后缩，并捂住了脸。《格罗斯医生的临床课》体现了埃金斯对于现实主义的执着，也是一幅重要的19世纪美国绘画。

谁是温斯洛·霍默？

温斯洛·霍默（Winslow Homer，1836—1910）是一位美国画家，在内战期间曾做过杂志插图画家和战地记者，以描绘休闲活动和户外场景见长，而且和托马斯·埃金斯一样，推崇现实主义，尽管他的作品充盈着对工业革命前简朴生活的怀旧情感。霍默的作品《老鹰捉小鸡》（*Snap the Whip*，1872）把传统的儿童游戏变成严肃而宏大的主题，描绘了一座只有一个房间的学校，画中的孩子们光着脚、穿着简单的乡村服装。这幅欢乐的田园场景，与内战带来的苦痛、战争结束和工业革命时期带来的变化形成了鲜明的对比。

谁是亨利 · 奥赛瓦 · 丹拿？

亨利 · 奥赛瓦 · 丹拿（Henry Ossawa Tanner，1859—1937）是 19 世纪最成功和首位在国际上出名的美籍非洲裔艺术家。他在宾夕法尼亚美术学院跟随托马斯 · 埃金斯学习，后移居巴黎，在那里度过了大部分职业生涯。人们认为丹拿是现实主义画家，例如他的《天使报喜》（*The Annunciation*，1898）属于常见的圣经题材，但是丹拿却将现实主义的细节融入了圣母玛丽亚与天使加百利会面的背景之中，这些细节包括服装风格、室内装饰等，灵感都来自他在中东的旅行。丹拿最著名的作品《班卓琴课》（*The Banjo Lesson*，1893）描绘了一位老年黑人教小男孩演奏班卓琴的场景，通过绘画强调了对该场景的尊重，而这个时期类似的画面常常会显得滑稽可笑或者带有某种偏见。与法国现实主义画家米勒和库尔贝一样，丹拿的作品表现出一种社会意识和庄重感。他晚期的作品主要以宗教为主题，倾向于绘制圣经题材，借此反映 19 世纪非洲裔美国人的努力与挣扎。

谁是马奈？

很多人认为，爱德华 · 马奈（Eduoard Manet，1832—1883）是第一位现代画家，在现实主义和印象派之间建立了一座桥梁，其作品更是预示了 20 世纪的绘画风格和手法。马奈在艺术史方面知识渊博，而且极具反叛性，提倡艺术应该“真诚”而非完美。与同时代其他一流艺术家的上千幅绘画一样，马奈的作品也被美术宫的官方艺术展览——“沙龙”（the Salon）排除在外。但是，马奈得到了在“被拒者的沙龙”（*Salon des Refusés*）中一鸣惊人的机会，他的作品《草地上的午餐》（*Le Déjeuner sur l'Herbe*，1863）和《奥林匹亚》（*Olympia*，1865）震动了评论界。尽管从文艺复兴大师们的作品中汲取了很多灵感，但他的主要题材仍然是现代生活，比如咖啡馆、巴黎城内的休闲生活场景，以及战争绘画和受到同时代文学影响的石版画。马奈的绘画在他生前从未得到广泛认可，但后来却成为艺术史上最受欣赏也最有价值的艺术品。如今，马奈已被认为是现代艺术的鼻祖之一。

为什么马奈的作品令人如此震惊?

马奈的《草地上的午餐》(1863)是艺术史上非常重要的作品，与16世纪威尼斯文艺复兴绘画《田园合奏》有着明显的联系，后者也描绘了一场吟游诗人与半裸的女人们的乡村聚会。对19世纪的观众而言，艺术中的裸体并不鲜见，但是画中衣着光鲜的男人与中央全裸的女人产生的对比以及女人望向画面外的自信目光，却令观众们震惊不已。人们认为，她和背景中的半裸浴女都是妓女。《草地上的午餐》不属于新古典主义作品，而是一幅同时代人物肖像，大胆地描绘了不道德的行为。

马奈的《奥林匹亚》(1863)也同样模仿了文艺复兴前辈提香的作品《乌尔比诺的维纳斯》，只不过他画的并不是一位端庄地斜倚在床上的裸女，而是一位挑衅地直视观者的裸体女人，毫不避讳展示自己的身体。提香的作品中，一只小狗(忠诚的象征)蜷缩在床脚熟睡，而马奈的作品则画上了一只黄色眼睛的黑猫，脊背弯成了弓形。尽管这两幅画视觉冲击力很强，但是有些人却对其称赞不已，其中就包括爱弥尔·左拉(Emile Zola)。左拉认为，它们通过现实主义表现出了最真实的情形，而且还挑战了传统绘画模式，所以可以算是两幅杰作。

惠斯勒为什么上了法庭?

詹姆斯·阿博特·麦克尼尔·惠斯勒(James Abbott McNeill Whistler，1834—1903)最有名的作品是一幅母亲坐摇椅的肖像画，但是他在19世纪后半叶的作品却是以越来越抽象而著称的。惠斯勒是美国人，不过移居英国后，他再未回到美国，而是在伦敦度过了大部分职业生涯。早期受到了美学主义影响的惠斯勒，绘制了很多成功的肖像作品，但是他对艺术作为视觉音乐的想法更感兴趣。他甚至把1862年绘制的穿白裙子的小女孩肖像命名为《白色交响乐1号》(*Symphony in White No.1*)，以强调作品的音乐性。在1893年的自传《树敌的优雅艺术》(*The Gentle Art of Making Enemies*)中，他写道："正如音乐是声音的诗篇，绘画也是视觉的诗篇，其主旨与声音或色彩的和谐无关。"

1875年，惠斯勒几乎完全抽象的绘画《黑色与金色的夜曲》[*Nocturne in Black and Gold*，又称《坠落的烟火》(*The Falling Rocket*)]令世人惊讶不已。人们指责惠斯勒的作品没有明确主题，而且见过作品的人认为它像没有完成一样。看到这幅画后，英国最著名的艺术评论家约翰·拉斯金表示很愤怒，指责艺术家画出如此抽象的作品，就如同把油彩泼到公众的脸上。惠斯勒以诽谤罪起诉了拉斯金，结果发现自己尽管站在法庭上证人的一方，却不得不回答关于自己作品艺术意图的问题。当问及绘画主题时，惠斯勒解释道，他想创作一幅艺术的构图，并“表现克雷蒙城镇上空的烟火”，而并不想画出真实的城市，他还说自己支持“为艺术而艺术”的美学主义概念。惠斯勒胜诉了，但是只获得了四分之一便士的赔偿金，反映了当时人们对他的作品普遍持否定态度。这件事也说明了艺术家和评论家曾经多么激烈地争辩过抽象艺术作品的价值。

《坠落的烟火》

早期摄影

谁发明了摄影?

摄影就是通过化学手段记录光线、形成图像的过程。它并不是一个人的发明，摄影的概念已经存在了几千年之久，人们一直在使用针孔照相机（camera obscura）——一个小黑箱子，侧面有一个透光的小孔，外部的光线射进来后，映出盒子外面的图像，然后用镜子将其反射到一个平面上，或者投射到一面墙上。一间黑暗的房间甚至也可以被改造成大型针孔照相机。学者们认为，艺术家曾用针孔照相机来观察某个场景中的小细节，比如约翰内斯·维米尔（Johannes Vermeer）和其他 18 世纪艺术家，有可能用了类似的设备，才画出细节精确清晰的作品。不过，不能永久保存针孔照相机拍摄到的影像，一直是让艺术家感到困扰的地方。第一个成功做到这一点的人，是画家路易 - 雅克 - 曼德·达盖尔。

什么是达盖尔银版法?

达盖尔银版照片（daguerreotype）是最早的摄影形式，由法国画家路易 - 雅克 - 曼德·达盖尔（Louis-Jacques-Mandé Daguerre，1787—1851）发明。18 世纪 30 年代，涅普斯（J.N. Niepce）曾试验过碘熏法，其他人也曾尝试加入一些光敏化学物质，来制作高质量的图像。后来，达盖尔用涂有碘化银的铜板和含汞烟气制作了单张固定的图像。这一发明在法国引起了很大反响，很大程度上改变了记录历史的方法，用达盖尔银版法制作肖像开始流行起来。到 19 世纪后半叶，摄影技术进一步发展，可以为一张照片印制多个版本，逐渐取代了达盖尔银版法。

谁是纳达尔?

“纳达尔”（Nadar）是法国摄影师戈斯帕德 - 菲利克斯·图尔纳雄（Gaspard-Félix Tournachon，1820—1910）的昵称，他对摄影的艺术价值和商业潜力有着浓厚的兴趣，尤其热衷于发掘摄影在现实主义创作方面的巨大潜力。为了捕捉到巴黎这个城市的各种细节，他甚至在热气球的篮筐里安装了一个流动暗房，常常在巴黎上空飞来飞去，进行“航拍”。法国石版画家奥诺雷·杜米埃曾经发表了一张石版画《纳达尔将摄影提升到艺术的高度》（*Nadar Elevating Photography to the Height of Art*，1862），描绘了纳达尔在热气球里工作的情景，他的脸紧贴着照相机的镜头，大礼帽被风吹得飘在空中。这幅画说明纳达尔对摄影在美术中的地位有很高的期望。除了城市摄影作品外，纳达尔还为很多法国社会名流拍摄了肖像，包括诗人夏尔·波德莱尔（Charles Baudelaire）、作家大仲马（Alexandre Dumas），还有当时最有名的女演员之一莎拉·伯恩哈特（Sarah Bernhardt）。

有哪些早期的重要摄影师?

- 纳达尔（1820—1910）：戈斯帕德 - 菲利克斯·图尔纳雄，又称“纳达尔”，是一位雄心勃勃的法国摄影师，擅长拍摄肖像和巴黎城市的航拍照片，并将摄影变成了一种美术形式。

•朱丽亚、玛格丽特、卡梅伦（Julia Margaret Cameron，1815—1879）：卡梅伦直到50岁才开始创作。她的肖像摄影笼罩着柔光，抓住了拍摄对象的精髓。她的目标是“使摄影走进高贵的殿堂，通过融合真实与理想，并在保留全部真理的前提下，尽可能地展现美与诗意，使它具有高雅艺术的特征和用途”。

•奥斯卡、雷兰德（Oscar Rejlander，1823—1896）：瑞典艺术家雷兰德率先利用照片来创作绘画，他在合成照片和合成印刷方面进行了很多技术创新，而且对肖像和有寓意的场景很感兴趣。

•马修、布雷迪（Mathew Brady，1823—1896）：美国著名肖像摄影师和记者，知名作品包括亚伯拉罕、林肯总统和美国内战时期南部同盟的罗伯特、李将军的肖像照。布雷迪组织了一队包括蒂莫西、奥沙利文（Timothy O'Sullivan）在内的摄影师，记录下了美国内战的恐怖场景。

•雅各布、里斯（Jacob A. Riis，1849—1914）：丹麦裔美国社会活动家、摄影师里斯用照片记录了纽约穷困人民的窘迫生活，例如《泽西街上一个拾破烂的意大利人的家》（*Home of the Italian Rag Picker, Jersey Street*，约1888—1889）。他在镁光灯的使用方面进行了创新。

•埃德沃德、迈布里奇（Eadweard Muybridge，1830—1904）：迈布里奇是一位生于英国的摄影师，主要在美国工作。他改进了相机快门的结构，使高速摄影和影片成为可能。他很可能为托马斯、爱迪生发明电影摄影机提供了灵感。他的《奔马》（*Galloping Horse*，1878）拍摄了12张赛马奔跑过程中的照片，改变了艺术家描绘马的奔跑动作的方式。

《泽西街上一个拾破烂的意大利人的家》

为什么 19 世纪的人们认为摄影不是艺术？

在艺术史上，画家和其他艺术家一直在考虑如何通过光线捕捉图像或以光成像为基础创作作品。19 世纪中期，摄影发展起来后，记者和科学家也常用摄影来记录周围的世界，他们的目的不一定与美或美学有关。于是，人们对于摄影是否属于艺术展开了争论，尊崇传统的艺术家争辩道，摄影师不需要亲自用双手创造图像，所以摄影是一个自动的过程，而不是艺术创造的过程。1855 年，国际博览会接受并向观众展出了摄影作品。然而，这些作品并未进入巴黎美术宫，而是放在了另一座建筑里，与科技和工业展品一起展出。不过，虽然戈斯帕德－菲利克斯·图尔纳雄（纳达尔）、朱丽亚·玛格丽特·卡梅伦和奥斯卡·雷兰德等几位早期摄影师将摄影提升到了“美术”的高度，但从某种程度上讲，关于摄影的客观性与真实性的争论一直持续至今。

日本艺术

什么是浮世绘？

日语中“浮世绘”（*ukiyo-e*）是一个佛教用语，字面意思就是“漂浮的世界之图画”，后用于描述日本江户时代（1603—1868）至 20 世纪期间盛行的一种木版画或绘画风格。江户时代的木版画色彩独特，重视风景的作用，通过舞蹈、剧院、艺伎和城市街景集中展现了中产阶级市民生活，对法国印象派画家有重要影响。浮世绘木版画用色十分精致，采用天然颜料，画中图案有细勾边，而且其价格低廉，所以在 18—19 世纪期间尤其流行，买家通常是大城市（例如 18 世纪时被称为江户的东京）的商店店主和街边小贩。制作木版画时，通常需要三位艺术家分工作业：一位画家、一位雕刻师以及一位印刷工匠。画家先画出原始图画，然后雕刻师按图案在一块木板（通常是樱桃木）上雕刻出轮廓线，刷涂黑色墨水，按在纹理细致的纸面上。雕刻师还会按照图案再刻几块木板，每块用来印制一种不同的颜色。这说明印制一张版画需要用很多块木板，有时甚至达二十块之多！尽管艺术家们在作品中会隐含一些佛教概念（实体存在稍纵即逝），但是浮世绘木版画主要描绘的还是非宗教的物质世界。

谁是铃木春信?

铃木春信（1724—1770）是一位江户时期极具创新意识的版画家，率先创作了多色印刷版画。他创作的印有美丽艺伎和妓女图案的锦绘（nishiki-e）十分有名，其中《歌舞伎饰芦叶达摩》（*Geisha as a Daruma Crossing the Sea*，18 世纪中期）描绘了一位身披红色斗篷的优雅女人望向空中的情景，她身后不远的芦草似乎还被风吹得沙沙作响。这幅版画体现了铃木对于颜色的掌控力，而且可以看出，当时艺伎绘画风靡一时。戏剧也是常见的浮世绘主题，画中的女人饰演的是传说中的达摩。江户时期，风格化的歌舞伎戏剧非常流行，很多类似作品描绘了舞台上最受观众欢迎的演员和角色。铃木春信是商业上最成功的江户（东京）艺术家，他的多色印刷版画使浮世绘绘画风格广为流传。

葛饰北斋与歌川广重的作品有什么不同?

葛饰北斋（1760—1849）和歌川广重（1797—1858）是 19 世纪日本两位最成功的风景画家，他们的版画无疑是世界上辨识度最高的平面艺术品之一。两位艺术家在浮世绘中都探讨了转瞬即逝的物质世界。葛饰北斋的《富岳三十六景》尤其著名，其中《神奈川冲浪里》中，巨大的海浪顶着风格化的白沫，正要砸落在狭长的小船上，船上坐着一群船员，弧形的小船与海浪的形态相互呼应。远处背景是白雪覆盖的富士山，坐落在画面的地平线上，白色的山顶看上去很像海浪顶端的白沫，使得这座令人望而生畏的火山仿佛与海浪一样，会转瞬即逝。制作《神奈川冲浪里》时，葛饰北斋使用了来自欧洲的普鲁士蓝颜料。作品还体现了江户时代日本艺术的简洁与活力。

与葛饰北斋一样，歌川广重也是江户时代的风景画大师。他的部分版画作品中也出现了富士山，例如《骏河萨夕之海上》（1859）有一个与葛饰北斋所画类似的巨浪。歌川广重比葛饰北斋小近 40 岁，在很大程度上受到了这位年长艺术家的影响。他最有名的作品是版画系列《名所江户百景》（1856—1859），由他的学生二代广重最终完成。他经常会依赖对透视法的理解，在版画中表现景深，而且他的风格对荷兰画家文森特·梵高还产生了很大影响，

《神奈川冲浪里》

1887 年，梵高根据《大桥骤雨》创作了一幅油画。歌川广重的街景版画如《猿若町夜景》（1856）等也为奥古斯特·雷诺阿和卡米耶·毕沙罗等印象派画家提供了灵感。当时，经过了几个世纪的与世隔绝，日本刚刚打开国门，而歌川广重的作品便用浮世绘的传统方式记录了 19 世纪期间发生的变化。

明治时代日本艺术发生了怎样的变化?

明治时代是指 1868—1912 年。这段时间里，油画在日本流行了起来，日本艺术家开始接触西方艺术风格。江户时代流行的艺伎等题材在明治时代仍然十分普遍。例如，1872 年，高桥由一（1828—1894）绘制了《花魁》（*Orian*），这幅西方风格的肖像油画中融入了浮世绘的图案和色彩。高桥由一把被画者颜色鲜艳的服装分隔成了抽象的色块和纹理块，这种技法源于传统日本绘画。明治时期，西方艺术风格极受欢迎，以至于有些艺术家担心日本会失去其独特的绘画风格。传统艺术家如横山大观（1853—1908）等希望给日本绘画风格注入新的生机，不但将一些西方技法应用到绘画中去，还强调这些作品的日本特色，最终开创了一种新的风格“日本画”（*nihonga*）。

印象派

什么是印象派?

印象派是一种 19 世纪后半叶起源于法国的艺术风格。印象派绘画看上去像未完成的作品，主要展现休闲的咖啡馆场景、风景、城市以及风俗场景。与现实主义艺术家一样，印象派画家也想表现我们所见的现实，但是他们对人造光和自然光的性质尤其感兴趣，例如，克劳德·莫奈研究了太阳在空中移动时周围环境的色彩变化；古斯塔夫·卡耶博特和卡米耶·毕沙罗则对雨很着迷，都创作过雨中的自然光和煤气灯光倒映在巴黎街道积水中的绘画。大部分印象派画家来自法国的中上层阶级，但是，由于他们的作品刚开始并不受欢迎，所以他们通常生活在巴黎较为穷困的街区，经常在蒙马特区的格波瓦咖啡馆（Café Guerbois）聚会。休闲的咖啡馆场景在印象派绘画中如此常见，与印象派画家的生活方式有关。

艺术评论家和公众很难接受印象派绘画，巴黎美术宫（Palais de Beaux Arts）的展览总是拒绝展出这些作品。于是，1874—1886 年期间，印象派艺术家们自己举办了展览，他们的作品对后来的现代艺术有极大影响。如今，印象派仍然是最受欢迎的绘画和雕塑风格之一，博物馆和画廊举办的印象派艺术展吸引了成千上万来自世界各地的参观者。

哪些印象派画家最具影响力?

印象派核心成员之间关系十分紧密，生活在法国，有些甚至是亲戚。例如，艺术家贝尔特·莫里索嫁给了马奈的弟弟（严格来说，马奈不能算是印象派画家，虽然他对印象派画家有极大影响）。如下列出了几位公认的重要印象派画家：

•克劳德·莫奈（Claude Monet，1840—1926）——莫奈喜欢进行户外写生，他的风景画十分著名，尤其是睡莲和干草堆系列。他还画了三十多张弥漫着烟雾的火车站和鲁昂主教座堂（Rouen Cathedral）正面。“印象派”

一词即来源于艺术评论家路易斯、勒罗伊（Louis Leroy）对他的作品《印象、日出》（*Impression, Sunrise*，1872）的描述。

•埃德加、德加（Edgar Degas，1834—1917）——德加既是画家，也是版画家和雕塑家，与其他印象派艺术家不同，他并不喜欢户外写生，而是更喜欢研究人造光的效果，常常在工作室里创作。著名作品有芭蕾舞者系列绘画、《苦艾酒》（*L'Absinthe*，1876），以及在纽约大都会博物馆展出的雕塑《十四岁的芭蕾舞者》（*Little Dancer of Fourteen Years*）。

•贝尔特、莫里索（Berthe Morisot，1841—1895）——莫里索的作品以风景画和室内场景为主，强调女性的生活体验。她常常在沙龙里展示作品，与欧仁、马奈（Eugène Manet）结婚后仍然在创作作品，这在当时比较少见。莫里索与她丈夫的哥哥爱德华、马奈在绘画方面关系较为密切，两人互相影响的痕迹在作品中十分明显。她的代表作有《摇篮》（*The Cradle*，1872）和《夏日》（*Summer's Day*，1879）。

•奥古斯特、雷诺阿（Auguste Renoir，1841—1919）——雷诺阿是莫奈的好朋友，作品中常常出现斑驳的阳光和城市街景，例如《煎饼磨坊的舞会》（*Moulin de la Galette*，1876）描绘了身着各色服装的舞者在巴黎蒙马特区的一个户外舞场跳舞的场景。他的画作通常十分优美、令人愉悦，呈现了19世纪法国上流社会生活的概貌。

•卡米耶、毕沙罗（Camille Pissarro，1830—1903）——毕沙罗是一位极具创新意识的艺术家，偏好户外写生，灵感常常来源于乡下和农村的生活，大部分作品描绘了农耕场景。毕沙罗喜欢在画布上涂抹厚重的颜料，虽然艺术评论家并不是很欣赏这样的作品，但它们却深刻地影响了后面的一代后印象派艺术家。毕沙罗的重要作品有《巴黎歌剧院大街》（*Avenue de l'Opera, Paris*，1898）以及多幅蓬图瓦兹城镇风景画。

毕沙罗《巴黎歌剧院大街》

•玛丽、卡萨特（Mary

Cassatt，1844—1926）——卡萨特出生于美国宾夕法尼亚州，但是职业生涯中大部分时间在法国度过。她是德加的朋友，而且也通常在工作室里创作作品。她是印象派的重要拥护者，而且和莫里索一样，也以室内场景和母子关系为主要题材。她的作品一直极受欢迎，著名作品有《划船》（*The Boating Party*，1893—1894）、《茶》（*Tea*，1880）和《洗浴的孩童》（*The Child's Bath*，1893）。1904 年，她获得了法国荣誉军团勋章。

马奈和莫奈有什么不同之处？

爱德华·马奈和克劳德·莫奈都是 19 世纪的法国画家，都与印象派有关，他们的名字还恰好很相似，因此经常被混为一谈。马奈并不认为自己是印象派画家，他的大部分作品更偏向现实主义，画面上常有明亮的色块，而且，他的绘画表面更平整，通常是表现中产阶级的风俗画或者以女人为题材的作品。

相比之下，莫奈的笔触更短促，画面整体有碎片感。例如，在《印象·日出》（*Impression, Sunrise*，1873）中，莫奈用凸凹不平的橙色油彩来表现太阳在有波浪的水面上的倒影。莫奈的作品中更少出现人物，他最有名的作品是一些草木繁茂的风景画，画中常常有反光的水面和四处散落的光点。

为什么莫奈画了这么多次鲁昂主教座堂？

莫奈着迷于视觉现实主义，他给鲁昂主教座堂的正面画了三十多幅画，探索不断变化的光线和人眼对于光线的感知。想象一下，站在明亮的街道一侧，眯起眼睛来，努力看清对面的建筑，这就是莫奈眼中鲁昂主教座堂的效果。教堂正面布满壁龛和不同纹理的表面装饰，正好是进行光线试验最完美的对象。在强烈的阳光下，鲁昂主教座堂的细节都消失了，实体性也消解了。太阳一直在天空中移动，建筑所反射的光也一直在变化，莫奈想在作品中抓住某个瞬间的光线效果，这也是画面看上去十分粗糙的原因之一。他认可快速草稿的美学价值，但是仍然会在吉维尼（Giverny）的工作室里非常仔细地绘制这些作品，希望能够在一系列鲁昂主教座堂画中捕捉到光的特征。

布拉克蒙夫妇是谁？

费利克斯·布拉克蒙（Félix Bracquemond，1833—1914）与妻子玛丽（1840—1916）都是印象派艺术家，与德加、罗丹、马奈和惠斯勒属于同一个艺术圈。费利克斯以版画创作为主，擅长制作蚀刻铜版画，他向印象派艺术家推广了日本版画浮世绘，尤其是北斋的作品。玛丽·布拉克蒙是一位画家，她最开始设计的一些装饰瓷器，吸引了德加的注意。尽管艺术史文献中基本不会提及玛丽·布拉克蒙，但她其实是 19 世纪最优秀的女性艺术家之一，只是她的丈夫并没有给她的职业生涯提供足够的支持，而且她的作品数量无法和同时代的玛丽·卡萨特或贝尔特·莫里索相比。不过，她的作品曾经在 1874 年的巴黎沙龙和一些其他印象派展览中展出过。

芭蕾舞者为什么令德加着迷？

埃德加·德加所画的芭蕾舞者既没有情色意味，也没有体现心理学的概念。和其他印象派画家一样，德加对光很感兴趣，而这些芭蕾舞者为德加提供了很多试验光线效果的机会，因为她们通常会被人造聚光灯和其他舞台灯光照亮。在 1877 年的《舞者与花束》（*Dancer with a Bouquet, Bowing*）中，芭蕾舞演员的面孔如同一个面具，在舞台边缘明亮地灯的照射下，显得十分俗艳。除了光，德加还研究了人物的动作，而身体柔软的舞蹈演员也是绝佳的研究对象。在他的很多作品中，可以看到舞蹈演员们正在伸展四肢，为演出做准备，比如 1879 年的粉彩画《等待出场》（*Awaiting the Cue*）。仔细观察这些舞者之后，德加画出了令人惊讶的人体角度和姿势。这些作品通常以某个角度构图，画面如同经过裁剪，将戏剧性的光与动作置于前景之中，也体现了日本版画的影响。

《舞者与花束》

摄影如何影响印象派绘画？

随着摄影的发展，19 世纪的画家很难不接触到这个新媒介。现实主义者试图准确表现出我们所见的世界，但是现在，只需闪光灯一闪，摄影师就可以做到这一点。画家会如何应对呢？ 19 世纪的艺术家仍然关注现实主义，只是关注点有所转移。由于相机的出现，19 世纪后半叶，艺术家们开始进行视觉现实主义（optical realism）的试验，用全新的方式来表现动作。在马奈的绘画《女神游乐厅的吧台》（*Bar at the Folies-Bergre*，1881—1882）中，房间里的舞者模糊不清，和照片记录的效果一样，说明他们都在动。摄影还可以捕捉到“生活的片段”，德加的《苦艾酒》（1876）也做到了这一点。他的画面横切过一个有角的咖啡桌，还切断了一位正在抽雪茄的客人的手肘。那时，艺术家们已经开始怀疑学院艺术传统的价值，此时摄影的发展恰好促进了 19 世纪的艺术家们对不同技法和题材的试验，增强了对“至高无上”的古典主义美学的质疑。

《女神游乐厅的吧台》

约翰·辛格·萨金特是印象派艺术家吗？

不完全是。约翰·辛格·萨金特（John Singer Sargent，1856—1925）支持印象主义，曾涉足印象派运动。他虽然对光有浓厚兴趣，但是不会像印象派画家那样，让光消解作品中的所有形体。萨金特生于佛罗伦萨，父母是美国人，家境富裕，但是他的大部分职业生涯都是在为英国和法国的上层社会绘制肖像画中度过的。萨金特是一位非常成功的肖像画家，偏向现实主义风格。他生前和去世后，一直受到广泛的批评，他的艺术被指责过于浅薄。1929 年，艺术评论家罗杰·弗莱曾批评说，萨金特“是一个毫不起眼的插画家，与艺术根本不沾边”。但是，19 世纪 70 年代之后，他的名声却越来越好。

《X 夫人》

如今，学者们普遍认为萨金特在作品中突出戏剧性心理活动的能力[例如他的《爱德华·达里·博伊特的女儿》(*Daughters of Edward Darley Boit*, 1882)]与委拉斯开兹(《宫娥》)便有几分相似。他最著名的肖像画《X 夫人》(*Madame X*，1883—1884)曾因人物扭动的性感身姿引起了一则丑闻——这幅画在当时令人失望，但现在却备受称赞——因为画面中生动地描绘出了 X 夫人(即 Pierre Gautreau 夫人)如瓷般洁白细腻的肌肤与柔软的丝绒紧身黑裙。萨金特晚年在波士顿创作的作品大部分是水彩，肖像画越来越少。由于他不能算是印象派艺术家，所以人们现在将他定义为富有创新性、偶尔用一些印象派色彩的 19 世纪艺术家。

有“印象派雕塑”吗?

雕塑家奥古斯特·罗丹(Auguste Rodin，1840—1917)与印象派画家有共同的目标：在飞逝的时间中凝固一个瞬间，捕捉到人物的动态。罗丹的现实主义雕塑看起来较为粗糙，而且人物姿态也极富表现力，著名大理石和青铜雕塑《思想者》(*The Thinker*)就体现了这些特点。而他备受争议的雕塑《巴尔扎克像》(*Monument to Balzac*)中，同样可以看到一些印象派的影子。1891 年，法国文学家协会委托罗丹创作一尊雕塑，纪念法国文学大师奥诺雷·德·巴尔扎克(*Honoré de Balzac*)。罗丹用了七年多时间才完成这尊雕塑，意在体现巴尔扎克其人的精神、灵魂以及天才的伟大创造力。和印象派绘画一样，这尊雕塑也有一种未完成感，突出了雕塑表面的质感。1898 年，当罗丹展示雕塑的石膏模型时，遭到了严厉的批评，而青铜和大理石的雕塑直到他去世都没有完成。尽管一开始批评声音不断，但这尊雕塑和罗丹的其他作品却仍被认为是 19 世纪最具创新性的重要雕塑作品，而且人们还认为，正是罗丹预示了现代主义的产生。因此，他的作品既有印象派的特征，又开启了一个雕塑艺术的创新时代。

后印象派

什么是后印象派?

后印象派（Post-Impressionism）是一个棘手的艺术类别。这个词字面意思是“印象派之后”，但是有些艺术家既属于印象派，又属于后印象派，例如保罗·塞尚和乔治·修拉，而这种情况对于定义“后印象派”毫无帮助。大部分后印象派艺术家都经历了印象派这一阶段，而且有些人还被认为是“新印象派”，19 世纪艺术评论家费利克斯·费尼昂（Félix Fénéon）用“新印象派”来定义“点画法”（修拉发明的一种绘画风格）。总而言之，“后印象派”一般被用来描述 19 世纪末的艺术风格，这个流派反对印象派的自发性，作品通常颜色明亮，笔触明显。后印象派艺术家不像印象派艺术家那样热衷于消解作品中的形态，所以可根据物体轮廓是否清晰来区分。最重要的后印象派艺术家包括保罗·塞尚、文森特·梵高和保罗·高更，其他著名艺术家还有乔治·修拉、亨利·德·图卢兹 - 罗特列克等。

塞尚是如何“用一个苹果震惊巴黎”的?

保罗·塞尚（Paul Cézanne，1839—1906）是最重要的后印象派艺术家之一，对现代艺术影响深远。他的早期作品符合印象派的特征，甚至有一些浪漫主义的痕迹，但是随着艺术风格的逐渐成熟，塞尚开始强调形态而非叙事的重要性，也就是说，他更注重让作品有一种实体存在感，而不是讲述某个具体的故事。塞尚的静物画没有轮廓线，而是使用颜色来呈现形状，比如《静物苹果》（*Still Life with Apples*，约 1875—1876）。他有时甚至不用笔刷，而是直接用调色刀往画布上涂抹颜料。塞尚挑战了艺术的界限，他想给人们留下深刻的印象，用他的话说，就是“用一个苹果震惊巴黎”。《静物苹果》中的苹果是一种构图，正如惠斯勒的《黑色与金色的夜曲》中的潦草笔划一样。色彩鲜艳的苹果置于昏暗的背景之上，就有了独立的生命，仿佛在一个抽象的无重力空间里跳跃，吸引着观者的注意力。塞尚的苹果不只是水果，而是绘制出来的形体，可以将静物画变成一种用色彩而非题材所构建的图画。

什么是点画派?

点画派（Pointillism）是一种艺术风格，主要与乔治·修拉（Georges Seurat，1859—1891）的作品有关，他对色彩理论很感兴趣，进行了互补色实验。修拉研究过古典色彩理论和 19 世纪化学家米歇尔-欧仁·谢弗勒尔（Michel-Eugène Chevreul）的理论。在《对比色法则》（*The Laws of Contrast Color*，1824）中，谢弗勒尔解释道，两个相邻的颜色会反射出对方的互补色（即色轮对面的颜色）。依据书中人眼会进行混色的理论，修拉在他的视觉实验中，把纯色的点紧挨着画在一起。修拉把这种技法命名为“分割主义”（divisionism），但是艺术评论家们称之为“点画派”，后面的说法现在更常用些。修拉最有名的点画作品是《大碗岛上的星期日下午》（*A Sunday Afternoon on the Island of La Grande Jatte*，1884—1886），这幅大型绘画长度超过 3 米，由成千上万个独立的颜料点组成的，展现了巴黎的中产阶级在河边放松休闲的场景。衣着光鲜的男人、女人和小孩在草地各处走动，有些手拿阳伞，有些则躺在树荫下休息。由于使用了点画技法，这幅几乎是里程碑式的作品画面风格较为严肃，如果近距离仔细观察，可以清楚地看到每个独立的点。包括文森特·梵高在内的一批艺术家都试验过点画法，其他点画作品还有马克西米连·卢斯（Maximilien Luce）的《早晨，室内》（*Morning, Interior*，1890）和曾经历过点画派创作阶段的西奥·梵·里斯尔伯格（Theo van Rysselberghe）的《果园中的一家人》（*Family in the Orchard*，1890）。

谁是保罗·高更?

保罗·高更（Paul Gauguin，1848—1903）是最有名的法国后印象派艺术家之一，他生前一直郁郁不得志，如今却被认为是对 20 世纪早期现代艺术有重要影响的开拓者。他以创作绘画为主，也做雕塑、陶瓷和版画，有时还会写作。高更比较认同19世纪的符号主义运动，他的作品用色大胆而平面化，常常具有重要的象征意义。1891年，他曾表示想要抛弃堕落腐化的现代文明，于是逃往塔希提岛，在那里度过了人生余下的大部分时光。他的生活十分贫困，创作的作品以塔希提题材、象征符号和神话为主，绘画风格被认为是原始主义（primitivism）的前身。在离开法属波利尼西亚之前，高更的作品就体现了民俗艺术的影响。绘画《黄色基督》（*The Yellow Christ*，1889）呈现了耶稣在法国北部布列塔尼被钉上十字架的场景。当地的女人围在耶稣基督周围，跪在地上祈祷。画面中明亮、平面化的颜色令人想起中世纪的基督教绘画，凸显了祈祷的无形力量。他的后期作品有《艾芮欧的种子》（*Te aa no areois*，1892）、《两位塔希提妇女》（1899）、《永不复还》（*Nevermore*，1897）等，后面这幅画将埃德加·爱伦·坡的诗歌、传统女性裸体以及塔希提风情很好地融合在了一起。

《艾芮欧的种子》

什么是19世纪象征主义？

19世纪的象征主义运动最初以一场法国的文学运动为开端，象征主义艺术家和作家创作的灵感来源于梦境、神话、传说和心理学的新概念“无意识”，以西格蒙德·弗洛伊德和卡尔·荣格（Carl Jung）的理论为基础。斯特凡·马拉美（Stéphane Mallarmé）、夏尔·波德莱尔、保尔·魏尔伦（Paul Verlaine）等法国诗人力求用象征符号将作品提升至新的高度，超越物质现实的限制。法国艺术家居斯塔夫·莫罗（Gustave Moreau，1826—1898）和奥迪龙·雷东（Odilon Redon，1840—1916）接受了象征主义，

而挪威艺术家爱德华·蒙克（Edvard Munch，1863—1944）则可能是法国之外最有名的象征主义画家，他的《呐喊》（*The Scream*）如同一个充满浓烈情感的色彩漩涡，正如他在一篇日记中写到的那样，“我感受到了一声穿透自然的尖叫……我画了这幅作品，画了如血一般的云”。其他知名的象征主义者还有比利时艺术家詹姆斯·恩索尔（James Ensor）和美国艺术家阿尔伯特·平克汉·莱德（Albert Pinkham Ryder）。很多象征主义绘画都情绪阴郁、主题恐怖。

谁是亨利·卢梭？

亨利·卢梭（Henri Rousseau，1844—1910）的昵称是“海关官员”（*Le Douanier*），因为这就是他的职业。卢梭是一位业余画家，到了中年才开始创作。由于他没有受过学院训练，所以人们用“天真”来形容他的绘画风格。卢梭曾在巴黎的独立沙龙（*Salon des Indépendents*）展出过作品，并得到了许多颇有影响力的艺术家的关注，而这些艺术家也为他的艺术生涯发展提供了很多帮助。到了1858年，亨利·卢梭已经开始全职创作，他的绘画作品想象力丰富、细节生动，受到19世纪象征主义和心理学理论的影响，画中常常出现异国情调的场景和原始文化的主题。他最伟大的作品是《梦》（*The Dream*，1910），描绘了一个斜靠在沙发上的裸体女人。按理说，这属于艺术史上的传统题材，但奇特的是，画中的女人却被挪到了热带雨林中，树上还挂着野生的水果，而热带动物躲在树丛中，一个黑人正在吹奏类似长笛的乐器。由于画中的符号象征十分复杂，卢梭还为这幅作品写了首诗，试图做出一些解释。对于《梦》最普遍的解释是，画中的女人正在巴黎的沙发上睡觉，梦中的她来到雨林之中，与梦境融为一体，各种细节丰富的现实主义元素以令人意外的方式结合在一起，预示了超现实主义的到来。

谁是文森特·梵高？

荷兰艺术家文森特·梵高（Vincent van Gogh，1853—1890）的作品在他生前并未得到充分理解，而且他在37岁就因枪伤而英年早逝了——尽管人们并没有找到那把枪，但是他一直被认定是自杀而亡。梵高患有严重的抑郁症，曾在法国南部的精神病院住过一段时间。他还把自己的耳朵割了下来，并用《割耳后的自画像》（*Self Portrait with a Bandaged Ear*，1889）记录了这次举世闻名的惊人举动（但是有人对该故事持怀疑态度）。

尽管人们十分关注梵高一生饱受磨难的故事，但是真正不朽的却是他那令人惊叹的艺术才华。《星夜》（*The Starry Night*，1889）、《阿尔勒的卧室》（*Bedroom in Arles*，1888）、《向日葵》[*Still Life*（*Vase with Twelve Sunflowers*），1888]，还有多张富有表现力的自画像等作品，都是世界上最受追捧的艺术品。梵高的目标是创作人人都能接受的艺术品，而不仅仅是为那些可以买得起艺术品的富人作画。在巴黎，他看到了印象派绘画明亮的色彩，并被日本的浮世绘深深吸引。受到点画派的影响，梵高开始试验使用零碎的笔画，给作品注入生命力，并提高作品亮度，尝试通过富有表现力的颜色和形状传达强烈的情感。梵高的绘画具有近乎立体的表面质感，充满活力，属于当时新兴的表现主义风格。表现主义是一场现代主义运动，代表艺术家还有爱德华·蒙克以及后来的弗朗茨·马克、瓦西里·康定斯基、恩斯特·路德维希·基希纳。梵高真正的创作期只有十年，但是在这段时间里，他却创造出了西方艺术史上最具标志性的几个图像：一把空椅子、在阿尔勒的家里那个东倒西歪的房间、地平线上一棵高耸入云的黑色柏树及其波浪般的形状。

梵高的《罗讷河上的星夜》

谁是提奥·梵高?

提奥（Theo van Gogh，1857—1891）是文森特·梵高的弟弟，他在情感上和经济上为哥哥提供了很大支持，兄弟二人经常通信，提奥还介绍文森特认识了当时在巴黎的印象派画家。除了支持哥哥之外，提奥·梵高也是一位重要的艺术经销商，早年在布鲁塞尔工作，后来移居巴黎，在那里，他买了一些印象派艺术家（如克劳德·莫奈和卡米耶·毕沙罗）的作品，并为他们举办了展览。他还帮保罗·高更卖过作品，高更也是文森特的朋友。尽管提奥尝试在巴黎销售他哥哥的作品，但是并没有多少成效。文森特死后六个月时，提奥也去世了，享年33岁。

谁是亨利·德·图卢兹-罗特列克?

塞尚、高更和梵高等艺术家在尝试用作品表现一种全新的真实性时，抛弃了现实主义的三维空间，所以他们的作品看上去常常平面化，突出了鲜艳的颜色，淡化了纵深与空间。亨利·德·图卢兹-罗特列克（Henri de Toulouse-Lautrec，1864—1901）的绘画和海报也有这样的特点。图卢兹-罗特列克着迷于巴黎蒙马特区的波西米亚式生活，

《红磨坊》

很多印象派艺术家都曾在那里生活和工作，其中就包括对图卢兹-罗特列克有重要影响的埃德加·德加。由于童年的事故和疾病，图卢兹-罗特列克身体残疾，腿部发育不良，行动不便。不过，也许正因为如此，他才特别喜欢蒙马特的舞厅和夜店，很多雅致的绘画和海报作品都描绘了充满活力的舞者和咖啡厅聊天的客人们来回走动、度过愉快时光的场景。他的画作《红磨坊》（*At the Moulin Rouge*，1892—1895）描绘的是巴黎当时人气最旺的俱乐部之一“红磨坊”，画面最右侧画着一位绿脸舞者梅·弥尔顿（May Milton），令人想起德加所画的剧院中被很强的人造光照射的舞蹈演员。在历史上的某个时间，有

人把这位舞者从画面上剪掉了，可能是觉得她的容貌太奇怪，而且她在现实生活中有很多不检点的行为。但是后来，被剪掉的部分又被重新粘了回去。图卢兹 - 罗特列克海报上的人物均勾勒着清晰的轮廓线，色彩平面化，与日本的木版画有些相似。

什么是新艺术运动?

法语 Art Nouveau 意即“新艺术”，可以描述平面艺术、建筑、雕塑和设计，但是主要还是用于装饰艺术。新艺术运动是对 19 世纪后半叶欧洲工业化的反抗，19 世纪 90 年代兴起后，成为欧洲的主流艺术风格，并一直持续到 20 世纪初。认同新艺术美学的艺术家从自然中汲取灵感，创作的大部分作品都是线条图案且有花草纹装饰的。捷克艺术家阿尔方斯 · 慕夏（Alphonse Mucha，1860—1939）的作品就是很好的例子。1896 年，他为戏剧《茶花女》创作了平版印刷海报《莎拉 · 伯恩哈特》（*Sarah Bernhardt*），画中修长的线条与花朵纹饰和柔和、令人愉悦的颜色体现了女演员的优雅气质。其他参加了新艺术运动的艺术家还有古斯塔夫 · 克里姆特、亨利 · 凡 · 德 · 威尔德（Henry van de Velde，1863—1957）和奥博利 比亚兹莱（Aubrey Beardsley，1872—1898）。路易斯 · 康福特 · 蒂梵尼（Louis Comfort Tiffany，1848—1933）是新艺术运动时期的玻璃艺术家，苏格兰人查尔斯 · 雷尼 · 麦金托什（Charles Rennie Mackintosh，1868—1928）是英国最著名的新艺术设计师。西班牙建筑师安东尼 · 高迪（Antoni Gaudi，1852—1926）极富想象力的建筑设计是新艺术运动时期建筑的典范。

什么是克里姆特的“黄金装饰风格”？

奥地利艺术家古斯塔夫 · 克里姆特（Gustav Klimt，1862—1918）是所谓“维也纳分离派”（The Vienna Secession）的首任主席，参加该群体的艺术家偏好与新艺术运动类似、装饰性很强的艺术风格，与奥地利艺术学院的保守传统划清界限。克里姆特在很多作品上贴了金箔，其中最有名的《吻》（*The Kiss*，1907—1908）描绘了一对拥抱着的情侣，蕴含了脆弱而微妙的情感。这件作品装饰性很强，正好符合新艺术运动的美学风格，但是，华丽的装饰却掩盖了作品的复杂性。克里姆特的金色系列作品以及他留下的艺术遗产仍然是艺术评论家和艺术史学家们争论的焦点，人们对他在艺术史上的影响观点不一。但是在 2006 年，克里姆特的金银箔油画《阿黛尔·布洛赫 - 鲍尔肖像》（*Portrait of Adele Bloch-Bauer I*，1907）据称以 1.35 亿美元成交，成为（一段时间内）市场上曾卖出的最昂贵画作。

谁是卡米耶·克洛岱尔?

艺术家和雕塑家卡米耶·克洛岱尔（Camille Claudel，1864—1943）是罗丹的学生。她的私生活比较混乱，在罗丹的工作室待了一段时间之后，爱上了这位著名的雕塑家，一部 1988 年的法国电影讲述的便是这段故事。尽管她的生活总是与罗丹纠缠在一起，但她本人作为艺术家也声名卓著，而且成熟期的艺术风格非常具有独创性，与其他人无关。克洛岱尔曾在巴黎的秋季沙龙（Salon d'Automne）和独立沙龙展出作品。著名的作品有《华尔兹》（*The Waltz*，1892—1905）、《恳求》（*The Implorer*，1900）和《吹笛者》（*The Flute Player*，1904），其中《华尔兹》展现了一对身上裹着飘逸布料的半裸舞者。

建筑

什么是工艺美术运动?

工艺美术运动（The Arts and Crafts movement）从 1860 年延续至 1910 年，参与者是一群关系较为松散的艺术家、设计师、作家和建筑师，他们关注美学和社会学问题。该运动源起于英国，随后在美国发展，被称为美国工艺式风格（American Craftsman style），受到艺术评论家约翰·拉斯金的启发，工艺美术运动的支持者们相信，工业革命导致装饰艺术的质量严重下降，而且也是当时社会问题的根源之一。工艺美术运动领导者之一威廉·莫里斯（William Morris，1834—1896）也认为，人人都应该能够接触到美的艺术，装饰艺术应当被提升至与绘画和雕塑（传统上的美术）同等的地位。其他与工艺美术运动有关的艺术家有美国设计师和家具制造商古斯塔夫・史蒂克利（Gustav Stickley，1858—1942，以简洁的几何形设计著称），还有苏格兰设计师和建筑师查尔斯・雷尼・麦金托什（他也参与了新艺术运动）。工艺美术运动建筑师包括菲利普・韦伯（Philip Webb，1831—1913）、查尔斯・佛依谢（Charles Voysey，1857—1941）和弗兰克・劳埃德・赖特（1867—1959），其中，赖特还与"草原学派"（Prairie School）有关，该学派也是工艺美术运动在美国的一个分支，主要位于芝加哥地区。

什么是芝加哥学派?

"芝加哥学派"（Chicago School）是指19世纪末和20世纪初一群生活在芝加哥的建筑师和设计师，包括丹尼尔・伯汉（Daniel Burnham，1846—1912）、威廉・勒巴隆・詹尼（William Le Baron Jenney，1832—1907）和路易斯・沙利文（Louis Sullivan，1856—1924）。芝加哥学派最伟大的工程创新是钢结构摩天大楼。铁和钢的应用使工程师能建造出更高的建筑，当然，通常是为了商业目的。最早的摩天大楼包括家庭保险大楼（Home Insurance Building，1884），还有1889年由伯纳姆与鲁特（Burnham and Root）设计的10层兰德・迈克奈利大楼（Rand McNally Building）。

什么是摩天大楼?

摩天大楼（skyscraper）是指钢结构、墙较薄的多层高楼，墙并不承重，因而被称作"幕墙"（curtain walls）。由于钢结构作为骨架支撑住了整栋建筑，所以这些摩天大楼通常有玻璃幕墙或大扇窗户，在某种程度上与哥特教堂有些相似。最早的摩天大楼建于美国中西部城市如芝加哥和圣路易斯，但是最有名的早期摩天大楼是位于纽约的克莱斯勒大厦（Chrysler Building，1930）和帝国大厦（Empire State Building，1931）。随着更多摩天大楼的兴建，对于新型防火墙和电梯技术的需求也出现了。

谁是安东尼・高迪?

西班牙建筑师安东尼・高迪（Antoni Gaudi，1853—1926）梦幻般的建筑风格符合新艺术运动美学，而且与西班牙的现代主义运动（*modernismo*）

有密切关系。高迪致力于在西班牙建筑的范畴内发展出一种加泰罗尼亚特有的美学，他最伟大的作品都建在了加泰罗尼亚城市巴塞罗那（加泰罗尼亚是西班牙的一个地区，该地区的居民有其特有的文化和语言）。高迪的建筑装饰性很强，具有灵动感，而且极富想象力，通常色彩鲜艳、饰有闪亮的镶嵌画。例如，他设计的奎尔公园（Park Guell，1900—1914）里有一座布满镶嵌瓷片的蜥蜴形喷泉，看上去仿佛正沿着楼梯爬行。高迪的杰作是一直未完成的圣家堂（Sagrada Familia）大教堂建筑群，这是他被委托设计的第一座大型建筑。圣家堂的独特设计灵感来自摩尔人的建筑，有 8 个圆形石尖塔。高迪因其个性化的建筑风格被认为是超现实主义的先驱之一，影响了 20 世纪早期的表现主义建筑。

圣家堂

非洲艺术

非洲各种文化的艺术风格有什么不同?

在广袤的非洲大陆上生活着很多族群，他们的文化具有惊人的多样性，每种文化的艺术品都有其独特的形状和风格，因宗教信仰、当地可用材料和仪式用途而各不相同。下面列出了几种文化的地理位置，并举例说明了他们所创作的艺术类型。

文化	地理区域	艺术
班玛姆（Bamun）	喀麦隆	班玛姆艺术常用于赞颂国王，尤其是国王的宝座。19 世纪的国王尼桑古（Nsangu）的王座就是一个著名例子，这个王座及配套脚凳装饰着珠子和贝壳，暗示了国王的权威。
鲍勒（Baule）	科特迪瓦	鲍勒人擅长雕刻自然主义风格的木雕，称为“瓦卡斯兰”（waka sran），用于宗教舞蹈和疾病疗愈的仪式。这些雕塑用美的方式表现了一些令人恐惧的鬼魂“阿斯耶乌苏”（asye usu）。
多贡（Dogon）	马里	多贡人擅长雕刻成对的风格化人偶，在他们的舞蹈仪式上，舞者戴着面具，身穿表演服装，艺术品也有重要作用。
芳（Fang）	加蓬与喀麦隆南部	祖先崇拜对于游牧的芳族人意义重大。他们会制作易于携带的木雕守护神“别里”（bieri）。这些风格化的人偶身体比例像孩童一样，据说可以保护祖先的灵魂。
卡拉巴里（Kalabari）	尼日利亚	卡拉巴里人会制作纪念祖先的屏（screen），称为“尼杜恩佛巴拉”（nduen fobara），通常由包括纤维和木材在内的多种材料制成，用于放置在祭坛上，向祖先表示敬意。屏上通常有人物和抽象图案。
科塔（Kota）	加蓬	科塔人会雕刻非常抽象的守护神人偶，称为“姆布鲁尼古鲁”（mbulu ngulu），它们身体为菱形，通常会打磨至如同镜面一样光滑。

续表

文化	地理区域	艺术
桑（San）	南非	桑人，有时称布须曼人（Bushmen），属于传统的捕猎—采集文化，他们主要创作岩画，直到 19 世纪中叶。
尤穆比（Yombe）	刚果、中非	尤穆比人会制作高贵庄严的母亲人偶，称作“庇姆巴”（pfemba）。这些木质雕像表现了成对的母亲和孩子，通常有彩绘和珠子装饰。“庇姆巴”雕像可能在祈祷丰产的仪式上有某种用途，但是具体用途尚不明确。
门德（Mende）	塞拉利昂	门德人擅长制作索维面具（Sowei Masks），这是一种舞蹈仪式上男人和女人会使用的道具。面具的额头很长（象征智慧），底下有一些须发，代表着理想的女性。
塞努福（Senufo）	科特迪瓦	塞努福人会制作大型面具，供男性舞者在仪式中装扮成祖先和鬼魂表演使用。他们也会制作用于葬礼和成年仪式等重要场合的演出服装和鼓。
阿散提（Asante）	加纳	阿散提人擅长雕刻头部扁平、造型夸张、身体简化的圆雕人偶。阿散提人还非常看重黄金，在艺术品中经常使用，尤其常见于宫廷装饰品，用来赞颂国王。

20 世纪早期艺术

谁是野兽派艺术家?

“野兽派”（*Fauves*）是 20 世纪最早的现代主义艺术运动，指的是一群在巴黎创作的艺术家，他们喜欢用一种极富表现力的方式使用各种艳丽的色彩。该群体成员有亨利·马蒂斯（1869—1954）、安德烈·德朗（André Derain，1880—1954）、莫里斯·德·弗拉曼克（Maurice de Vlaminck，1876—1958）等，他们被称为“野兽派画家”（Fauvettes）。该名称是法国艺术评论家路易·沃克赛勒（Louis Vauxcelles）发明的，因为当他看到 1905 年巴黎秋季沙龙展时，被这些“盛气凌人”的艺术品震惊了。野兽派艺术家用鲜艳的色彩表达情感，灵感来自高更的颜色搭配和修拉的点画实验（修拉将各种不同的颜色放在一起，使它们显得更突出）。马蒂斯的《戴帽子的女人》（*The Woman with the Hat*，1905）是典型的野兽派风格作品，这幅画被著名现代艺术收藏家利奥·斯坦因（Leo Stein）与葛楚德·斯坦因（Gertrude Stein）收藏。该画笔触松散、色彩鲜艳，马蒂斯用一些看上去并不搭配的颜色画出了一个手拿白色扇子的女人，头上戴着大得不成比例的帽子。女人的鼻子与背景上的绿色一致，而脖子是深橙色的。野兽派艺术家不受现实主义所用色彩的约束，而这种自由让他们能够大胆地试验其他风格，催生了 20 世纪的现代主义。

什么是表现主义?

“表现主义”（expressionism）是艺术领域的常用词汇，而英文中首字母大写的“表现主义”（Expressionism）一词则特指 20 世纪初在德国兴起的艺术运动。与野兽派一样，德国表现主义也希望通过颜色和视觉上的某种风格来传达强烈的情感，表现主义作品中通常包含意义丰富的象征符号。德国表现主义运动包括两个重要的画家群体，一个是桥社（Die Brücke），另一个是青骑士社（Der Blaue Reiter）。

桥社与青骑士社有什么区别?

“桥社”和“青骑士社”都是德国表现主义艺术家群体，他们有共同的艺术价值观，相信色彩的象征意义并进行推广，而且认为艺术能够向观者传递强有力且积极向上的精神讯息。1905 年，弗里兹·布列依（Fritz Bleyl，1880—1966）、埃里希·赫克尔（Erich Heckel，1883—1970）、恩斯特·路德维希·基希纳（Ernst Ludwig Kirchner，1880—1938）和卡尔·施密特-罗特卢夫（Karl Schmidt-Rottluff，1884—1976）四名建筑学学生在德累斯顿成立了桥社，社名取自弗里德里希·尼采（Friedrich Nietzsche）的一篇哲学文章，他们赞同这位哲学家的观点，认为当下能够积极地影响未来，成为通往未来的“桥”。桥社艺术家的灵感来自“原始”的非西方艺术，如非洲面具等，他们认为这些原始艺术比西方艺术更真实。此外，他们还得益于对自然的观察和俄罗斯文学。桥社成员的代表作有施密特-

罗特卢夫的《裸女》(*Three Nudes — Dune Picture from Nidden*，1913)和基希纳的《柏林街道》(*Street, Berlin*，1913)，后者描绘了亮粉色城市背景中的两名妓女，其中一名穿着紫色大衣。

青骑士社是另一个德国的表现主义群体，成立于慕尼黑，成员包括俄罗斯画家瓦西里·康定斯基(Wassily Kandinsky，1866—1944)和德国艺术家弗朗兹·马克(Franz Marc，1880—1916)。马克在第一次世界大战中身亡，他对蓝色的象征意义很感兴趣，而且相信蓝色是最具灵性的颜色。他的标志性作品是《大蓝马》(*The Large Blue Horses*，1911)，画面中有一群深蓝色的马，马背和弯曲的脖颈像起伏的群山，背景是如同被火光照亮的橙色天空。康定斯基受到了俄国民俗艺术的影响，而且对艺术史和哲学兴趣浓厚。在他看来，现实主义表现了物质享乐主义的负面因素，所以他的艺术越来越抽象。康定斯基曾解释道，他希望自己的艺术能够唤醒观者的精神意识。此外，他还受到19世纪艺术家惠斯勒的启发，给画作取的名字全是与音乐有关的，例如《作曲第四号》(*Composition IV*，1911)、《即兴第28号》(*Improvisation 28*，1912)，还有《不同的声音》(*Contrasting Sounds*，1924)。人们认为，他的作品是一种心理学上的“联觉”(或“通感”)的结果，在这种情况下，人可以“看见”数字、字母，甚至看到声音的颜色。康定斯基关于视觉艺术精神性的理论和他的绘画作品，在现代艺术史上极具影响力。“桥社”和“青骑士社”的目标具有哲学性，而且关注抽象表现性，他们的表现主义绘画对于20世纪艺术有非常重要的影响。

非洲艺术对20世纪初的艺术有什么影响?

20世纪初，包括巴勃罗·毕加索(1881—1973)和埃米尔·诺尔德(Emile Nolde，1867—1956)在内的西方艺术家开始关注非西方文化中所谓的“原始”艺术，例如非洲和太平洋地区的艺术。在法国，艺术家们可以在巴黎的民族学博物馆(*Musée d'Ethnographie*)看到非西方艺术，尽管他们受到了很多非西方艺术的视觉表现力和相对抽象性的启发，但大部分欧洲艺术家并没有尝试去理解他们所看到(或购买)的艺术品的历史和文化背景。非洲艺术风格给毕加索带来了重要的启发，让艺术家得以自由地探索各种颜色和风格。例如，他最重要的作品《亚威农少女》(*Desmoiselles d'Avignon*，1907)中拉长的人体和抽象的面孔，就常见于非洲面具和雕塑。另一幅作品《母与子》(*Mother and Child*，1907)用鲜亮的颜色和卵圆形重新阐释了传统的基督教主题。尽管非洲艺术对毕加索有明显的影响，但是他有时候会在作品中弱化其重要性，而且并不喜欢谈论这一点。

谁是巴勃罗·毕加索?

巴勃罗·毕加索(Pablo Picasso，1881—1973)是最著名的现代艺术家之一。他生于西班牙，一生中创作了几千幅作品，以得天独厚的艺术天赋和前卫艺术革新著称。作为画家和雕塑家的毕加索还试验过拼贴、混合材料和集合艺术，并与立体主义艺术家、他的竞争者乔治·布拉克一起，开创了立体主义(Cubism)。毕加索为非西方艺术的普及做出了很大贡献，曾尝试过象征主义、表现主义、古典主义、超现实主义等多种艺术风格。

和乔治奥·瓦萨里在《艺术家传》中描述的其他伟大艺术家一样，毕加索的天赋也是他的艺术家父亲在他尚且年幼时发现的，于是毕加索从小便开始接受正规的艺术训练，14 岁时就已经被巴塞罗那的美术学院录取。在学校学习期间，他模仿了很多文艺复兴时期的艺术大师的作品，后来开始接触前卫艺术家和思想家的圈子。

毕加索的作品风格、媒介、形式多种多样，被归类为几个不同的“时期”，包括早年的“蓝色时期”等。蓝色时期的毕加索创作了《吉他演奏者》(*The Guitar Player*，1910)，这是一幅充满忧郁气息的肖像，画中一个被社会抛弃的人正在用瘦骨嶙峋的长手指弹奏一把吉他。蓝色时期之后是所谓的

《格尔尼卡》

“粉色时期”，在这段时间里，毕加索的作品更明亮、更精致，色彩也更丰富。粉色时期的作品包括《卖艺人家》（*The Family of Saltimbanques*，1905），画面上有一群旅途中的杂技演员，看上去像是在荒无人烟的地方走失了。

毕加索最重要的作品之一是一幅纪念碑式的大型油画《格尔尼卡》（*Guernica*，1937），灵感源自西班牙的极右派政党长枪党（Falange）犯下的恐怖罪行：长枪党轰炸了巴斯克人的城市格尔尼卡，杀害了近两千人。这幅画的大小为 3.6 米 ×7.6 米，黑白色调的画面中充斥着各种含义复杂的形象，还有人和动物支离破碎的躯体。1937 年，《格尔尼卡》在巴黎世博会展出，一举成名。这幅画作为一件视觉艺术杰作的重要性，甚至超过了其在政治上的影响力。

为什么毕加索的《亚威农少女》如此重要?

20 世纪初，毕加索的《亚威农少女》（*Demoiselles d'Avignon*，1907）震动了整个艺术界，预示了立体主义及其他 20 世纪现代主义流派的诞生，意义重大。这件 2.4 米 ×2.3 米的大尺幅作品，描绘了几个裸体妓女，她们的眼睛呈杏仁状，姿势如同身体脱了节，脸都像面具一样。由于作品的题材为妓女，画面融入了非洲艺术风格，尺寸还很大，所以在当时显得颇为激进。不过，它并不能算是一幅非常成功的作品，毕加索的朋友们甚至觉得它很难看。但是，艺术家乔治·布拉克（Georges Braque，1882—1963）看到那些支离破碎的线条和被几何形状解构的形体之后却大受启发，开始试验一种新的艺术风格，也就是后来的“立体主义”，这是现代艺术史上意义最重大的变革之一。

什么是立体主义?

始于 20 世纪初的立体主义（Cubism）是现代艺术史上一场持续了数十年的重大变革，其特点是画面图像呈碎片化，或者图像被分割之后呈现出同一物体不同的角度。立体主义继承了保罗·塞尚的后印象派作品和原始主义，主要是指毕加索、乔治·布拉克、胡安·格里斯（Juan Gris，1887—1927）和费尔南德·莱热（Fernand Léger，1881—1955）的作品。立体主义可被看作是将复杂的视觉图像提炼成具有统一美感的整体的一种方式。立体主义艺术家希望能够抓住某个物体的精髓，并以某种视觉方式将其呈现。19 世纪末到 20 世纪初，社会与文化发生了翻天覆地的变化，其中包括在科学技术和工业领域的重大革新，所以一些学者认为，立体主义的发展与这一社会背景有关。

《圆桌》

立体主义的发展可分为不同的阶段，最早的两个阶段是分析立体主义（Analytic Cubism）和综合立体主义（Synthetic Cubism）。毕加索和布拉克于 1909 年发起了分析立体主义运动，布拉克的《小提琴与调色板》（*Violin and Palette*，1909—1910）是该风格的典型例子。画面中的小提琴经过碎片化处理，如同扫成一堆的透明玻璃碎片，小提琴的每一“片”都通过绘画进行了视觉分析，使观者以一种全新的方式思考乐器的物理特征。在分析立体主义阶段，毕加索和布拉克绘制的物体基本上都被消解成了抽象结构（但是并不是全部）。相反，综合立体主义的特点是物体形态简单、抽象度低、多用拼贴的方式创作（拼贴是指艺术家用胶水将报纸之类的元素贴在画布上）。综合立体主义作品有毕加索的《曼陀林与吉他》（*Still Life with Mandolin and Guitar*，1924）和拼贴画《玻璃与苏西酒瓶》（*Glass and Bottle of Suze*，1912）。

立体主义的革命性在于，它是有史以来第一个几乎完全抽象的现代艺术运动，而且为之后的很多艺术运动奠定了基础，例如至上主义、未来主义、构成主义等。

为什么布拉克和毕加索的立体主义绘画看上去十分相似?

有时，甚至连学者们都无法区分毕加索和布拉克的作品，也许如果没有两位艺术家职业生涯中不断的明争暗斗和在竞争中的互相学习与探讨，就不会有立体主义的诞生。他们都进行了静物绘画的试验，着迷于乐器的物理性质，而且经常用类似的色彩来作画。正如布拉克所说，“我们就像一根绳上的两只蚂蚱”。

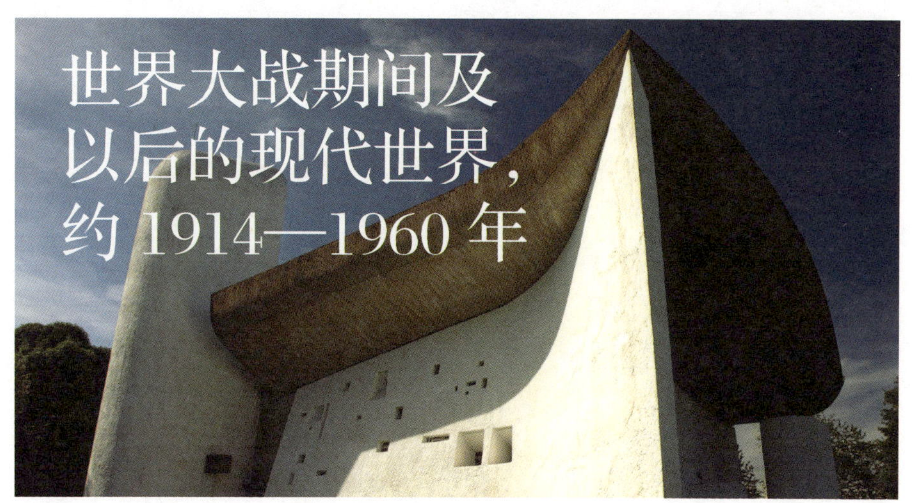

20 世纪初的前卫艺术

什么是俄耳甫斯主义？

俄耳甫斯主义（Orphism），又称俄耳甫斯立体主义（Orphic Cubism），是立体主义发展出来的一个分支，主要特点为完全抽象的结构和节奏感很强的色彩排布，强调创造的愉悦感和视觉艺术与音乐之间的联系。“俄耳甫斯主义”是法国诗人纪尧姆·阿波利奈尔（Guillaume Apollinaire，1880—1918）创造的词汇，来源于神话人物俄耳甫斯（Orpheus）的故事。俄耳甫斯是一名诗人，他的优美诗句和音乐能够让野兽也听得入迷。俄耳甫斯主义的重要艺术家是罗伯特·德劳内（Robert Delaunay，1885—1941），在经历了立体主义时期之后，他开始做与色彩理论和空间观念有关的实验，在这点上与同样是立体主义艺术家的布拉克和毕加索很像。德劳内的色彩抽象作品利用不同颜色之间的互动关系创造出了视觉深度与动感，比如《同步对照：日与月》（*Simultaneous Contrasts: Sun and Moon*，1913）。德劳内的妻子索尼娅（Sonia）也创作俄耳甫斯主义绘画、拼贴、服装设计等。但到了 1914 年时，阿波利奈尔和德劳内已经无法再就俄耳甫斯主义的原则和宗旨达成共识，这场运动因此结束。

什么是未来主义？

未来主义（Futurism）是一场充满活力的意大利艺术运动，发起者为诗人菲利波·托马索·马里内蒂（Filippo Tommaso Marinetti，1876—1944）。1909年，他在法国《费加罗报》（*Le Figaro*）上发表了第一份未来主义宣言。马里内蒂希望，未来主义能够成为一场影响范围广泛的运动，达到现代工业化社会发展的速度与威力。未来主义的目标是拒绝过去，接受当代文化，并使其经历现代化过程——如有必要，甚至可以是一个激烈的过程。从视觉角度来看，如果没有立体主义，就不会有未来主义，在很多未来主义绘画作品中，我们都可以看到碎片化的图像和接近抽象的几何形状。但是，未来主义艺术家也试图与立体主义划清界限。未来主义代表艺术家有翁贝托·波丘尼（Umberto Boccioni，1882—1916）、吉诺·塞弗里尼（Gino Severini，1883—1966），还有卡洛·卡拉（Carlo Carrà，1881—1916）。未来主义艺术家画了很多抽象的机器，并强调作品中的动感。贾科莫·巴拉（Giacomo Balla）的《被拴住的狗的动态》[*Dynamism of a Dog on a Leash (Leash in Motion)*，1912]以迅疾、重复的笔画描绘了一条小狗模糊不清的腿和尾巴。翁贝托·波丘尼则将雕塑融入未来主义的形式语言之中，创作了《空间中连续性的独特形式》（*Unique Forms of Continuity in Space*，1913），这座线条流畅的抽象青铜雕塑把二维和三维空间之间的相互作用，表现为一个可怕的人物，他没有胳膊，向前迈着大步，走在一个二维水平面上。第一次世界大战结束后，未来主义经历了一些变动，波丘尼在一次军事演习中从马背上摔下来，不幸身亡，而欧洲的地理和艺术版图也与之前大不相同了。

《空间中连续性的独特形式》

什么是前卫艺术?

与很多艺术词汇一样，“前卫”（*avant-garde*）一词也源自法语，大概是“前锋”“先驱”的意思。“前卫艺术”即处于“前线”的艺术，可以用于描述任何创新性或新的现代艺术。前卫艺术家、作家和思想家的实验，经常令评论家和观众感到震惊甚至愤怒。例如，19世纪中期，爱德华·马奈的画作《奥林匹亚》和《草地上的午餐》中挑衅的裸体和对传统题材的改动，就震惊了当时的观众。19世纪末至20世纪期间，从莫奈的印象派作品到立体主义，再到杜尚的《喷泉》(1917)，一波又一波的前卫艺术运动持续不断地惹怒观众、挑战边界。

什么是漩涡主义?

漩涡主义（Vorticism）是第一次世界大战期间在英国发展起来的一场短暂而有力的文学艺术运动。1914年，《疾风》（Blast）杂志主编温德姆·刘易斯（Wyndham Lewis）创立了“漩涡主义”，由侨居英国的美国诗人埃兹拉·庞德（Ezra Pound）命名。刘易斯解释这场运动时写道，“漩涡的中心是一个积聚了所有能量的寂静所在。在那里，在积聚的中心点，是漩涡主义者”。这个运动的目标是对立体主义、未来主义和表现主义做出一种具有英国特色的回应，创作有活力的艺术，反映出20世纪初现代生活中令人不安的现实。漩涡主义的视觉艺术代表作包括刘易斯的《构图》（*Composition*，1913），这是一幅由直线构成、颇具动感的抽象作品，还有1917年阿尔文·兰登·柯本（Alvin Langdon Coburn）为埃兹拉·庞德拍摄的“漩涡式”（Vortographic）肖像照片。柯本发明了“漩涡万花筒”（Vortoscope）摄影，将一组镜子接在照相机镜头上，拍摄出多层次照片的效果。

什么是至上主义?

至上主义（Suprematism）是俄罗斯艺术家卡西米尔·马列维奇（Kasimir Malevich，1878—1935）于1913—1915年间发起的艺术运动，以纯粹美学为纲要，提倡与现实主义、政治和历史无关的、彻底的抽象。至上主义绘画常常描绘抽象的几何图形，马列维奇对于作为纯粹几何形状的正方形很感兴趣，所以他大部分作品的构图都基于方形，例如《黑色正方形》(*Black Square*，1915）和《至上主义构图：白上白》(*Suprematist Composition: White on White*，1918）等。《表达对于外太空神秘“波”感受的至上主义构图》(*Supremantist Composition Conveying the Feeling of a Mystic “Wave” from Outer Space*，1917）等其他作品则尝试表现潜意识。其他至上主义艺术家还有伊万·普尼（Ivan Puni，1894—1956）和里尤波夫·波波瓦（Liubov Popova，1889—1924）等。

什么是构成主义?

构成主义（Constructivism）对包括包豪斯和风格派等其他 20 世纪艺术运动造成了重大影响。与至上主义一样，构成主义也受到了立体主义和未来主义的影响，强调抽象和纯粹的几何形状。构成主义的奠基人是俄罗斯画家、艺术家弗拉基米尔·塔特林（Vladimir Tatlin，1885—1953），他创造了雕塑的“结构”。有趣的是，尽管塔特林的作品是构成主义运动的核心，但是他并不认为自己是构成主义者，而是自称“唯生产主义者”（Productivist）。塔特林的雕塑由木材、塑料、玻璃和金属等工业常用材料组合而成。他认为，艺术具有重要的社会功用，而构成主义运动的确与 1917 年俄国十月革命中发生的激进政治变革密切相关。构成主义艺术家认为，艺术在新乌托邦社会的建立过程中，扮演着非常重要的角色。无论是绘画还是雕塑，艺术品都是由所谓“独立自主”的元素创造出来的，而这正是构成主义的要素之一。例如，一尊雕塑是由线条和平面等独立的元素组合而成的。根据这个新的概念，雕塑是一个做加法（additive）而非减法（reductive）的过程（即材料堆砌，而不是被挖掉）。这一概念在 20 世纪的绘画、建筑和设计领域都有重大影响。

至上主义与构成主义有什么区别?

至上主义和构成主义都是 20 世纪初从俄国发起、推广几何抽象图案的艺术运动，但是，与至上主义不同，构成主义还提出了艺术有重要社会功用的概念。两者的区别主要在于观念，而不是审美。

什么是风格派?

凡·杜斯伯格的作品

第一次世界大战残酷的毁灭性震惊了整个世界，不同艺术家群体对此做出了各种各样的反应。荷兰画家兼雕塑家提奥·凡·杜斯伯格（Theo van Doesburg，1884—1931）、画家皮耶·蒙德里安（1872—1944）和巴特·范·德·莱克（Bart van der Leck，1876—1958）的目标，是创造一种艺术形式，在视觉上和政治上倡导世界和平与和谐，并将他们发起的运动命名为“风格派”（*De Stijl*）。风格派作品的主要特点是平面化的颜色与简化的直线性图形——源于艺术家们对清晰明了的视觉图形和数学上的简化的需求。因为“风格派”从复杂的视觉效果中提取出了最简单、最纯粹且有意义的元素，所以被认为是一种“减法”艺术。风格派艺术家偏好三原色（红、黄、蓝）和中性色（黑、白、灰）。“风格派”可用于描述绘画、家具设计和建筑，例如格里特·里特维尔德（Gerrit Rietvold）的《红蓝椅子》（*Red-Blue Chair*，1923）、位于荷兰的施罗德别墅（Schroeder House），还有皮耶·蒙德里安的绘画。

谁是蒙德里安?

荷兰画家皮耶·蒙德里安（Piet Mondrian，1872—1944）对20世纪抽象艺术，尤其是几何抽象做出了显著贡献。他是风格派运动的重要成员，代表作是只用三原色和中性色构成的平面几何网格绘画。在绘画生涯的早期，蒙德里安的作品并不是完全抽象的，《有调味品的静物》（*Still Life with Gingerpot*，1911）和《灰树》（*Grey Tree*，1912）等画作就说明了艺术家早年对立体主义的尝试，更早一点的作品如《夜晚的磨坊》（*Mill at Evening*，1905）甚至沿袭了荷兰风景画的传统。

蒙德里安一生中的艺术风格一直在变化，他受到过立体主义的影响，但又认为绘画的目的应该是借助完全抽象的媒介来表现现实生活。他相信色彩和形式应当让观者感受到纯粹的现实，并称这种方法为“造型表现”（plastic expression）。根据蒙德里安的想法，一件艺术品需要达到动态、形式与颜色的平衡，才能达成表现“现实”的目的，这是一种称为“新造型主义”（neoplasticism）的美学。例如，蒙德里安的《大块红色、黄色、黑色、灰色和蓝色的构图》（*Composition with Large Red Plane, Yellow, Black, Grey and Blue*，1921）经过精心绘制，达成了形式上的完美均衡，同时还创造出了动感和纵深感，达到了简洁与繁复的平衡。

建筑与设计

什么是装饰派艺术?

“装饰派艺术”（Art Deco）用于描述一种流行于20世纪20年代至30年代的装饰艺术风格，但是这个词是后来才发明的。“装饰派艺术”最初称为“现代风格”（*style moderne*），起源于法国。1925年，巴黎举办了艺术与设计博览会，也就是“现代工业装饰艺术国际博览会”（*Exposition Internationale des Arts Decoratifs et Industriels Moderne*）之后，这种风格开始引起人们的注意。装饰派艺术将美术与装饰艺术融合起来，支持手工艺匠人，反对工厂生产的装饰品。装饰派的艺术品、插画和建筑通常显得比较华丽，所以遭到勒·柯布西耶（Le Corbusier）等现代主义设计师和作家的批判（他更倾向于工业产品美学）。受1922年在埃及发掘的图坦卡蒙之墓的启发，装饰派的设计中常常出现异域风情的元素。立体主义和未来主义等抽象艺术运动也为装饰派常用的几何图案提供了灵感。

新艺术和装饰派有什么区别?

“新艺术”与“装饰派”都是20世纪初的设计艺术运动。新艺术的出现不仅比装饰派早，而且影响了后者。新艺术的设计更繁复和华丽，线条如同植物藤蔓一样弯卷，代表艺术家有阿尔方斯·慕夏和泰奥菲尔·亚历山大·斯坦伦（Théophile Alexandre Steinlen），斯坦伦设计了现在还很流行的《黑猫》（*Tournée du Chat Noir*）系列海报。装饰派的设计也非常华丽，但是由于

《黑猫》

立体主义和未来主义的影响，使用了更多的几何图形。大萧条期间，装饰派艺术广受欢迎，例如，1931年落成的帝国大厦、乔治·富凯（Georges Fouquet）设计的珠宝以及那个时代的很多海报设计，都属于装饰派。

谁是弗兰克·劳埃德·赖特？

人们至今仍然非常喜爱和欣赏著名美国建筑师弗兰克·劳埃德·赖特（Frank Lloyd Wright，1867—1959）的装饰美学。赖特的职业生涯从美国伊利诺伊州的芝加哥起步，在那里，他先后为约瑟夫·莱曼·西斯比（Joseph Lyman Silsbee）、阿德勒（Adler）和路易斯·沙利文工作（沙利文是赖特最重要的灵感来源之一）。提到赖特，人们首先想到的就是著名的“草原学派”住宅建筑。他设计的房子通常为开放式，呈长而扁平的形状，屋檐悬伸，借助天然材料，与美国中西部的平原地貌融为一体。和其他20世纪初的建筑师一样，赖特认为建筑应该是个统一的整体，但是也相信“有机建筑”，所以，对他来说，这就意味着在设计一座建筑时，还要设计它的室内装潢、家具和周围的景观，这样才能创造出一个有机的整体。赖特的建筑代表作是流水别墅（Falling Water）和古根海姆博物馆，其中1935年落成的流水别墅坐落于美国宾夕法尼亚州米尔朗（Mill Run）的岩石地貌之中，而古根海姆博物馆位于纽约，于1959年赖特去世之后不久正式开放。

什么是施罗德别墅？

荷兰建筑师格里特·里特维尔德（1888—1964）设计的施罗德别墅，是一例荷兰风格派建筑，从某种角度来看，这座别墅（位于荷兰乌得勒支）就像蒙德里安的画作扩展到了三维空间，室内与室外均为几何形状，色彩只有简单的三原色和中性色，室内家具也是特别设计定制的。这座开放式别墅装有大型长方形窗户，不同空间之间用可滑动的墙分隔，整体强调垂直和水平的线条。施罗德别墅为之后的“国际式”建筑风格提供了灵感。

什么是“国际式”建筑风格?

“国际式”(International Style)建筑风格于20世纪20年代至30年代源起于法国、荷兰和德国，有时也称“国际现代主义”(International Modernism)，主要流行于欧洲和美国，但是也传播到了世界各地。国际式受到立体主义、风格派和工艺美术运动的启发，影响一直持续到20世纪70年代，是一种十分出色的现代主义建筑设计风格。代表建筑师有沃尔特·格罗庇乌斯(Walter Gropius，包豪斯学校的首任校长)、路德维希·密斯·凡·德罗(Ludwig Mies van der Rohe)、勒·柯布西耶，有时弗兰克·劳埃德·赖特也会被算在内，因为他晚期的作品受到了国际式建筑风格的影响。勒·柯布西耶的萨伏伊别墅(Villa Savoye)位于法国巴黎郊外普瓦西镇，1920—1931年间建成，其扁平、直线构成的外形和简单的装饰以及开放式的室内设计，是国际式建筑的典型特点。

1932年，纽约的现代艺术博物馆举办了一场题为“现代建筑：国际展”(Modern Architecture: International Exhibition)的展览，大规模推广了“国际式”风格(该风格也因展览而得名)。国际式的实践者欣然接受了工业主义和规模化生产的材料，如石材、水泥和玻璃。该建筑风格在随后的几十年内不断发展，甚至涵盖了如同巨石柱般的玻璃摩天大楼，例如1948—1951年由凡·德罗设计的芝加哥湖滨大道公寓(Lakeshore Drive Apartments)，还有凡·德罗与菲利普·约翰森(Philip Johnson)共同设计的纽约西格拉姆大厦(Seagram Building，1954—1958)。

芝加哥湖滨大道公寓

什么是包豪斯?

包豪斯（The Bauhaus）是一所革新性的艺术设计学校，1919年成立，位于德国魏玛，目标是训练学生创作同时具有艺术性和商业性的作品。这所学校培养了几位当时最受尊敬、最具革新性的艺术家、设计师和建筑师，其中包括保罗・克利（Paul Klee，1879—1940）、约翰・伊顿（Johannes Itten，1888—1967）和瓦西里・康定斯基（1866—1944），他们都住在这所特殊的学校里。包豪斯学校的首任校长是著名现代建筑师沃尔特・格罗庇乌斯（1889—1983），他主要关注建筑的功用。学校既设有实践训练课程（绘画、家具制作、陶瓷、书籍装订、金工等专题，最后是建筑），又有理论性的基础概念课程（艺术史、色彩理论甚至冥想）。但是，与大部分艺术院校不同，包豪斯在课程中还包括了实用美术，而且积极地寻找委托设计项目。学生的目标是创作将艺术与工艺完美融合的作品，他们给日常用品赋予了一些高端设计（high-design）的元素。例如，1922年彼得・凯勒（Peter Keler）设计的几何形状摇篮既简洁美观，又高效实用。由于政治上较为激进，20世纪20年代德国实施了保守政策后，包豪斯学校开始逐渐失去资金支持。学校先搬到德绍，后来又搬到了柏林，最终因为纳粹掌权，于20世纪30年代彻底关闭。很多包豪斯的重要领导者和教员移居美国，包括沃尔特・格罗庇乌斯、拉兹洛・莫霍利-纳吉（László Moholy-Nagy）、路德维希・密斯・凡・德罗、约瑟夫・阿尔伯斯等。包豪斯接受了工业主义，它所提倡的实用设计理念对20世纪艺术与建筑有重要影响。

包豪斯对美国有什么影响?

随着纳粹的势力逐渐增强，很多重要的德国艺术家、建筑师和设计师移居美国，并在美国获得了成功。1934年，包豪斯学校的创始人沃尔特・格罗庇乌斯离开了纳粹德国，成为哈佛大学的教师，并在哈佛创办了现代主义的“建筑师协会”（Architect's Collaborative），该群体以互相协作为宗旨，设计了位于马萨诸塞州威廉斯敦的克拉克艺术中心（Clark Art Institute）。在芝加哥，拉兹洛・莫霍利-纳吉成为新包豪斯学校（New Bauhaus，持续至1938年）的校长，之后还创办了设计学院（School of Design），后并入伊利诺伊理工学院（IIT）。路德维希・密斯・凡・德罗曾任伊利诺伊理工学院建筑系主任，设计了现代建筑中的大师之作——克朗楼（Crown Hall）。

约瑟夫·阿尔伯斯为什么对正方形感兴趣?

德国艺术家约瑟夫·阿尔伯斯（Josef Albers，1888—1976）曾在包豪斯学校任教，随后成为美国最有影响力的艺术教师之一。他在北卡罗来纳州颇具影响力的黑山学院和耶鲁大学都有教职，教授色彩理论和抽象艺术，而且还进行了视觉与错觉的实验。阿尔伯斯的著名作品是一系列名为《正方形的礼赞》（*Homage to the Square*）的版画和绘画，在作品中，他用各种不同的色彩在正方形里画正方形，让作品产生了一种内在的张力，创造出模糊的纵深感和色彩对比。阿尔伯斯借助这些简单的正方形进行了色彩理论和视觉纵深的深刻实验。

谁是勒·柯布西耶?

勒·柯布西耶（1887—1965）原名夏尔-爱德华·吉纳瑞特（Charles-Édouard Jeanneret），是一位建筑师兼设计师，也是画家和作家，1923 年出版了《走向新建筑》（*Towards a New Architecture*）。据勒·柯布西耶所说，他的建筑理念是，房屋是“用于居住的机器”。他的早期住宅设计和后期的城市重建项目都比较有名，但其中最早也最有名的设计是位于法国巴黎普瓦西镇的萨伏伊别墅，建于 1920—1931 年。由于房屋平面图为长方形，可以安装宽大的窗户，所以身处室内也如同置身室外。萨伏伊别墅支撑在几个立柱上，是较早将汽车的使用考虑在内的一种室内设计，车可以开到别墅下面停放。至于城市项目，勒·柯布西耶认为建筑可以解决贫穷问题，并构想出一个完整的城市，城中的建筑设计风格统一，构成了理想的生活环境。1947—1952 年，他设计了法国马赛的居住单元（Unité d'Habitation），以水泥为主要建筑材料，该项目包括复式套房公寓、商店、餐厅和屋顶露天停车场，

勒·柯布西耶设计的廊香教堂

是一个完整的社区。勒·柯布西耶的“居住单元”为一种名为粗犷主义的建筑风格提供了启发。

什么是粗犷主义?

1954 年发明的词汇“粗犷主义”（Brutalism）是指勒·柯布西耶所创立的一种现代建筑风格，提倡使用粗糙的水泥，而且偏重看上去十分粗重的外形。正如勒·柯布西耶设计的廊香教堂（Chapel of Notre-Dame-du-Haut，1950—1954）向上飞扬的檐角和不对称的圆柱形塔楼所示，钢筋混凝土也可以有雕塑感。粗犷主义在 20 世纪 60 年代和 70 年代最为流行，正好与让·杜布菲（Jean Dubuffet）的“原生艺术”（*art brut*）概念同时产生。

达达主义与超现实主义

什么是达达?

“达达”（Dada）源起于欧洲，是一场反对理性、反对权威的艺术运动，想要颠覆传统，张开双臂迎接偶然性、无政府主义和新的艺术创作形式。1916 年，一群瑞士苏黎世的艺术家和作家从字典里随机挑出来了“达达”一词，这个词本身基本毫无意义，而且发音十分幼稚，如同婴儿的咿呀学语。达达主义是对残酷的第一次世界大战的一种反抗，更早的艺术运动如立体主义、康定斯基的文章等也促进了它的诞生。达达主义的影响传播甚广，在德国，在巴黎、巴塞罗那和纽约都纷纷成立了达达群体。达达主义代表艺术家有安德烈·布勒东（1896—1966）、吉恩·阿尔普 [Jean（Hans）Arp，1886—1966]、马塞尔·杜尚（1887—1968）和曼·雷伊（Man Ray，1890—1976）。

谁是马塞尔·杜尚?

马塞尔·杜尚（Marcel Duchamp，1887—1968）是 20 世纪最令人着迷也最引人深思的艺术家，曾尝试过立体主义、未来主义，还是达达主义的忠实拥护者，艺术风格变化多端，而且充满煽动性和挑衅性。杜尚不断地在最本质的层面对艺术传统提出质疑——甚至质疑一件艺术品的定义本身。他刚起步时，就创作了标志性的《走下楼梯的裸女 2 号》（*Nude Descending the Staircase, No.2*，1912），在 1913 年的纽约军械库博览会上震惊了所有观众和评论家，一鸣惊人。这件作品以抽象的方式描绘了移动的人体，融合了立体主义和未来主义风格。

杜尚与达达主义和超现实主义的关系最为密切。1915 年创作的《新娘甚至被光棍们剥光了衣服》[*The Bride Stripped Bare by Her Bachelors, Even*，简称《大玻璃》（*The Large Glass*）] 是他最复杂的作品之一。这件作品尺寸很大，由两块用线悬吊起来的玻璃组成，上半部分是“新娘”，下半部分是挑衅的“单身汉们”。尽管杜尚留下了很多笔记来说明作品的含义，但是它仍然高深莫测，有些评论家认为，这件作品是对艺术评论的评论。杜尚颇具开创性且十分复杂的艺术创作手法，对艺术世界产生的深远影响一直持续到 21 世纪。

什么是“现成品”？

“现成品”（ready-made）是一个艺术概念，是指将某件现成的、有功用的物品废置不用，仅考虑它的美学价值。现成品最好的例子就是马塞尔·杜尚的《喷泉》（1917），艺术家在一个陶瓷小便池上签了“R. 马特”（R. Mutt）几个字之后，它就作为一件艺术品，被递交到纽约的独立艺术家协会。当他改变一件物品或者往上面添加东西时，会称这件作品“由现成品辅助制成”，在小便池上签名就是这样一种“改变”。《*L.H.O.O.Q.*》（1919）则是一个更复杂的例子，在这件作品中，他找来一张《蒙娜丽莎》的明信片（即现成的物品），在上面画了两撇胡子，这种蓄意破坏作品的行为，对艺术史的权威和所谓“美术”的至高地位提出了质疑。杜尚对现成品的浓厚兴趣，体现了达达主义不惧权威的挑衅性和幽默感。“现成品”的概念影响了之后的艺术家，贾斯珀·琼斯、罗伯特·劳森伯格，还有安迪·沃霍尔，都在作品中改变了现存的图像，以表达新的含义。

什么是超现实主义？

和达达主义一样，20 世纪初的超现实主义（Surrealism）也是对一战和二战期间文学艺术有重大影响的艺术运动。1924 年，法国诗人安德烈·布勒东（André Breton，1896—1966）写了第一篇超现实主义宣言，号召作家通过潜意识的方法，摆脱理性的束缚，探索创造性的可能，这些方法包括自由联想、梦境分析和无意识的写作与绘画。“超现实”一词是指将梦境与现实结合，揭示出一种更高级、囊括范围更广的现实。布勒东将超现实主义的理论基础归功于西格蒙德·弗洛伊德的精神分析学研究。

重要的超现实主义艺术家有乔治奥·德·基里科（Giorgio de Chirico，1888—1978）、马克斯·恩斯特（Max Ernst，1891—1976）、安德烈·马松（André Masson，1896—1987）、胡安·米罗（Joan Miró，1893—1983）、曼·雷伊（1890—1976）、雷内·马格利特（René Magritte，1898—1967）和萨尔瓦多·达利（1904—1989）等。超现实主义艺术家作品中常出现令人震惊的情色图像，例如，在油画《强暴》（*Le viol*，1934）中，雷内·马格利特把一个裸体女人融入一个人的面孔，还将很多令人惊讶、看上去毫不相关的元素放在一起。例如，在1936年的作品《带皮毛的餐具》[*Objet (le déjeuner en fourrure)*]中，梅拉·奥本海姆（Meret Oppenheim）用皮毛覆盖住茶杯、茶托和勺子。与其他超现实主义艺术一样，这些让人无所适从的作品都受到了弗洛伊德的象征手法和梦境分析的启发。

什么是超现实主义自动创作?

超现实主义艺术家和作家通过自动绘画和写作直接开发潜意识中的创造力，以此来摆脱理性的束缚。安德烈·布勒东在《超现实主义宣言》中称，该过程为“纯粹的、超自然的自动创作”。超现实主义艺术家安德烈·马松、胡安·米罗和马克斯·恩斯特等都以形态自由的即兴作品著称。马松的很多自动创作（automatism）都是用钢笔和墨水画出来的，而恩斯特则发明了擦画法（*frottage*），在木地板等有纹路的表面上进行拓印，然后组合成更大的拼贴作品。

谁是萨尔瓦多·达利?

西班牙超现实主义画家、作家及电影制作人萨尔瓦多·达利（Salvador Dalí，1904—1989）不拘一格的艺术和奇特的行为（还有两撇卷曲的八字胡）令他闻名遐迩。达利曾在马德里的圣费尔南多皇家美术学院学习艺术，早期作品显示出传统绘画和立体主义的影响。他是一位技艺高超的现实主义画家，但是他的灵感来自近乎精神错乱的幻觉，经常画一些与他的故乡加泰罗尼亚有关且让人感到不安和恐惧的梦境。达利把他的绘画方式称作“偏执狂批判法”（paranoiac-critical method），借用偏执狂的状态，以非理性的方式来阐释现实，根据《超现实主义宣言》，这种方法符合超现实主义的整体目标。达利最著名的作品是《记忆的永恒》（*The Persistence of Memory*，1931），其他代表作品还有《液体欲望的诞生》（*Birth of Liquid Desires*，1931—1932）、《带熟豆子的软结构：内战的预兆》（*Soft Construction with Boiled Beans: Premonitions of Civil War*，1936）等。达利还创作了雕塑类的作品，例如《龙虾电话》（*Lobster Telephone*，1936），还有《太空象》（*Space Elephant*），这些长腿大象在雕塑和绘画中都出现过。

《记忆的永恒》是什么意思？

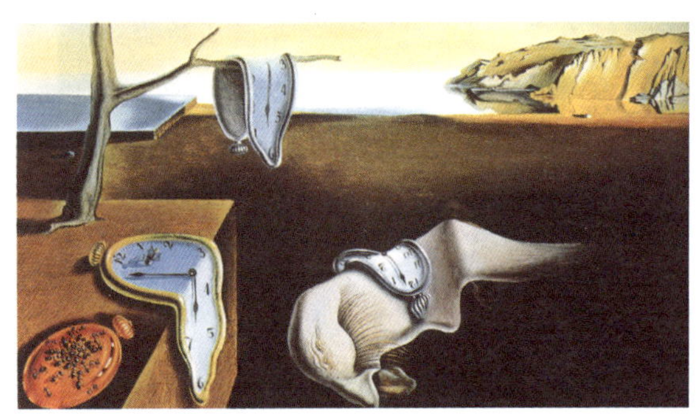

《记忆的永恒》

《记忆的永恒》是萨尔瓦多·达利最著名的画作。他画了几只无精打采、快要融化的钟表，像几摊泥一样挂在一片荒芜的沙漠背景上。与当时其他艺术家创作的大型抽象画不同，《记忆的永恒》尺寸较小，和一张普通的纸差不多，但作品的细节非常清楚，而且作为一张内容奇特的画，它的现实主义手法令人毛骨悚然。在看上去无穷无尽的光滑地面上，有四块变软的钟表。画面中央的钟表（其实更像怀表），摊在像鱼一样软绵绵的人脸上。另一块钟表如同软泥一般顺着桌子类似物的一侧垂下来，桌上还放着一块面朝下的表，背面聚集着几只气势汹汹的黑蚂蚁。达利本人将画中的物体比作“融化的卡门贝尔奶酪”，整个场景被固定在一个不可能出现的永恒变化状态之中。我们无法给这幅画做出明确的定义，但是可以说，它是对不断变化的时间和空间的深刻思考。

这为什么不是一只烟斗？

雷内·马格利特的作品《形象的背叛》［*The Treachery*（*or Perfidy*）*of Images*，1928—1929］是一幅现实主义油画，画面上有一只烟斗，烟斗下

方写着一行文字 *Ceci n'est pas une pipe*（这不是一只烟斗）。这行文字所提出的问题很明显：为什么？为什么这只画得如此精细的烟斗却不是烟斗？答案是，雷内、马格利特并没有制作一只烟斗，而是画了一幅画，马格利特用这幅画使观者注意到，我们多么自然地将画中的物体简单地等同于实际的物体。即使一幅现实主义绘画也只是一个幻象——这幅画强调的概念，将对之后的现代和后现代艺术产生深远影响。

谁是曼·雷伊？

曼、雷伊生于费城，原名伊曼纽尔、拉德尼斯基（Emmanuel Radnitsky，1890—1976），是达达主义和超现实主义中的重要人物。尽管他的实验摄影最为著名，但他也是画家、电影制作人和作家。与其他达达艺术家一样，雷伊受到工业主义和机械美感的启发，创作了惊人的达达主义作品《礼物》（*Gift*，1921）——底部粘着一排尖钉的熨斗。他经常使用与商业艺术有关的工具来制作美术作品，也是首位用喷枪作画的画家。借助喷枪这种令他着迷的工具，雷伊可以手不接触画布就画出一幅画。

曼、雷伊做了一系列不用相机进行摄影的实验，即拍摄“实物投影照片”（photogram），他称之为“雷照片”（Rayograph），也就是把物体放在感光纸旁边，自动拍摄出图像，他还发明了合成照片（photomontage）和混合媒介照片，比如，他最著名的作品《安格尔的小提琴》（*Le Violon d'Ingres*，1924）。安格尔是指一位19世纪法国艺术家，他的肖像画中经常出现来自异域的女人。在这幅作品中，曼、雷伊拍摄了他最喜欢的模特吉吉、德、蒙帕那斯[Kiki de Montparnasse，原名艾丽斯、皮林（Alice Prin）]，他在吉吉身上画了小提琴的“f”形孔，使她曲线优美的裸体看上去像一件乐器。在这张图片中看不到吉吉的胳膊，她从主体变成了客体（从人变成了物），让人隐隐觉得不安。

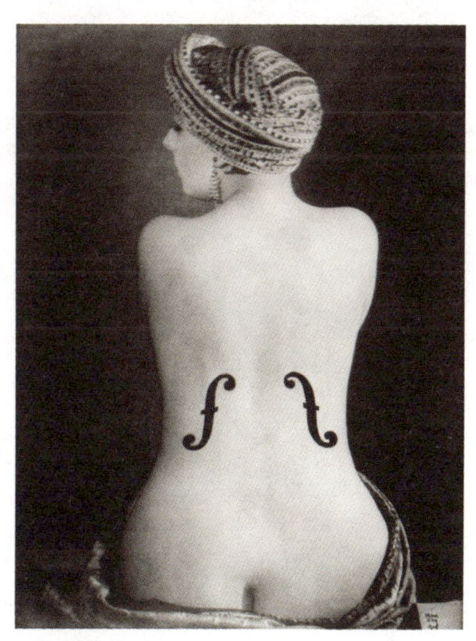

《安格尔的小提琴》

摄影

谁是阿尔弗雷德·施蒂格利茨?

阿尔弗雷德·施蒂格利茨(Alfred Stieglitz，1864—1946)是一位极具影响力的摄影师，也是画廊主，他想要把摄影提升到与绘画同等的地位。他生于一个德国移民家庭，在纽约长大，后来组织了一个名为“摄影分离派”(Photographic Secession)的纽约摄影师群体。施蒂格利茨手拿一部相机，拍遍了整座城市，捕捉到了这座真实的城市中一些十分敏感的景观。此外，他还拍摄了很多云的照片，他曾说过，变幻莫测的云反映了他的情绪变化。除了摄影作品，阿尔弗雷德·施蒂格利茨对现代艺术还有一项重要贡献，那就是他的 291 画廊(位于第五大道 291 号)。画廊推广了欧洲现代主义，还为很多重要的 20 世纪艺术家提供了支持，包括毕加索、马蒂斯和乔治亚·奥基弗(Georgia O'Keeffe)。1924 年，施蒂格利茨与奥基弗结了婚。

谁是詹姆斯·凡·德泽?

美籍非裔摄影师詹姆斯·凡·德泽(James van der Zee，1886—1983)记录了哈勒姆文艺复兴(Harlem Renaissance)期间逐渐在纽约出现的中产阶级黑人。他的主业是肖像摄影，在工作室里创作，也曾试验过二次曝光和照片修版。凡·德泽把工作室的背景漆成了适合室内摄影的影棚，甚至给他的拍摄对象提供道具和服装，他的摄影作品大部分都是纪念人们生活中的重要事件，例如婚礼和家庭聚会。凡·德泽的作品捕捉到了美国黑人从南方的乡村来到城市后的希望与梦想，是哈勒姆文艺复兴时期最重要的档案之一。他收藏的作品现藏于纽约现代美术馆。

农场安全署与艺术有什么关系?

1935 年，美国成立了农场安全署[Farm Security Administration (FSA)]，这是为了记录大萧条的灾难性后果，尤其是对农场工人和乡村贫困人民的影响而建立的，并希望将这些记录展现给世人。美国经济学家罗伊·斯特莱克(Roy Stryker)雇用了一个摄影师团队，沃克·埃文斯(Walker Evans，1903—1975)和多萝西娅·兰格(Dorothea Lange，1895—

《移民母亲》

1965）等人是其中的成员。沃克·埃文斯曾在巴黎学过文学，拍摄手法十分直接，他的作品充满力量，记录了众多挣扎求存的农村家庭，尤其是两次世界大战之间弗吉尼亚州西部地区的农村家庭生活。多萝西娅·兰格在旧金山有一个摄影工作室，但是被罗伊·斯特莱克雇用后，她四处旅行，亲自考察农场移民工人的生存窘境。《移民母亲》（*Migrant Mother*，1936）、《移民采棉工》（*Migratory Cotton Picker*，1940）、《住在临时帐篷中的移民农民的妻子》（*Wife of a Migratory Farmer in Her Makeshift Tent Home*）等作品均十分动人，充满张力。看到她的作品后，一名伦敦的评论家赞美道："哪位诗人能表达出如此丰富的内容？哪位画家能表现出如此丰沛的情感？"农场安全署的摄影项目影响甚广，一直持续到 1944 年，改变了美国人对于贫穷的认知，也提高了纪实摄影的地位。

谁是亨利·卡蒂埃 - 布列松?

当美国农场安全署的摄影师们专注于拍摄美国的乡村时，法国摄影师亨利·卡蒂埃 - 布列松（Henri Cartier-Bresson，1908—2004）则在记录西班牙内战（1936—1939）和 20 世纪欧洲大部分地区的状况。卡蒂埃 - 布列松是最早也是最优秀的摄影记者之一，能够用图片表现新闻，但同时也深受超现实主义的影响，拍摄了很多看上去很自然的巴黎街景快照。作为一位摄影师，亨利·卡蒂埃 - 布列松以其出奇中立的态度以及不被察觉的观察视角而著称。他还将心理学课题融入作品之中，让看上去简单的照片充满了复杂的情感和智慧。

约 1960 年前的现代艺术

谁是“八人画派”？

“八人画派”（The Eight）是指一群风格迥异的美国现实主义艺术家——罗伯特·亨利（Robert Henri，1865—1929）、亚瑟·戴维斯（Arthur B. Davies，1863—1928）、威廉·格拉肯斯（William Glackens，1870—1938）、欧内斯特·劳森（Ernest Lawson，1873—1939）、乔治·卢克斯（George Luks，1867—1933）、莫里斯·普兰德加斯特（Maurice Prendergast，1858—1924）、艾弗雷特·希恩（Everett Shinn，1876—1953）、约翰·斯隆（John Sloan，1871—1951）。1907 年，他们都被美国国家画院的春季展览拒绝，1908 年，作为回应，他们在纽约的麦克白画廊举办了自己的展览。这些艺术家中的大部分人后来都成为“垃圾桶画派”（Ashcan School）的成员，为艰难的城市生活绘制逼真的现实主义肖像。作为“八人画派”举办的唯一的群展，他们毁誉参半，有些评论家认为，城市生活阴暗的部分并不是合适的艺术题材，但是该展览却对 20 世纪的美国现实主义艺术有重大影响。尽管有时候“八人画派”和“垃圾桶画派”会被混为一谈，但是他们并不完全相同。

什么是垃圾桶画派?

垃圾桶画派的成员是一群关系松散的美国现实主义艺术家，其中很多是“八人画派”的成员，包括罗伯特·亨利、威廉·格拉肯斯、乔治·卢克斯、艾弗雷特·希恩和约翰·斯隆。画家乔治·贝洛斯（George Bellows，1882—1925）也属于垃圾桶画派。与印象派画家类似，垃圾桶画派的艺术家也关注美国人的日常生活，但是倾向于更黑暗的主题。约翰·斯隆的《选举之夜》（*Election Night*，1907）和乔治·贝洛斯的《悬崖居民》（*Cliff Dwellers*，1913）等画作色彩鲜艳，呈现了很多人物，画面也富有活力。“垃圾桶画派”是美国的第一场现代艺术运动。

什么是美国区域主义?

一部分美国艺术家和评论家着迷于欧洲现代主义，而另一部分——如爱德华·霍珀（Edward Hopper，1882—1967）、格兰特·伍德（Grant Wood，1892—1942）和托马斯·哈特·本顿（Thomas Hart Benton，1889—1975）——则转向国内，开始研究20世纪三四十年代的美国人的生活。霍珀的画作看上去安静而孤寂，例如著名的《夜鹰》（*Nighthawks*，1942），描绘了夜幕下一个灯光明亮的餐厅空荡荡的内部，有一种与世隔绝之感。生于美国爱荷华州的艺术家格兰特·伍德曾在巴黎学习，并在那里接触到了北方文艺复兴的现实主义，将其融入他的标志性作品《美国哥特式》（*American Gothic*，1930），画中一对农民夫妇（以艺术家的姐姐和一个当地的牙医为原型）站在他们的板房前面，房子有点夸张，看上去像一座哥特式教堂，窗户狭长，上端呈尖角。伍德的画美化了辛勤工作的美国农民的形象。受纽约社会研究学校的委托，托马斯·哈特·本顿还创作了一系列纪念美国工人的壁画，名为《今日美国》（*America Today*）。美国区域主义（*American Regionalism*）以一种较为轻松的方式描绘了大萧条和二战之后美国中心地带的景象。这些作品基本上属于现实主义风格，偶尔有一些政治寓意。20世纪40年代，受欧洲影响，现代主义逐渐成为美国艺术界的主流后，美国区域主义也日渐式微。

《美国哥特式》

谁是摩西婆婆？

安娜·梅·摩西（Anna May Moses）又称摩西婆婆（Grandma Moses，1860—1961），她年至七旬才开始画画，原因还是她的关节炎逐渐恶化，不能再进行缝纫了。她是一位典型的“素人艺术家”（naïve artist），或者说是未经艺术学院训练、自学成才的艺术家。摩西婆婆生活在纽约州的乡村地区，她的作品最早在一个当地杂货店展出，艺术收藏家在那里发现了她的天分。1940 年，她举办了名为“农民妻子的画”的首次个展。她的作品主要是怀旧的风景画，画的都是人们熟悉的地方，例如纽约州北部、佛蒙特州、弗吉尼亚州等。这些画作很快就广泛流行了起来，被人们印在各种东西上——贺卡、壁纸、邮票等。她一生中画了上千幅作品，其中《老格子房，1949 年 4 月 18 日》和《冬天的农场，1945》两幅画中有很多生动的小人，展现了美国乡村生活的情景。

什么是哈勒姆文艺复兴?

哈勒姆文艺复兴（Harlem Renaissance）是一场由 19 世纪“新黑人文化运动”（New Negro movement）发展而来的文化运动。阿兰·洛克（Alain Locke，1886—1954）等知识分子号召黑人艺术家、作家、音乐家和思想家从他们的非洲文化根源中汲取灵感，免受欧洲白人传统的影响。贝西·史密斯（Bessie Smith）和艾灵顿公爵（Duke Ellington）等音乐家演奏的布鲁斯和爵士乐，以及兰斯顿·休斯（Langston Hughes）等作家写的诗歌，都是这场以纽约城市生活为核心的文化大爆发的一部分。相关视觉艺术家有摄影师詹姆斯·凡·德泽、画家帕尔默·海登（Palmer Hayden，1890—1964）、艾伦·道格拉斯（Aaron Douglas）等。道格拉斯的作品《黑人生活：从奴隶制到重建》（*Aspects of Negro Life: From Slavery Through Reconstruction*，1934）体现了哈勒姆文艺复兴期间非洲艺术风格对黑人艺术家的影响，表现了美国黑人的历史，画面上有很多人的侧影，让人想起古埃及壁画，而道格拉斯仅用有限的几种色彩，便让画面充满活力、动感甚至声音。他还绘制了解放黑奴宣言、内战重建和选举权等主题，在画面最左侧，几个三 K 党人骑在马背上，咄咄逼人，但是一些重复的圆圈把我们的注意力引向画面中央一个看上去志得意满、获得了成功的人物，他的手举着一张选票。

美国艺术与欧洲影响

什么是军械库艺术博览会?

1913 年，军械库艺术博览会（the Armory Show）把欧洲现代主义介绍到美国。由美国画家与雕塑家协会组织的军械库艺博会，原名是“国际现代艺术展”，举办地是纽约的第69兵团军械库。该展览展出了从美国现实主义到印象派、再到欧洲现代主义等各种各样风格的艺术作品。尽管展会中仅有一小部分欧洲现代主义作品，但是它们在美国公众和评论界引起了轩然大波。马蒂斯的野兽派作品、毕加索和布拉克的立体主义作品都受到了广泛的批评，人们甚至认为马塞尔·杜尚的《下楼梯的裸女》看上去像一堆树枝。尽管遭到强烈反对，但是纽约的博览会和新增的芝加哥展会反而吸引了成千上万的参观者，军械库艺博会给美国的前卫艺术家和收藏家带来了前所未有的重大冲击，自此以后，现代主义长时间占据着20世纪美国艺术界的主导位置。

什么是精确主义？

“精确主义”（Precisionism）是美国现代主义艺术家查尔斯·希勒（Charles Sheeler，1883—1965）创造的词汇，又称“立体现实主义”（Cubist Realism）。“精确主义”于20世纪20年代兴起，是美国早期的一场现代主义艺术运动，主要特点为几何形状的简化和轮廓鲜明的大面积平面化颜色。精确主义绘画常常描绘抽象的建筑或工业场景，比如，查尔斯·希勒的《教堂街》（*Church Street El*，1920）明显与艺术家的摄影师身份有关，凸显了这个“人造”的世界。其他精确主义代表艺术家有查尔斯·德穆斯（Charles Demuth，1883—1935）和乔治亚·奥基弗，奥基弗的作品《辐射体建筑——夜》（*Radiator Building — Night*，1927）和《城市之夜》（*City Night*，1926）是该风格的典型例子。

谁是乔治亚·奥基弗？

尽管乔治亚·奥基弗（Georgia O'Keeffe，1887—1986）以大尺幅的细致花朵绘画而闻名，但实际上她在职业生涯中曾画过多种题材的作品——从纽约城的摩天大楼到沙漠、牛头骨和土坯房。作为现代主义画家，奥基弗的作品经过高度“浓缩”，非常精确，几乎达到了抽象的程度。1917年，乔治亚·奥基弗在921画廊举办了首场个展，主办者是她日后的丈夫、摄影师、收藏家阿尔弗雷德·施蒂格利茨。施蒂格利茨去世后，奥基弗永久移居新墨西哥，过着与世隔绝的生活，在那里，阳光对物体视觉效果产生的影响令她产生了浓厚的兴趣。她的作品在写实和抽象之间徘徊，这些有力的绘画作品使她成了一位知名艺术家。

亚历山大·考尔德为什么创作动态雕塑?

美国艺术家亚历山大·考尔德（Alexander Calder，1898—1976）对可以活动的雕塑很感兴趣，即“动态雕塑”（kinetic sculpture）。考尔德受过工程师训练，而且着迷于皮耶·蒙德里安对色彩和形式的各种实验，他创作了“动态的蒙德里安”——即悬挂在空中、会活动的雕塑，它们的形状一直在变化。考尔德的艺术作品自己可以活动，而且观众也可以绕着它们移动，形成不断变化的视角。动态雕塑作品《其中一个》（*One of Those*，1972）由抽象的生物形状构成，暗示这些物体是有生命的。考尔德的创作远不止动态雕塑，其他雕塑作品还包括重达 50 吨的钢结构雕塑《火烈鸟》（*Flamingo*，1973），现位于芝加哥；形状弯曲有鳍的《鲸鱼二号》（*Whale II*，按 1937 年的原作制作而成，材料为木料和钢），现位于纽约现代艺术博物馆。

谁是约瑟夫·康奈尔?

美国艺术家和电影制作人约瑟夫·康奈尔（Joseph Cornell，1903—1972）生于纽约，自学成才，曾尝试创作超现实主义拼贴画和集合艺术作品，他在展示盒里放满精心搜集来的物品（*objéts trouvés*），这些作品表现的是艺术家广博的兴趣爱好——从天文学到娱乐城，从芭蕾到电影胶片，应有尽有。康奈尔的盒子被理解为构成主义作品，也曾被比作视觉的诗篇，里面放着令人惊讶的有趣物品。比如，在《向浪漫主义芭蕾致敬》（*Homage to the Romantic Ballet*，1942）的盒子里，一块反光的玻璃片上面放着六个磨砂玻璃立方体，底下垫着一块蓝色的天鹅绒，盒盖里面刻着一段文字，以诗一样的语言描述了月夜乘坐马车的场景。另一件作品《无题（伊甸园酒店）》[*Untitled*（*Hotel Eden*），1945]里面有一片热带鸟类形状的剪纸、一块发白的木头、还有一张洒了颜料的报纸，构成了一幅人间乐园的图案，充满怀旧感。很多康奈尔的集合艺术作品都藏于芝加哥艺术学院。

什么是抽象表现主义?

抽象表现主义（Abstract Expressionism）是一场美国的艺术运动，从 20 世纪 40 年代开始，到 60 年代结束，受到欧洲现代主义、超现实主义以及非西方艺术传统的影响。基于心理学和神话学的超现实主义中的“通灵自动创作”（psychic automatism）原则尤其影响广泛。抽象表现主义绘画通常尺幅巨大，包含浓烈的情感，用色大胆、富有动感。对于多数抽象表现主义艺术家而言，创作过程与作品一样重要。抽象表现主义绘画不会表现某个特定、可见的主体，而是借助一些无形的东西来表达情感，他们风格多样，创作手法也各不相同。这场艺术运动可以被分为多个类别或子风格，其中最突出的两类是行动绘画（action painting）和色域绘画（color-field painting）。

行动绘画和色域绘画有什么区别?

行动绘画是抽象表现主义中的一类，与超现实主义自动创作有紧密的联系，也称“动势绘画”（gestural painting）或“动势抽象绘画”（gestural abstraction）。行动绘画是即兴创作，强调自由发挥的创造力和绘画过程本身。行动绘画的三个代表画家是威廉·德·库宁、弗朗兹·克林和杰克逊·波洛克，他们的作品通过大笔刷、狂乱的笔画、滴落的颜料和咄咄逼人的风格，凸显了创作时身体的运动。例如，杰克逊·波洛克将颜料管里的液体颜料直接挤到画布上，然后进行涂抹，如此创作了《炙热之眼》（*Eyes in the Heat*，1946），画面有明显的质感，充满了漩涡般旋转的形状。

《炙热之眼》

色域绘画比行动绘画更柔和一些，但是情感冲击力也同样强烈。色域绘画的特征是形状抽象的单色大色块，代表艺术家有马克·罗斯科、巴尼特·纽曼、罗伯特·马塞维尔、克莱福德·斯蒂尔和海伦·弗兰肯塔勒。海伦·弗兰肯塔勒甚至用颜色“浸染”她的画布。行动画家和色域画家都认为，他们的作品绝对不是没有主题的，但是颜色和行动是创造表现力的基本要素。

抽象表现艺术家有哪些?

•威廉·德·库宁(Willem de Kooning,1904—1997):德·库宁是移居美国的荷兰人,他给在纽约遇见的美国艺术家们带来了很大的启发。德·库宁属于抽象表现主义中的“纽约派”,以充满挑衅性的笔画和较为抽象的形象为特点,最著名的作品是《女人一号》(*Woman I*,1950—1952),他后来重复画了很多次这幅画。画面描绘了一个瞪大眼睛、咄咄逼人的女人,笑得露出了一排牙齿,身体形状显得狂野而抽象。由于作品中丰沛的能量,德·库宁被认为是行动画家,对 20 世纪的美国现代主义有重大影响。

•阿希尔·戈尔基(Arshile Gorky,1905—1948):亚美尼亚裔美籍画家戈尔基早期的“立体主义—超现实主义”风格影响了抽象表现主义艺术家。他的作品《索契的花园》(*Garden in Sochi*,约 1943)与亨利·摩尔的仿生抽象作品颇有相似之处。

•汉斯·霍夫曼(Hans Hofmann,1880—1966):霍夫曼生于德国,是一位艺术教师,他把欧洲现代主义介绍给了新一代美国人。代表作是《大门》(*The Gate*,1959—1960),一幅色彩丰富、用色大胆的画作,强调了视觉结构以及色彩之间的关系。

•弗朗兹·克林(Franz Kline,1910—1962):他的作品尺幅很大,通常是在白色画布上用粗笔刷肆意画上黑色的颜料,这些作品让人想起中国的书法,也使人注意到笔画的动态张力和结构作用。

•罗伯特·马塞维尔(Robert Motherwell,1915—1991):马塞维尔属于纽约派,其作品受到了超现实主义自动创作和欧洲现代主义的启发。作为作家和教师,他以一种充满思想和智慧的方式创作抽象作品。他先后画了一系列名为《西班牙共和国的挽歌》(*Elegies to the Spanish Republic*)的作品,表达了对失去和死亡的本质与视觉形式的哲学思考。

•李·克拉斯纳(Lee Krasner,1911—1984):李·克拉斯纳是一位重要的抽象表现主义画家,也是杰克逊·波洛克的妻子。她对自己的作品要求十分严格,甚至有时候会毁掉已经完成的作品。她创作了一些大型动势绘画,如《季节》(*The Seasons*,1957)。

•巴内特·纽曼(Barnett Newman,1905—1970):他是一位重要的色域画家,作品中色彩鲜艳的背景上经常有一道其他颜色的“拉链”或者一道细长的竖线。纽曼的“拉链”曾被比作一座方尖碑,通过令人眩晕的纯色色域寻求一种“崇高、至上”之感。

•杰克逊·波洛克（Jackson Pollock，1912—1956）：波洛克的作品在抽象表现主义艺术家中流行时间最长。他以咄咄逼人的绘画风格和直接将颜料洒在画布上的技法著称。作画时，他会把画布平放在地面上，踩着画布，弯腰直接把颜料涂上去。尽管他的画可能有点混乱，但是整体效果却经常是富有韵律感和思想性的。

•艾德·莱茵哈特（Ad Reinhardt，1913—1967）：莱茵哈特以创作“像艺术的艺术”（art-as-art）著称，强调艺术与生活的分离。他把作品浓缩成为一种颜色，而后期的作品则完全是黑色的，没有任何笔刷的痕迹。他这么做，是为了把作品与创作作品的动作完全区分开来。

•马克·罗斯科（Mark Rothko，1903—1970）：罗斯科的兴趣在于通过大型色域绘画传递情感和精神上的力量。他的巨幅油画常常色彩鲜艳，但色块渐变的边缘十分柔和，不同的色彩之间仿佛互不相接，造成一种张力，罗斯科将这种张力与人和人之间关系的张力联系了起来。他的绘画充满精神性和心理上的暧昧感。

•克莱福德·斯蒂尔（Clyfford Still，1904—1980）：斯蒂尔也是一位色域画家，但是他的作品色块边缘参差不齐，而且将各种色彩和不同质地并置于画面中，比罗斯科更具挑衅性。他的大型作品曾被人们比作风景画。

•海伦·弗兰肯塔勒（Helen Frankenthaler，1928—2011）：尽管弗兰肯塔勒使用油彩和丙烯颜料作画，但是她的大型作品却看上去像水粉画，画布被大片有流动感的色彩浸染。用这种浸染的技法创作出来的作品，几乎没有任何纹理感，展现出大片开阔的空间，正是因为这个特点，现代主义艺术评论家克莱门特·格林伯格（Clement Greenberg）才对弗兰肯塔勒给予了大力支持。

拉丁美洲现代艺术

谁是许尔·索勒？

许尔·索勒（Xul Solar）是阿根廷前卫艺术家奥斯卡·奥古斯丁·亚历

山德罗·舒尔茨·索拉里（Oscar Augustin Alejandro Schultz Solari，1887—1963）的艺名。拉丁语中代表“光”的词是 lux，字母顺序倒过来就是他的名字 Xul。许尔·索勒的大部分作品都不为人知或未曾与公众谋面，因为他创作的很多小幅水粉画在他生前很少展出过。他的作品受到了欧洲现代主义、尤其是艺术家保罗·克利的影响，但是也融入了许尔个人对神秘主义和本土文化的兴趣。《女赞助人》[*Jefa (Patroness)*，1923] 等作品色彩明亮，将人物形象与抽象形式和符号（例如数字和犹太教的六芒星）结合起来。许尔·索勒的作品是拉丁美洲艺术家将欧洲现代主义本土化的一个例子，他还创作了雕塑和文学作品。

谁是阿米莉亚·佩雷斯?

著名古巴艺术家阿米莉亚·佩雷斯（Amelia Peláez，1896—1968）的现代主义绘画通过视觉手法探讨了古巴人的身份问题。佩雷斯曾在古巴和巴黎学习艺术，并在巴黎接受了立体主义和构成主义，尤其受到俄国艺术家亚历山德拉·埃克斯特（Alexandra Exter）的影响。她的画作用色大胆、平面化，有黑色的轮廓线，而且题材让人想起古巴的热带气候。在职业生涯晚期，佩雷斯还创作了一些陶瓷和壁画作品。她的代表作有《太平洋（木槿花）》[*Marpacífico*（*Hibiscus*），1943]、《女孩与鸽子》[*Niña con Paloma*（*Girl with a Dove*），1947] 以及很多无题画作和雕塑。

什么是墨西哥壁画运动?

墨西哥壁画运动（*Muralismo*，或 Mexican Muralism）是一场兴起于 20 世纪 20 年代的艺术运动，墨西哥独裁者波尔费里奥·迪亚兹将军（General Porfirio Díaz）倒台引发的政治动乱时期结束后，艺术家们开始创作颇具社会意识、体现国家主义的壁画，赞美墨西哥的历史文化传统。该运动的三个关键人物是迭戈·里维拉（1886—1957）、何塞·克莱门特·奥罗斯科（José Clement Orozco，1883—1949）和戴维·阿尔法罗·西凯罗斯（David Alfaro Siqueiros，1896—1974）。基于“艺术应该让所有人都能理解”的想法，为了歌颂墨西哥国家主义，新政府委托艺术家为学校、交通、政府建筑等公共空间创作壁画。

谁是迭戈·里维拉?

墨西哥艺术家迭戈·里维拉（Diego Rivera，1886—1957）创作的大型公共空间壁画举世闻名。里维拉在欧洲学习时曾见过毕加索，而且和毕加索一样，从小就天资出众。职业生涯早期，里维拉经过了一段综合立体主义时期，但是风格成熟后，主要以大型人物壁画为特色。迭戈·里维拉和何塞·克莱门特·奥罗斯科、戴维·阿尔法罗·西凯罗斯等其他重要墨西哥艺术家一道，以创造一种新的墨西哥国家特色艺术为目标。他在意大利学习了湿壁画，并将该技法应用于自己的壁画创作，例如他为国家宫（*Palacio Nacional*）创作的墨西哥历史画等，在这幅作品中，他将欧洲、玛雅和阿兹特克风格融合起来，色彩鲜艳明亮，画中形态都经过简化处理。里维拉还在美国创作了一些壁画，例如位于底特律美术学院的《底特律工业场景》（*Depiction of Detroit Industry*，1932—1933）等。作为一名直言不讳的共产主义者，里维拉的政治立场有时在美国会遭到批评。例如，在为纽约的洛克菲勒家族创作时，里维拉打算加入俄国领导人弗拉基米尔·列宁的肖像，结果，洛克菲勒家族表示反对，给里维拉支付酬金后，毁掉了他尚未完成的壁画。后来，里维拉在美术博物馆（Museo del Palacio de Bellas Artes）完成了该壁画另一个版本，名为《人，宇宙之主宰》（*Man, Controller of the Universe*，1934），这是他最著名的作品之一。

谁是弗里达·卡罗?

尽管弗里达·卡罗（Frida Kahlo，1907—1954）嫁给了迭戈·里维拉，但是她的绘画风格极具个人特色，避开了大部分参与“墨西哥壁画运动”的男性同行们创作的大型作品。卡罗自传性质的自画像与细密画颇有相似之处，她还受到了墨西哥民俗画的影响。尽管不能正式算作超现实主义画家，但是她的大部分画作都以情感和心理活动为主题，画中图像如同梦境，令人感到不安。她在《两个弗里达》（*The Two Fridas*，1939）中画了两个自己，其中一个穿着欧式服装，另一个穿着传统墨西哥服饰，代表了她的双重文化身份（她的父亲是德国人，母亲是墨西哥人）。画中，两个弗里达的胸口都可以透视到绘制得十分精细、符合解剖结构的心脏，心脏之间以细长的血管连接，这根血管也环绕在她们周围。坐在左侧的弗里达手拿剪刀，剪断了血管，血液从断口流了出来。人们认为，这既代表了阿兹特克的祭祀方式，又代表了1925年公交车事故给她带来的极大创伤和持续一生的痛苦。卡罗的其他著名作品还有《戴荆棘项链的自画像》(*Self-Portrait with Thorn Necklace*，1940)和《在墨西哥与美国边境线上的自画像》(*Self-Portrait on the Border Between Mexico and the United States*，1932)。

第二次世界大战后的欧洲艺术

什么是存在主义艺术?

第二次世界大战结束后，欧洲的艺术家、作家和思想家艰难地应对着战争带来的物质毁坏和精神创伤。让 - 保罗 · 萨特(Jean-Paul Sartre，1905—1980)等法国思想家推出了一种哲学思想并广为传播，作为对战争的回应——存在主义。萨特的论著《存在与虚无》(*Being and Nothingness*，1943)描述了存在的焦虑与无意义，以及对生活真实性的追求。存在主义给欧洲战后艺术造成了强烈的影响，弗 · 培根、阿尔伯托 · 贾科梅蒂、让 · 杜布菲等艺术家都对其进行了探讨。

谁是弗兰西斯 · 培根?

英国画家弗兰西斯 · 培根(Francis Bacon，1909—1992)的人物绘画非常具有表现力，常常表现出心理上的恐惧。培根经常被定义为存在主义艺术家。他以委拉斯开兹的16世纪肖像作品为模板，绘制了教皇英诺森十世(Pope Innocent X)的肖像，但是培根笔下的教皇，却坐在一个如同牢笼的宝座之中，脸上涂满了往下流淌的颜料，背景的黑色看上去充满恶意。培根的画作表现了一些极度痛苦的场景，他曾说过 :“我想画

弗兰西斯 · 培根的自画像

出人类最有力的呐喊……重现现实本身的残酷。”

什么是魔幻现实主义?

魔幻现实主义（Magic Realism）最早由德国艺术评论家弗朗茨·罗（Franz Roh）于1925年提出，盛行于20世纪20年代至50年代。可以说，魔幻现实主义是以现实主义手法描绘奇幻题材的艺术风格，代表人物有美国艺术家伊万·阿尔布莱特（Ivan Albright，1897—1983）、彼得·布鲁姆（Peter Blume，1906—1992）、法国艺术家保尔·德尔沃（Paul Delvaux，1897—1994）和雷内·马格利特（1898—1967）等。其中，马格利特可能是最有名的魔幻现实主义画家，但是他也常被归为超现实主义。这些艺术家的作品在表现正常的日常生活用品的同时，又蕴含着神秘感。

谁是阿尔伯托·贾科梅蒂?

意大利雕塑家、画家阿尔伯托·贾科梅蒂（Alberto Giacometti，1901—1966）生于瑞士的意大利语地区，在职业生涯早期，他的超现实主义雕塑就受到评论界的称赞。他正式加入超现实主义运动后，直至20世纪30年代才退出。贾科梅蒂受到了存在主义哲学的启发，也是哲学家让-保罗·萨特的朋友，萨特甚至还为他的一本巴黎展览画册写了前言。贾科梅蒂的标志性作品是如骨架一般的人物青铜雕塑，与二战结束后满目疮痍的社会状态有关。他对人类的认知体会很感兴趣，那些步履蹒跚的雕塑也被他描述成人类形体的“影子”。在近期的艺术品拍卖中，他的作品以上千万美元的价格成交。

什么是眼镜蛇画派?

眼镜蛇画派（CoBra）是一个国际艺术家群体，群体名称取自创始人家乡的前几个字母：哥本哈根（Copenhagen）、布鲁塞尔（Brussels）和阿姆斯特丹（Amsterdam）。“眼镜蛇画派”是1948年丹麦画家阿斯格·尤恩（Asger Jorn，1914—1973）和诗人克利斯廷·多托蒙（Christian Dotremont）在巴黎的一家咖啡馆创立的，1951年解散。他们拒绝超现实主义，而且和其他二战后的艺术运动一样，想要重新开始，发展出一种属于战后时期的新艺术。对于眼镜蛇画派来说，就是自发的创造性和艺术实验。该群体成员有卡瑞尔·阿佩尔（Karel Appel，1921—2006）、乔治·康斯坦特（George Constant，1920—2005）和“科尔内耶”（“Corneille”，1922—2010），他们的大部分作品都非常大胆，具有表现力和幻想性。尤恩的画作《太初有像》（*In the Beginning Was the Image*，1965—1966）的主色为三原色，颜料看上去像是涂抹在画布上，而康斯坦特的《奇异的动物》（*Fantastic Animals*，1947）则通过对野生动物的幼稚描绘，唤起人们的原始本能。眼镜蛇画派成员尊重世界上所有人的艺术，不在乎他们的背景、社会阶层或教育水平，而且尤其受到了儿童绘画的启发。

什么是原生艺术?

原生艺术（art brut）是法国画家让·杜布菲（1901—1985）于1945年提出的概念，法语的字面意思是“未经加工的艺术”，用于形容艺术领域的门外汉或者未受学院训练的人所创造的艺术品，其中包括儿童、罪犯和精神失常的人的作品。杜布菲与超现实主义者安德烈·布勒东和艺术评论家米歇尔·达比埃（Michel Tapié）一同创建了“原生艺术公司”（*Compagnie de l'Art Brut*），收藏瑞士精神病患者创作的“原生艺术”作品。该收藏的规模逐渐扩大到超过两千件作品后，1971年，杜布菲将其捐赠给了瑞士城市洛桑。他本人的作品也受到了门外汉艺术的很大启发，他的兴趣在于艺术的自发性、原创性和摆脱社会束缚的自由创作。

什么是不定形艺术?

不定形艺术（Art Informel）又称塔希主义（Tachisme）或抒情抽象主义（lyrical abstraction），基本上就是欧洲版本的美国抽象表现主义，强调非几何形的抽象艺术、自发性以及具有表现力的笔触。法语中tache是斑点的意思，即颜料随意涂抹在画布上的效果。不定形艺术的代表艺术家有让·弗特里埃（Jean Fautrier，1898—1964）、汉斯·哈同（Hans Hartung，1904—1989）和沃尔茨（Wols），即阿尔弗雷德·奥多·沃尔夫冈·舒尔茨（Alfred Otto Wolfgang Schulze，1913—1951）。尽管让·杜布菲的作品经常与“原生艺术”联系在一起，但是有时也会被归类为“不定形艺术”。

谁是亨利·摩尔?

亨利·摩尔（Henry Moore，1898—1986）是现代最著名的雕塑家之一，也可以算是20世纪英国最重要的雕塑家。他的作品受到了非西方艺术，尤其是玛雅艺术的影响，其人体抽象作品《斜倚人像》（*Reclining Figure*，1929）的灵感，直接来源于墨西哥奇琴伊察的查克穆尔神像。斜倚人像、家庭群像、母子像等都是他的主要题材。摩尔的艺术风格可以用“生物形态”（biomorphic）来描述，也就是说，他的人体抽象作品通常形状圆滑、高低起伏、过渡自然。他也创作了一些中空、“穿孔”的大型雕塑，突显了“留白”的神秘感。在职业生涯晚期，摩尔尤其多产，他请了一个助手团队来为公共空间创作巨型作品，这些作品在世界各地都可以见到。

谁是布朗库西?

罗马尼亚雕塑家康斯坦丁·布朗库西（Constantin Brancusi，1876—1957）是20世纪最有创新和原创性的当代雕塑家之一。职业生涯初期，他曾跟随印象派雕塑家奥古斯特·罗丹学习，但是很快便离开罗丹，开始试验创作极度简化和抽象的作品。非西方文化的艺术和传统工艺给他带来了很多灵感，所以他以很多种不同的媒介进行创作，包括青铜、石块和木材。《吻》（*The Kiss*，1913）是一尊具象派雕塑，表现了两个互相拥抱的人，虽然他们的形态经过简化，看上去像一大块物体，但是仍然富有生命力。《波嘉尼小姐》（*Mlle Pogany*，1913）呈椭圆形，表面打磨得十分光亮。布朗库西的鸟类雕塑作品系列也很有名，尤其是《空间之鸟》（*Bird in Space*，1923），将一只鸟的形体简化为一条精致的固态实心曲线。布朗库西的作品达成了柔软与坚韧、动态与宁静之间看上去近乎不可能实现的平衡。

《空间之鸟》

什么是新写实主义?

“新写实主义”(*Nouveau Réalisme*)是法国艺术家皮耶·雷斯塔尼(Pierre Restany)于1960年发起的艺术运动，是对20世纪抽象主义和“不定形艺术”的反叛。很多新写实主义者并不是画家，而是试验各种艺术形式的艺术家，例如“解拼贴”(décollage)，就是一种将海报和广告等图像撕破的创作过程。新写实主义解拼贴最典型的例子，是弗朗索瓦·杜弗莱纳(François Dufrêne)和米莫·罗特拉(Mimmo Rotella，1918—2006)的作品。让·丁格利(Jean Tinguely，1925—1991)还将这一手法进行拓展，加入了废弃金属、旧瓶子、发动机等工业用品。他的《向纽约致敬》(*Homage to New York*，1960)是一件自我毁灭的作品，场面壮观，曾在纽约现代艺术博物馆展出。相反，画家伊夫·克莱因(Yves Klein，1928—1962)则以他的作品探索了纯粹颜色的力量，甚至发明一种专属于他的蓝色，称为国际克莱因蓝(International Klein Blue，IKB)。新写实主义艺术家把真实世界的物品(主要是垃圾)变成了他们的调色盘，希望以一种不同于同时代艺术家的独特方式对现代生活进行评论。

美国土著艺术

什么是纳瓦霍沙画?

沙画是美国西南部土著纳瓦霍人(Navajo)传统疗愈仪式的重要组成部分。纳瓦霍的药师用沾了彩色粉末的石头、颜料和玉米花粉等天然材料，在仪式上重现神话中众神和英雄的旅程，构成具有疗愈效力的复杂图案。纳瓦霍沙画又称“干画”，通常由风格化的重复几何形状构成，例如一些曲线或折线。画作完成后，不会向公众展示，仪式结束就立即被毁掉了，不过，也有些沙画曾被出版过，美国议会图书馆和其他机构也会收藏沙画的照片。纳瓦霍人必须严格遵循宗教仪式传统，疗愈仪式才能成功。创作一幅沙画时，需要将画布平摊在地面上，艺术家站在上面绘制，美国抽象表现主义艺术家杰克逊·波洛克受到这个过程的启发，在创作自己的艺术作品时也用了这种方式。

谁是玛丽亚·蒙托亚·马丁内斯？

美国土著艺术家玛丽亚、蒙托亚、马丁内斯（María Montoya Martinez，1887—1980）来自新墨西哥州圣伊尔德丰索普韦布洛印第安村落（San Ildefonso Pueblo）。她和丈夫胡安、马丁内斯的陶瓷作品非常著名，这些器皿表面十分光亮，黑底上有黑色图案，在艺术市场上价值极高。马丁内斯的陶罐器型较为传统，但是受到 20 世纪初流行的“装饰派”风格的影响，表面饰有几何形状和曲线图案。玛丽亚、马丁内斯是唯一一位坚持在作品上签名的印第安村落艺术家，她有时候会签她的特瓦族名字 *Po've'ka*（睡莲）。注重社区集体的马丁内斯，也会在陶罐上签上她和她丈夫两个人的名字，还有住在同村落的邻居的名字。

什么是霍皮的克奇纳神像？

霍皮族（Hopi）的名称意为“和平的人”，他们是美洲土著的一个分支，住在美国西南部地区。在霍皮人的信仰中，克奇纳（katsina 或 kachina）是重要且友善的神灵，是真实世界中各种自然元素的化身。舞者装扮成克奇纳神，成为它们的化身，是舞蹈仪式中的重要环节。克奇纳神的雕像也是霍皮族宗教和艺术传统的重要组成部分，可以作为送给孩童的礼物和教育的道具。克奇纳神经常被看作雨神或者丰产、狩猎之神。霍皮族的克奇纳雕像通常由三角叶杨树根雕刻而成，用羽毛做装饰，表面绘制了各种不同的图案和符号，例如象征水、雨和风暴闪电的几何图案等。

海达图腾柱

什么是海达图腾柱？

海达族（Haida）居住在美国加利福尼亚州至阿拉斯加州的太平洋沿岸，有着丰富的编织、雕刻和雕塑传统。他们的图腾柱是社会地位的重要体现，属于大型纪念性雕塑，通常用雪松木雕刻而成。作为有超过三百年历史的重要艺术形式，由动物及其他自然物体的形态组成的图腾柱是一种精神上的象征。海达图腾柱表现了家族谱系及其社会地位的各种细节，非常珍贵，有时，关于某个图腾形象的所有权争执甚至会导致不同宗族之间的战争。海达图腾柱可以置于室内或室外，而且最高可达 18 米。室外的图腾柱可以是独立的，表面有彩绘，用于引导小船靠岸。高点的图腾柱可以用作房子内部的支撑柱，而短一些的则可用于丧葬。

太平洋艺术

什么是太平洋艺术?

“太平洋艺术”囊括了大洋洲、波利尼西亚、美拉尼西亚、密克罗尼西亚地区各个文化的艺术，包括澳大利亚、新西兰、巴布亚新几内亚等国家，还有复活节岛、萨摩亚、斐济、汤加以及美国的夏威夷州等地区。这些地区的艺术有时被称作“大洋洲艺术”。太平洋地区不同文化的艺术形式和题材都千差万别，有绘画、仪式面具、木雕、石雕、住宅和大型纪念性建筑、纺织品及人体艺术。

什么是“神力”？

“神力”（Mana）是大部分太平洋艺术中的重要概念，是理解大部分太平洋文化中艺术力量的关键所在。人和艺术品都具有的“神力”，它是一种神圣的精神力量，肉眼看不见，但是强大得令人畏惧，某个人所拥有的“神力”多少取决于他与神的距离有多接近。例如，部落首领和他的贵族亲戚具有“神力”，因为他们是神的子孙。一个人的行为可以使他获得或失去“神力”，例如英勇或懦弱的行为等。一件艺术品的“神力”与作者的地位、技艺、所用材料、创作年代以及适用的仪式有关。

什么是比斯吉柱?

比斯吉柱（bisj pole）是新几内亚西部的阿斯马特人（Asmat）制作的

重要宗教木雕，这种又高又细的立柱用于纪念先祖，祖先的灵魂一个个摞起来排成一列，最高达 6 米。比斯吉柱在阿斯马特的割头传统中扮演重要角色，用于与生死轮回和战争有关的仪式。根据神话传说，阿斯马特的祖先最早是神圣的英雄弗摩里比特斯吉（Fumeripitsj）用西谷椰子树创造出来的，而他是地球上的第一个人，因此阿斯马特人一直用西谷椰子树制作比斯吉柱。这说明，阿斯马特人认为人体与这种树有紧密的联系，作为该概念的延伸，树的果实则象征着人头。柱子上雕刻的鸟类食用果实的图像，代表了割头者会吃掉他“猎获”的战士的大脑。比斯吉柱顶端伸出的翅片是生殖器崇拜的符号，象征力量与男性的生殖力。

太平洋文化中的“会堂”有什么重要意义?

会堂（meeting house）或仪式堂（ceremonial house）是太平洋建筑的重要组成部分，很多太平洋文化将这些大型会堂用于宗教或成年仪式等。例如，居住在新几内亚东塞皮克省的阿伯兰人（Abelam）在仪式堂里展出艺术和仪式用物品，吸引神灵来参加仪式。传统的阿伯兰仪式堂装饰着各种材料制成的艺术品，包括水果、树叶、石头和贝壳。新爱尔兰岛上的仪式堂对于举办“马拉干”（*malagan*）仪式至关重要，建筑门口会摆放一些木雕。19 世纪中期，在雕刻大师拉哈鲁黑・鲁库波（Raharuhi Rukupo）的指导下，毛利人在新西兰的吉斯博恩建造了一座毛利会堂（*Te-Hau-Ki Turanga*）。这座会堂属于华雷努伊（*wharenui*）建筑，外部布满细致的木质高浮雕，浮雕曾用鲨鱼的鱼肝油和红泥涂抹过，呈现出光泽和鲜艳的颜色。沿着 A 形的顶棚，彩绘木椽条和格子板组成一系列重复的图案——这部分是由女工匠制作的。尽管建筑的雕刻效果很传统，但它们是用欧洲的先进金属工具雕刻出来的。19 世纪时，毛利人正处于殖民统治之下，所以毛利建筑受到基督教的影响，发生了一些变化。整个太平洋地区的会堂建筑都是举办社区集会、宗教及其他仪式的重要场所。这些建筑的建造与艺术品的创作和某个文化的政治及宗教信仰用途密不可分。

什么是卡尼斗篷?

卡尼斗篷（Kearny Cloak）是一件夏威夷羽毛短斗篷，1843 年前后，夏威夷国王卡美哈梅哈（Kamehameha）将其赠送给英国国王乔治三世。

这件红黄相间的斗篷由椰子纤维编织而成，并粘了羽毛。由于颜色主要为红色，所以它被称作 *Ahu ‘ula*（红斗篷），当然，穿法与普通斗篷一样。在夏威夷，红色代表忠诚，羽毛则用于装饰地位较高的奢侈品，例如服饰、毯子、还有一种称作 *leis* 的夏威夷传统花环。卡尼斗篷地位很高，与夏威夷国王的地位紧密相关，因此送给其他统治者非常合适，而且很有意义。

文身对于太平洋地区的文化有什么重要意义？

文身一直是整个太平洋地区文化与宗教传统的重要部分，尤其是在波利尼西亚和新西兰。文身的英文（tattoo）甚至来自波利尼西亚语 *tatau*。包括服饰、珠宝和文身在内的人体艺术，能够体现社会地位，某些特定的图案还代表着社会中的某些特殊等级。文身的图案通常为几何形状。新西兰的毛利人用 *moko* 指文身，且男人和女人有不同的文身风格，文在身体的不同位置也有不同的含义。例如，右脸的文身代表社会地位和父亲的宗族传承，而左脸的文身则体现母亲的宗族传承。社会中最重要的成员很可能全身都布满文身。经过了一段时间的文身低潮之后，新西兰的毛利人又重新开始用它来显示社会地位和文化身份了。

什么是澳大利亚原住民艺术？

原住民艺术（aboriginal art）是指澳大利亚原住民的艺术创作，这些艺术传统至今仍在蓬勃发展。原住民艺术包括岩石艺术、人体艺术、树皮画、纤维艺术和可携带雕塑（澳大利亚原住民属于游牧民族）。这些原住民在澳大利亚生活了 4000 年，他们的艺术与宗教信仰和复杂的神话密切相关。原住民的精神世界称作 *Jukurrpa*，通常译为“梦境”，强调精神力量与某个地方之间的联系。重要的是，原住民艺术家并没有创作出任何新的或原创的东西，而是在重新阐释先祖传下来的设计与艺术元素。现在，很多当代原住民艺术家用亚克力颜料创作传统的点画或树皮画。20 世纪的原住民艺术家克利福德 · 泡泽姆 · 贾帕加利（Clifford Possum Tjapaltjarri，1932—2002）使澳大利亚原住民艺术引起了国际艺术界的关注，世界各地的重要美术馆和画廊都收藏了他的作品。

波普艺术

什么是波普艺术?

于 20 世纪 50 年代首先出现在英国的波普艺术 [Pop art，这个名称是英国艺术评论家劳伦斯・阿洛威（Lawrence Alloway）想出来的]，是 20 世纪中期最有影响力的艺术运动之一，尤其在英国和美国。波普艺术家借助了广告和流行文化中的大众媒体图像创作艺术，挑战美术的地位。波普艺术的关键人物有主要在英国工作的艾伦・琼斯（Allen Jones，1937—）、爱德华多・包洛奇（Eduardo Paolozzi，1924—2005）、彼得・布莱克（Peter Blake，1930—）和理查德・汉密尔顿（Richard Hamilton，1922—2011），而美国波普艺术家则有罗伊・利希滕斯坦（1923—2007）、罗伯特・劳森伯格（1925—2008）、贾斯珀・琼斯（1930— ）和最著名的安迪・沃霍尔（1928—1987）。

谁是安迪・沃霍尔?

安迪・沃霍尔（Andy Warhol，1928—1987）是一位标志性的名人艺术家，他的金宝汤罐头和电影明星仍然是辨识度最高、价值也极高的波普艺术作品。沃霍尔顶着一头偏白的金发、戴着黑色太阳镜、穿着高领毛衣的形象已经深入人心。他将大众媒体图像的符号价值除去，赋予这些图像全新的面貌。生于美国宾西法尼亚州匹兹堡的沃霍尔，曾在卡内基学院学习，1949 年移居纽约。在那里，他开始创作商业艺术，还有绘画、版画、雕塑和电影。

沃霍尔的纽约工作室被称作“工厂”。在工作室里，他和助手团队一起用丝网印刷机大规模地印制图像。他的目标是机械地制作人们所熟悉的图像，直到它们失去所有意义，就像不停地重复说一个词，直到它听上去像荒谬的废话一样。这就解释了《易碎——小心轻放》等画作的含义，这幅画中重复出现“易碎”这个词，直到它成为近乎抽象的图形。与此相似，沃霍尔还制作了一段八小时的冗长影片，从一个角度拍摄帝国大厦。沃霍尔的作品是 20 世纪 60 年代艺术与时尚界的绝对主导，直到 80 年代，他还在不断地利用名人的肖像与名声来挑战艺术的边界。

贾斯珀·琼斯为什么画美国国旗?

美国当代艺术家贾斯珀·琼斯（Jasper Johns，1930—）以创作绘画、版画和雕塑而著称，画中经常出现熟悉的物品和符号，例如靶子、数字和美国国旗。与波普艺术的主题和目标一致，琼斯以一种全新的方式展现了人们所熟悉的物品。不过，与创作新的图像相比，他更想描绘“大脑已经知道的东西”（引自《大都会博物馆艺术史年表》）。他曾表示，是一个梦为他画国旗提供了灵感，而一幅写实作品也会更加凸显他所画符号的人为性。

谁是罗伯特·劳森伯格?

罗伯特·劳森伯格（Robert Rauschenberg，1925—2008）和他的好友、情人兼生意伙伴贾斯珀·琼斯，都是波普艺术中非常有影响力的艺术家。劳森伯格将艺术引离抽象表现主义。他曾经把一张德库宁的画抹掉，然后把这张空白页裱在画框里，最后完成的作品被他命名为《抹掉德库宁的画》（*Erased De Kooning Drawing*，1953）。这个大胆的、挑衅的举动使人们开始注意到一个困扰着 20 世纪中期艺术家的问题——抽象表现主义之后，艺术将走向何方?

从 20 世纪 50 年代开始，劳森伯格开始创作一种“综合”绘画，在画中加入现成的物品和图像，包括报纸和照片等，甚至还有纽约街边的垃圾，如毛绒玩具、电子产品和建筑的某一部分等。他最著名的作品（也是最早的综合绘画）是 1955 年的《床》，这是一幅综合媒材绘画，包括了沾满颜料的棉被、床单，还有用过的枕头（劳森伯格用铅笔在枕头上绘画）。人们认为，这件自传性的作品也是对艺术与日常生活之间关系的一种评论。劳森伯格的《柿子》（1965）没有用垃圾，而是用了彼得·保罗·鲁本斯的 17 世纪绘画《镜前的维纳斯》（*Venus at Her Toilet*），画中古代神话中的爱神从镜子的反射中看向观者，创造了一个视觉谜语，艺术史上很多绘画作品中都能看到这样的谜语。借助这件当代组合作品，劳森伯格对艺术的历史进行了一番探讨。

谁是大卫·霍克尼?

大卫·霍克尼（David Hockney，1937—）是一位重要的早期波普艺术家，但是他并不喜欢把自己与波普艺术联系起来，而且他的作品的确风格多样。作为著名的当代艺术家，霍克尼尚在伦敦的皇家艺术学院学习时，职业生涯就已经起步了，他的早期作品经常融入诗的片段和个人的主题。绘画《我们两个男孩紧紧相拥》（*We Two Boys Together Clinging*，1961）令人想起让·杜布菲的“原生艺术”，画面上满是手写的字，一些幼稚的形状看上去像孩童的手笔。到了职业中期，霍克尼的绘画风格明显更加平和，开始用丙烯绘制，画面则反映出了他作为平面艺术家和画家的技艺。他最有名的波普艺术作品应该是《大水花》（*The Big Splash*，1967），这幅色彩明亮的画作描绘了加利福尼亚州的一个游泳池，一条几何形状的跳板从池边伸到画面中央。一片旋涡状的水花绽放在游泳池平静的蓝色水面，使画面看上去像一张照片。20 世纪七八十年代，他曾尝试创作拼贴画，将宝利来照片的碎片置于井然有序的画面之中。因为在摄影方面的工作，他于 2003 年获得了颇具声望的皇家摄影协会颁发的大奖。之后，霍克尼继续创作绘画，并进一步获得了认可，其中包括一些大型风景画，例如《更大的大峡谷》（*A Bigger Grand Canyon*，1998），这幅画由超过 60 幅单件作品组成。

究竟是什么让今天的家庭如此不同，如此吸引人?

《究竟是什么让今天的家庭如此不同，如此吸引人？》是英国艺术家理查德·汉密尔顿（1922—2011）于 1956 年创作的波普照片拼贴作品，曾在伦敦白教堂画廊的“这就是明天”(This is Tomorrow)波普艺术展中展出，而且是该展览最重要的作品之一。展览的画册和海报中都用了这件作品的图片。画面中展示的是一间中产阶级家庭的客厅，上面贴着一些剪下来的照片，左侧是一名肌肉发达的健美运动员的黑白照片，他手里拿着棒棒糖，而一位几乎没穿衣服的女人摆着夸张的姿势，倚靠在看上去很普通的沙发上，房间上方还贴着一张从太空俯瞰拍摄的地球照片，从画面上方低低地压下来。这件作品中的图案都是从美国的杂志里剪下来的，是波普艺术利用大众媒体图像的典型例子，可以被理解为对于城市文化和消费主义的批判。

罗伊·利希滕斯坦为什么画漫画?

从罗伊·利希滕斯坦(Roy Lichtenstein，1923—1997)的早期作品中可以看出他对立体主义和抽象表现主义的兴趣。20世纪60年代，他开始创作漫画书绘画，在《*Whaam!*》(1963)和《艾迪双联画》(*Eddie Diptych*，1962)等作品中，利希滕斯坦把漫画图像变成了大型美术作品，把图像放大，然后画上印报纸图片时用的“本戴点”(Ben Day)。有些评论家认为，这种创作方法是一种滑稽模仿(parody)，但是与波普艺术的目标一致。利希滕斯坦能够把“低俗”的漫画书艺术转变成高端的美术作品，但是他的有些作品也起到了完全相反的效果。在《黄色笔画》(*Yellow Brushstroke*，1965)中，他精雕细琢地绘制了一道黄色颜料，作品显得近乎可笑，而且非常平庸乏味。他还用标志性的漫画风格

罗伊·利希滕斯坦作品

重画了著名的绘画杰作，例如梵高的《阿尔勒的卧室》(1888)。利希滕斯坦创作这些像漫画一样的图像，是为了鼓励观者对写实绘画“准确”展现现实的方式提出质疑。

观念艺术与其他现代艺术运动

抽象艺术

什么是欧普艺术？

欧普艺术（op art）中的op，指的是“视错觉”（optical illusion）。欧普艺术绘画由精确的几何抽象图案组成，例如布里奇特·瑞利（Bridget Riley）的《变形》（*Metamorphosis*，1964）。欧普绘画将颜色和形状以某种特殊的方式组合，创造出一种模糊的视后象（after-image），这种效果和看强光时间过久或看游乐园里的哈哈镜感觉差不多。匈牙利艺术家维克托·瓦萨雷里（Victor Vasarely，1908—1997）是欧普艺术的先锋，他的斑马主题商业绘画（以及它们重复的黑白条纹）是一项早期的视觉实验，而黑白色的《超新星》（*Supernovae*，1959—1961）等作品则充满动感和不安。瓦萨雷里将这些作品与亚历山大·考尔德等艺术家的动态艺术联系在一起。观者是欧普艺术的重要元素，因为如果没有观者——尤其是他们的观看视角——就不会有视错觉效果。欧普艺术是对人类视觉感受（观看事物的经历）的研究与探索。

谁是伊娃·海瑟？

德裔美国画家、雕塑家伊娃·海瑟（Eva Hesse，1936—1970）生于犹太家庭，后来他们逃离了纳粹德国。海瑟的实验性艺术可以被归为极简主义，但是与其他极简主义者不同，她的作品离不开个人经历与叙事。她的装置雕塑《绳子》（*Rope Piece*，1969—1970）是一团缠绕在一起的粗绳、细绳和电线，看上去有点儿恐怖，而且每次移到新的地点时都有所不同，被描绘成“空间中的绘画”。她的作品《即位Ⅱ》（*Accession II*，1968—1969）是一个乙烯基和钢制成的立方体，现藏于底特律艺术学院。立方体的顶部是打开的，露出里面一层密密麻麻、如同纤维的管子——这是对于严肃的极简主义艺术品的一种反击。

什么是后绘画性抽象?

“后绘画性抽象”(post-painterly abstraction)是颇具影响力的艺术评论家克莱门特·格林伯格(1909—1994)发明的词，指的是受到美国抽象表现主义影响(但是又与其区分开来)的抽象艺术。该词囊括了多个不同的抽象类别，其中包括(但不限于)硬边绘画(hard-edge painting)和染色绘画(stain painting)。弗兰克·斯特拉(Frank Stella，1936—)和埃尔斯沃斯·凯利(Ellsworth Kelly，1923—)的作品是典型的硬边绘画，画面中有几何形状的大色块，色块之间边界清晰，完全没有混色，不同颜色之间的过渡非常突兀。斯特拉的画作《格兰·开罗》(*Gran Cairo*，1962)就是由一系列由大到小的彩色方框组成的。艺术家海伦·弗兰肯塔勒最擅长染色绘画，会把纯色颜料涂抹在画布上，这也被认为是一种后绘画性抽象，重视绘画的形式特征，例如形状和颜色。艺术家们还尝试使用其他形状的画布，将绘画变成一个物体或者一件雕塑。后绘画性抽象持续至 20 世纪 70 年代，此后，后现代艺术家开始挑战现代主义评论家克莱门特·格林伯格的权威性。

什么是极简主义?

极简主义(Minimalism)是指简单的几何形艺术，通常不带任何个人色彩，而且用一系列全新的材料进行创作，包括铝、树脂玻璃、胶合板和钢。极简主义艺术家试图将他们的作品简化成纯粹的形式，除去任何与个性、感受、象征或故事有关的内容。极简主义在 20 世纪 60 年代开始流行起来，但是当时很多艺术评论家都指责这种风格太冷酷无情，而且质疑艺术能否或者是否应该用工业手段制作。“极简主义”一词被用于描述从艾德·莱茵哈特到伊夫·克莱因，从弗兰克·斯特拉到罗伯特·劳森伯格等很多艺术家的作品。唐纳德·贾德(Donald Judd，1928—1994)的作品是极简主义的典型例子。贾德用他的一系列墙面结构作品探讨了绘画与雕塑之间的区别，这些作品是由一系列机器生产的长方体组成的，长方体从墙面凸出来，形成他所说的“具体物件”(specific objects)。艺术家安妮·特鲁伊特(Anne Truitt，1921—2004)的作品模糊了极简主义和色域绘画之间的界限，但是，她的极简雕塑

《格兰特》(*Grant*，1963)——一条涂了丙烯的木制长梁——是无个人特征和几何形状的纯粹形式。

观念艺术

什么是观念艺术?

各式各样的观念艺术(Conceptual art)的出现已经有几十年的历史，但是直到20世纪六七十年代才正式成为一场重要的艺术运动。受到达达主义和马塞尔·杜尚的影响，观念主义艺术主要关注艺术的思想进程。艺术家索·勒威特(Sol LeWitt)在1967年的文章《论观念艺术》(Paragraphs on Conceptual Art)中解释了该运动的基础:一个想法本身就可以成为一件艺术品。

观念艺术种类繁多，而且与很多国际艺术家都有关系。观念艺术能够以任何形式呈现，从手写的文件、照片、视频到表演艺术都可以。比利时艺术家马塞尔·布鲁泰尔斯(Marcel Broodthaers，1924—1976)的作品就属于观念艺术。布鲁泰尔斯是作家、电影制作人和视觉艺术家，他最受赞誉的作品可能是《现代艺术博物馆之老鹰部》(*Musée d'Art Moderne, Département des Aigles*，1968)，这件装置作品位于他布鲁塞尔的家里，表现的是一个完全虚构的博物馆。除了他制作的海报、说明文字和标识外，这座博物馆根本就不存在，作品的核心概念是质疑博物馆作为机构的权威性。现在，观念艺术仍然是当代艺术的主要类别。

什么是表演艺术?

表演艺术(Performance art)比它的名字所体现的含义更复杂一点。表演艺术并不是单独的一幅画或一尊雕塑，而是混合了音乐、戏剧演出和视觉艺术。但是，表演艺术作为一种形式本身在20世纪60年代才流行起来，不但使艺术和艺术家之间的界限模糊不清，而且经常令观者感到不适。例如，艺术家吉尔伯特和乔治在他们的表演《歌唱的雕塑》(1969)中连续唱了8个多小时。在题为《如何向一只死兔子解释图像》(1968)的作品中，颇具挑衅性的艺术家约瑟夫·博伊斯怀抱着一只死去的兔子，看上去好像正在悄声向它说话。小野洋子在1964年的表演作品《切片》(*Cut Piece*)，邀请参与作品的观众一片片剪掉她的衣服，直到她一丝不挂，展现了艺术和艺术家如何融为一体。这场表演也可以归为“激浪派艺术”的一例。

什么是激浪派?

激浪派（Fluxus）运动是一场由国际性艺术家群体发起的、难以描述的反艺术运动（有时称为新达达主义），这些艺术家想要表现艺术和生活之间的关系。“激浪派”一词是立陶宛裔美国艺术家乔治·麦素纳斯（George Maciunas）于1961年发明的，源自拉丁语，意为“流动”。激浪派艺术家包括约瑟夫·博伊斯（Joseph Beuys，1921—1986）、乔治·布莱希特（George Brecht，1926—2008）、白南准（Nam June Paik，1932—2006）、小野洋子（Yoko Ono，1933—）、实验作曲家与表演艺术家拉蒙特·杨（LaMonte Young，1935—）等。艺术家迪克·希金斯（Dick Higgins，1938—1998）做了一个橡皮图章，在上面刻字解释道，“激浪”是“一种做事方式、一项传统、一种生活和死亡方式”。激浪派艺术本身就是一种合作文化，艺术家们会一起创作作品，通过信件来往等方式。在激浪合作艺术节（Collaborative Fluxus festivals）或“激浪演奏会”上，会有实验音乐和其他节奏很快的短表演节目。激浪派反对狭隘的描述，认为本身既开放、简单，且有幽默感。

什么是贫穷艺术?

“贫穷艺术”（*Arte Povera*）强调在艺术中使用日常物品，以拓展“艺术”的范围为目标。这个词是意大利艺术家杰曼·切兰特（German Celant）于1967年提出的，与包括“不定形艺术”在内的类似艺术运动都有关系。与“贫穷艺术”运动相关的艺术家有希腊人简尼思·库耐利斯（Jannis Kounellis，1933—）、意大利人朱利奥·保利尼（Giulio Paolini，1940—）和米开朗琪罗·皮斯特莱托（Michelangelo Pistoletto，1933—）。皮斯特莱托最著名的“贫穷艺术”作品是《破布维纳斯》（*Venus of the Rags*，1967），一尊微微闪光的爱神维纳斯雕塑（背对观者）站在一大堆彩色破布前。库耐利斯在1978年的《无题》中也将精美的古典主义作品与日常用品并置进行对比，作品中用绳子把古典雕塑的碎片绑在一起。

什么是人体艺术?

在人体艺术中，艺术家的身体是创作的媒介。人体艺术与很多其他艺术形式与风格有重合之处，比如表演艺术。20 世纪 60 年代，人体艺术形式开始流行，很可能是作为对极简主义的冷淡与朴素的一种回应。人体艺术的典例有布鲁斯·瑙曼（Bruce Nauman）的摄影作品《喷泉自画像》（*Self-Portrait as a Fountain*，1966—1967），照片中艺术家的身体如同喷泉，水从他的嘴里喷射出来。另一例观念性人体艺术是皮耶罗·曼佐尼（Piero Manzoni）的《活体雕塑》（*Living Sculpture*，1961），在这个作品中，艺术家会在女人们的身体上签名。

装置艺术

什么是装置艺术?

装置艺术（installation art）不仅仅是立体的作品，还会创造出一个完整的环境。有些情况下，画廊的整个空间都需要用来展示一个装置作品，通常是临时性的（有时则是永久性的）。20 世纪 70 年代，装置艺术开始流行起来，至今仍是一种重要的艺术形式。装置通常要求观者 / 参与者与作品进行互动，而且也可以收藏，不一定依赖于某个特定环境而存在。伊夫·克莱因 1958 年的作品《虚无》（*The Void*）是第一件装置。克莱因将一间墙壁刷成白色、空无一物的画廊作为作品展出。其他著名装置艺术作品还有英国雕塑家瑞秋·怀特里德（Rachel Whiteread）的《堤岸》（*Embankment*，2005），由像小山一样堆起来的白色塑料盒组成。她专门为伦敦泰特现代美术馆的轮机房大厅设计了这件作品，参观者可以在装置中走动，这样他们可以“亲

瑞秋·怀特里德《堤岸》

密接触”一件巨型艺术作品。

谁是珍妮·霍尔泽?

观念艺术家珍妮·霍尔泽（Jenny Holzer，1950—）以她的文本装置和公共展出著称，最早的作品是《自明之理》（*Truisms*，1977—1979），是一系列贴在纽约城各处的匿名海报，每张海报上有一句话，例如“远离我所欲”“滥用职权，意料之中”“追求爱是美丽而愚蠢的”等。除了用海报展示这些“自明之理”外，霍尔泽还在公共长椅上刻字、做 T 恤、帽子等。后来，她开始用 LED 展示牌创作，获得了评论界和大众的称赞。例如，她为世界贸易中心七号大楼的大堂做了一个十几厘米宽的永久性 LED 展示牌，牌子上的字缓慢地滚动出现。作品中大部分文字是霍尔泽自己写的，到了后期，她开始加入一些其他国家诗人的语句，还有公开的美国政府文件里的内容，包括伊拉克阿布格莱布监狱的审讯记录。霍尔泽在公共空间展出人们私下所说的语句，强调了私人通信与公共传播之间的区别。

什么是大地艺术?

大地艺术（Earthworks）也称地景艺术（land art），是指用土、岩石和水等天然材料进行的艺术创作，通常规模很大。20 世纪 60 年代，大地艺术开始流行起来，由于风格本来就很简洁，所以人们认为它与极简主义有一定的关系。大地艺术基本上不可能进行买卖和展出，因而有些学者认为这种艺术形式是对消费主义的抗拒。最著名的大地艺术作品是 1970 年建造的《螺旋防波堤》（*Spiral Jetty*），位于美国犹他州大盐湖的罗泽角，作者是艺术家罗伯特·史密森（Robert Smithson）。《螺旋防波堤》的确规模巨大，长达 450 多米，由土、泥和玄武岩建成，伸向湖中央。由于湖的水位变化，防波堤隔一段时间就会被淹没。像《螺旋防波堤》这样的大地艺术规模如此之大，令人想起那些神秘的巨型古代遗迹，比如卡霍基亚和巨蛇山。大地艺术作品还包括迈克尔·黑泽尔（Michael Heizer）的《双重否定》（*Double Negative*，1969—70），这件艺术品是亚利桑那州某峡谷的一侧挖开的两道又深又宽的沟。另外，还有瓦尔特·德·玛利亚（Walter de Maria）的《闪电原野》（*Lightning Field*，1977）也是大地艺术。

《螺旋防波堤》

什么是《闪电原野》？

大地艺术或地景艺术作品《闪电原野》（1977）位于美国新墨西哥州西部，作者是美国雕塑家瓦尔特·德·玛利亚。德·玛利亚将400根尖头不锈钢柱立于广阔的沙漠之中，构成网格的形状，覆盖了1.6千米乘1.6千米的面积。每根钢柱约6米，专为吸引闪电而设计，也吸引了很多参观者。《闪电原野》也可以算作雕塑或装置作品，鼓励参观者走到柱子之间，与自然环境进行互动。迪亚艺术基金会负责管理这件巨型大地艺术作品，如果想参观可以联系他们。

什么是过程艺术?

过程艺术（Process art）是一种探究艺术创作行为的艺术，不太关注最后完成的物体或作品。过程艺术运动始于20世纪60年代，抽象表现主义艺术家杰克逊·波洛克的画作就属于过程艺术，至少在某种程度上是由他作画的过程（滴洒颜料的过程）决定的。有些其他的艺术运动也与过程艺术有所重合，例如大地艺术，因为作品完成后，环境会对作品产生持续的影响。美国雕塑家理查德·塞拉（Richard Serra，1939—）的巨型极简主义作品也是过程艺术的例子。他的钢雕塑会促使参观者思考这种材料的性质以及它们的制作过程。一块像塔一样高的钢板看上去很简单，但是却引起了人们的好奇心，开始思考“如何做到”的问题。

艺术、文化与政治

什么是女性主义艺术?

女性主义艺术始于20世纪60年代，伴随受政治和社会因素驱动的妇女解放运动发展而来。由于艺术史存在系统性的性别歧视，所以女性主义艺术的目标是重新阐释艺术史，推广女性对于艺术和文化的贡献。历史上，女性一直在进行艺术创作，但是她们的艺术品（例如陶瓷、珠宝和纺织品）在传统上属于手工艺，地位低于雕塑、绘画等所谓的“美术”作品。女性主义艺术家致力于提高手工艺品的地位，就像16世纪和17世纪时文艺复兴艺术家想要提高艺术家的地位一样。20世纪60年代到70年代，画廊代理的女艺术家比男艺术家少很多，她们只好自己组建团体或集体画廊来推广作品。女性主义艺术群体有“女艺术家革命”（Women Artists in Revolution，简称WAR）和“女性主义艺术项目”（Feminist Art Program），是由女性主义先驱艺术家朱迪·芝加哥（Judy Chicago，1939—）和米芮安·夏皮罗（Miriam Shapiro，1923—）在南加州创办的。女性主义艺术运动早期的艺术家也参与了其他运动或以其他艺术风格进行创作，例如极简主义、观念艺术和装置艺术。

什么是《晚宴》?

艺术家朱迪·芝加哥的《晚宴》（*The Dinner Party*）是一件女性主义艺术杰作，最早于1979年展出，之后进行了全球巡展。《晚宴》尺寸很大，呈等边三角形，象征女性特质。三角形的每条边长度均为14米多一点，都放着13套餐具，暗示“最后的晚餐”中参加晚餐的人数。总共39个用餐位置，每个都有特殊的设计，向历史上39位十分重要的女性人物表示敬意——从埃及皇后哈特谢普苏特到弗吉尼亚·伍尔夫（Virginia Woolf），再到乔治亚·

奥基弗。在芝加哥的指导下，100 位女性合作制作了一条长长的绣花饰布，作品中三角形的瓷质“纪念板”上还写着 999 位女性的名字。《晚宴》强调了那些在历史中经常被遗忘的女性角色，赞颂了女性的创造力和优秀的艺术传统。然而，这件作品也引起了争议，有些人批评作品所涉及的女性范围太窄，只体现了异性恋白人女性的视角等。无论如何，《晚宴》仍然是一个强有力的女性主义声明，而且也是朱迪·芝加哥最著名的作品。

什么是《女人之屋》？

《女人之屋》（*Womanhouse*）是一件 1971 年的艺术装置，也是表演艺术作品、女性主义者合作的成果，还是一间实际存在的房子，位于加利福尼亚州好莱坞的马里波萨大道 553 号。该项目由加州艺术学院的女性主义艺术项目组织执行。在一座房子的拆除计划实施之前，26 位女性组成一个团体，对它进行了整修，利用她们的木工手艺，把房子变成了一个展示女性艺术创作的空间，而且房子本身也成了一件艺术品。《女人之屋》里有包括《养育厨房》（*Nurturant Kitchen*）在内的 18 件装置，《等待》（*Waiting*）等表演作品对女性的房屋看护人角色提出了质疑。《女人之屋》于 1972 年向公众开放，吸引了接近万名参观者。展览结束后，大部分艺术品都和房子一起被拆毁了。

谁是费思·林戈尔德?

美籍非裔艺术家费思·林戈尔德（Faith Ringgold，1930—）生于哈勒姆，擅长创作绘画、故事拼布和软雕塑。受到非洲艺术传统和风格的启发，她创作了探讨种族、性别身份和公民权利等问题的作品。林戈尔德被称作纤维艺术家，但是她使用的材料种类其实多种多样。1967 年，她绘制了《黑人权力的到来》（*Advent of Black Power*），作为《美国人系列》（*American People Series*）中的一幅作品，被用在了美国的邮票上。后来，她成为美国黑人艺术家群体“我们在哪儿”（“Where We At”）中的一员。林戈尔德还从中国西藏的唐卡中获得了灵感，从 20 世纪 80 年代开始创作“故事拼布”（story quilts），其中最有名的是《焦油沙滩》（*Tar Beach*，1988），1991 年时这幅作品还被编成一本图画书。《焦油沙滩》以绘画方式叙述了 8 岁小女孩的凯西·路易丝·莱特福特（Cassie Louise Lightfoot）的故事，她的父亲在工会工作，当凯西站在哈勒姆的房顶上时，想象力带着她开始了自由翱翔。故事的文字（该版本编成了书）写在了拼布的四周。

什么是 AFRICOBRA？

AFRICOBRA 是非洲的坏相关艺术家公社（African Commune of Bad Relevant Artists）的简称，是 1968 年创立于芝加哥的艺术家群体。其前身 OBAC，即美国黑人文化组织（Organization of Black American Culture），是一个作家、历史学家和艺术家组成的多学科群体。AFRICOBRA 中有画家、摄影师、版画家、纤维艺术家和雕塑家，包括杰夫·唐纳逊（Jeff Donaldson，1932—2004）、瓦兹沃斯·加瑞尔（Wadsworth Jarrell，1929—）、芭芭拉·琼斯·霍古（Barbara Jones-Hogu，1938—）等。该群体重视合作，作品通常颜色明亮，具有象征性，而且关注社会问题，他们通过这些作品来探讨非裔美国人的身份和艺术传统。1967 年，唐纳逊、加瑞尔和其他 OBAC 的成员在芝加哥南边的一面墙上共同创作了壁画《敬意之墙》（*Wall of Respect*），倡导公民权利和社区参与。1973 年，芝加哥市政府摧毁了这幅壁画所在的建筑，但是《敬意之墙》在芝加哥其他地方和世界各地都催生了很多类似政治题材的壁画项目。

谁是芭芭拉·克鲁格?

美国观念艺术家、平面设计师芭芭拉·克鲁格（Barbara Kruger，1945—）以照片拼贴作品著称。她在纽约进修时，师从著名摄影师黛安·阿布斯（Diane Arbus）和马文·伊斯拉尔（Marvin Israel），随后相继成为《时尚芭莎》（*Harper's Bazaar*）杂志的平面设计师和 *Mademoiselle* 的设计主管。克鲁格利用大众媒体与广告的力量创作她的文字加图片作品，且会在作品中插入一些类似广告语的文字来传播信息，例如“我买故我

芭芭拉·克鲁格《你无法把钱带进坟墓》

在”和“我们不再需要英雄”。她的著名作品《你的凝视无异于打我一个耳光》（*Your Gaze Hits the Side of My Face*，1981）对传统艺术中女性的被动角色提出了质疑，作品除了标题文字外，还有一尊女性雕塑的侧面像。克鲁格经常用“我”“你”等第一和第二人称代词，避免提及性别，这样她的文字就能够普遍适用。她的后期作品经常借用一些图片，最近开始创作装置。人们用“宣传鼓动”[agitprop，即“鼓动”（agitation）和“宣传”（propaganda）的混合词]来描述克鲁格的艺术风格，她的作品主题主要有女性主义、消费主义和身份问题。

如何辨别是什么艺术运动启发了某件作品？

很多博物馆和画廊里的艺术品并不限于某一个特定的艺术运动或风格。但是，下面还是提供了一个简单粗暴地快速识别常见现当代艺术形式的指南。

作品描述	艺术运动或风格
巨幅画作，笔触粗犷，颜料四溅，用色大胆。	很可能属于抽象表现主义，主要是抽象的、色彩明亮的大型作品。
一个从墙面凸出来的、涂了颜料的正方形，分不清是绘画还是雕塑。	极简主义艺术含有几何形状、简单，而且通常会模糊绘画与雕塑之间的界限。
这件艺术品是一部电话，以龙虾作为听筒。	可能属于几种风格，最像达达主义或超现实主义。这两场运动都会把日常物品从有功用的物体变成视觉艺术作品。
这是一张大萧条时期农民家庭的照片。	大萧条期间，社会现实主义运动用绘画和摄影表现美国人生活的现实状态。类似地，美国区域主义也展现了美国的乡村生活。
展厅中央悬挂着一个雕塑，它在缓慢地转动。	动态艺术作品一直在动，比如亚历山大·考尔德的动态雕塑，这样可以从多个不同角度观看作品。
表面有光泽的大幅绘画，描绘了一些熟悉的商标和品牌名称。	听上去像波普艺术，这类艺术经常表现大众媒体和针对消费者的图像。

续表

作品描述	艺术运动或风格
这件艺术品由各种乱七八糟的材料组成，比如垃圾、儿童玩具和旧衣服。	贫穷艺术通常由非常规的艺术材料组成。这类作品也可能属于集合艺术，或者罗伯特·劳森伯格的组合艺术。
整个展厅都是一件艺术品。	属于装置艺术，一种将整个环境包括在内的艺术形式。
这幅画描绘了一把小提琴，但是图像有很多重复之处，而且有的部分比较抽象，由参差不齐的几何形线条构成。	估计是一幅立体主义作品。毕加索、布拉克等立体主义者致力于从不同的角度描绘同一个物体，而且经常通过碎片化处理和拼贴来实现。

具象艺术

什么是照相写实主义?

照相写实主义（photorealism）也称超级写实主义（super-realism/hyperrealism）、清晰聚焦写实主义（sharp focus realism），出现于 20 世纪 70 年代，是波普艺术和极简主义的延伸，甚至可以说是精确主义的后裔。照相写实主义绘画受到了摄影和其他媒体图像的影响，而且与波普艺术类似，经常以不带感情色彩甚至庸俗的日常生活细节为题材。美国照相写实主义艺术家查克·克洛斯（Chuck Close，1940—）的绘画非常逼真，看上去像照片一样。他的创作手法是以一张照片作为模板，用喷枪把颜料喷到一张网格画布上。艺术家奥黛丽·弗拉克（Audrey Flack，1931—）的照相写实主义静物绘画令人想起巴洛克的虚空派绘画。照相写实主义经常借助“错视画法”（让眼睛产生错觉的画法）来表达某种含义以及对社会、政治和文化主题进行评论。照相写实主义艺术家还有罗伯特·贝希特勒（Robert Bechtle，1932—）、理查德·埃斯蒂斯（Richard Estes，1932—）和英国艺术家马尔科姆·莫里（Malcolm Morley，1931—）。

后现代主义与艺术

什么是后现代主义?

后现代主义(postmodernism)是一个复杂的词汇,也是个复杂的理论,可以用于艺术、建筑、文学、哲学等很多领域。后现代主义的字面意思就是“现代主义之后”,但是人们却对该词提出了很多种解释,比如对现代主义的拒绝、对现代主义的批判、现代主义的新阶段等。所以,后现代主义要么是反现代主义,要么是现代主义的延伸,无论哪种解释,都是基于更早的现代主义来定义的。如果说现代主义是统一、严肃的,那么后现代主义就是多样、戏谑的;如果说现代主义在探寻真理,那么后现代主义就是在宣称真理不存在。

20 世纪 70 年代,后现代主义开始进入艺术领域,成为一种创作方式,不过,我们在建筑领域更容易辨别出它的影响。格里特·里特维尔德设计的现代主义建筑施罗德别墅(1924)的家具和室内设计都与建筑风格保持一致,构成统一的整体。相反,位于美国新奥尔良的意大利广场(Piazza d'Italia,1975)则体现了各种不同建筑风格的影响——从文艺复兴到巴洛克、再到现代主义——而且由多种形状和颜色构成。施罗德别墅风格统一,而意大利广场则风格多样。

后现代主义有哪些重要概念?

对后现代主义一些关键词汇的理解,可以帮我们搞懂后现代艺术家到底在做什么。

•多元主义(Pluralism)——后现代艺术不仅有多样性,而且还有“多元性”,也就是说,它反映了各种不同民族、种族、宗教、性别和性取向群体的多重视角。后现代艺术还体现了多种不同的艺术风格,经常融入从过去到现在的各种艺术运动的特点。

•挪用(Appropriation)——后现代艺术经常复制或借用其他艺术品中的元素和图像来创造新作品。想想现在的《辛普森一家》(*The Simpsons*)和《恶搞之家》(*Family Guy*)等电视喜剧片,里面经常提到或者以滑稽的方式模仿其他电视剧或流行文化中的元素,如果不熟悉其中所指的内容,就不会懂它为什么好笑。

•解构（Deconstruction）——后现代解构是把统一的整体拆解以揭示其内部结构的方法，一种进行分析和阐释时所用的形式。后现代艺术家对现代主义包罗万象的统一性结构表示怀疑，所以他们最喜欢用这种方法。由此来看，后现代主义就像一个不停问“为什么”的孩子。

•刻奇（Kitsch）——很多后现代艺术家都在挑战“好品味”和“坏品味”之间的界限。“刻奇”本来是指那些坏品味的丑陋物品，例如旅游纪念品或者一些过于多愁善感的东西。装饰用的花园地精塑像、印着英国皇室照片的盘子等都属于“刻奇”。后现代艺术家欣然接受了“刻奇”，而且经常在作品中加入“刻奇”的元素。

后现代建筑是什么样的?

后现代主义建筑不能说是一种风格，而是更像一种建筑设计方法。虽然后现代建筑看上去可能没什么相似之处，但是仍有一些相同的特征。罗伯特·文丘里（Robert Venturi，1925—）是一位重要的后现代建筑师，生于费城，在他看来，城市环境过于复杂，不可能统一化，所以 1966 年时，他在《建筑的复杂性与矛盾性》（*Complexity and Contradiction in Architecture*）一书中用“少即是无趣”（less is a bore）回应了路德维希·密斯·凡·德罗提出的“少即是多”（less is more）的观点。文丘里的建筑风格是历史上各种建筑风格的混搭，“凡娜·文丘里住宅”（Vanna Venturi House）是一个典型例证。这座住宅是为建筑师的母亲建造的，1964 年完工，既复杂又简约，既严肃又有趣，房体十分结实，房顶为折角形，有点像传统的农舍，但又不完全是。这种似是而非的不统一性正是后现代主义的特征。弗兰克·盖里也是著名后现代建筑师，作品有在洛杉矶建造的迪士尼音乐厅（2003 年时对外开放），以及 1997 年建成、位于西班牙毕尔巴鄂的古根海姆现代艺术博物馆。他的作品经常由磨得十分光亮的不锈钢构成扭曲的平面，组成复杂的曲线设计，这种混乱的风格可以说属于解构主义。

后现代艺术有哪些例子?

很多后现代艺术运动的名称都冠以一个“新”字，因为它们反映的是更早期的现代风格或创作手法，下面举几个例子说明：

弗兰克·盖里设计的沃尔特·迪士尼音乐厅，位于洛杉矶

●新表现主义（Neo-expressionism）——新表现主义艺术以绘画为主（尽管有些雕塑也属于该风格），20 世纪 70 年代末至 80 年代初始于德国。新表现主义绘画通常色彩鲜艳，有的很写实，但是总体上风格比较原始，对绘画形式本身有较强的意识。新表现主义代表艺术家包括德国人安塞姆·基弗（Anselm Kiefer，1945—）和美国人朱利安·施纳贝尔（Julian Schnabel，1951—），后者看上去颇为凌乱的大型画作销路很好。

●新几何主义（Neo-geo）——新几何观念主义（Neo-Geometric Conceptualism）简称新几何主义，20 世纪 80 年代中期在纽约兴起，主要特点是后现代的"挪用"和强烈的讽刺感。新几何主义艺术家包括彼得·哈雷（Peter Halley，1953—）和罗斯·布莱克纳（Ross Bleckner，1949—），他们给常见的现代主义形式赋予了新的象征意义。阿什利·比克尔顿（Ashley Bickerton，1959—）和杰夫·昆斯（Jeff Koons，1955—）等也属于新几何主义艺术家，但是他们对消费文化更感兴趣，作品有时也会归类为“后波普”（post pop）。

•新波普（Neo-pop）——新波普又称“后波普”，是20世纪80年代受波普艺术的影响而发展起来的艺术运动。新波普艺术家有哈伊姆·斯坦巴赫（Haim Steinbach，1944—）、艾伦·麦科考伦（Alan McCollum，1949—）、杰夫·昆斯、阿什利·比克尔顿和村上隆（Takashi Murakami，1961—）。新波普艺术家频繁在作品中借用现成的常见物品（现成品），对主流文化的价值观提出质疑。

谁是辛迪·雪曼？

后现代摄影师辛迪·雪曼（Cindy Sherman，1954—）擅长对媒体图像进行概念上的改动，还经常在作品中加入自拍照。雪曼的摄影作品探讨了女性的身份，并质疑了女人在艺术和流行文化中的传统形象。在《无题电影剧照》（*Untitled Film Stills*）系列中，雪曼饰演了20世纪70年代末到80年代初的著名女性形象，例如以玛丽莲·梦露为代表的“金发美女”，以及其他老套的典型形象，从颇有自我意识的角色到言听计从或滑稽的女人都有。她的后期作品开始以艺术史为脉络，在《无题＃224》中，雪曼装扮成巴洛克艺术家卡拉瓦乔作品中的古代酒神巴克斯，葡萄叶花冠下的一双眼睛凝视着观众。通过创作这些作品，辛迪·雪曼成为众多形象的混合体，令观者不由得开始怀疑艺术家的身份以及艺术与流行文化描绘人物的方式，在多大程度上是真实的，又在多大程度上是人为的？

谁是杰夫·昆斯？

杰夫·昆斯（Jeff Koons，1955—）是一位颇具争议但极其成功的当代艺术家，以色彩明亮的大型雕塑和大规模助手团队创作的艺术作品闻名。昆斯曾经做过商品经销商，后在芝加哥艺术学院和马里兰艺术学院进修，他创作的艺术主要批判了商业主义。例如，在《新的》（*The New*，1979）系列作品中，他把一个吸尘器放在透明的有机玻璃盒中展出，后来，他开始创作表面光亮的巨型气球动物雕塑，精细做工广受赞誉，但是因为显得过于堕落、颓废，也遭到很多批评。昆斯的大型植物雕塑也很有名，例如《小狗》（*Puppy*，1992）。《迈克尔·杰克逊和他的猴子泡泡》（*Michael Jackson and Bubbles*，1988）是一尊有点洛可可风格的金色陶瓷雕塑，表现了流行音乐之王和他的宠物猴子。人们对于昆斯的艺术的看法毁誉参半，因为他使高雅艺术看起来像是仅供人观赏的景观，而有些人认为这正是这些作品的意图。

达明安·赫斯特为什么把一条虎鲨保存在福尔马林里？

如果没有《生者对死者无动于衷》（1991）的作品名称，达明安·赫斯特（Damien Hirst）创作的这条保存在福尔马林里的鲨鱼可能没什么含义。赫斯特（1965—）早期作为“年轻英国艺术家”（Young British Artists）获得了艺术上的成功，用各种媒材进行了创作，作品有绘画、版画、雕塑和装置。赫斯特的“腌鲨鱼”和他的很多作品一样，用死去的动物作为材料，而且主题是死亡和人类的脆弱性。一条曾经非常凶猛好动的鲨鱼现在却一动不动，透过玻璃可以看到那些保存在福尔马林中的危险的尖牙。一条曾经会呼吸的动物现在却是静止、冰冷的，和其他现成品做成的流行艺术毫无区别。很多人批评赫斯特的鲨鱼就是一个博人眼球的噱头，还有人声称这件作品根本不能算作艺术。但是总体来说，无论是在艺术方面还是销售方面，赫斯特都是非常成功的，他的作品为他赚取了几百万美元，1995年，他还获得了英国颇具声望的特纳奖。

《生者对死者无动于衷》

“年轻英国艺术家”都有谁?

年轻英国艺术家（YBA's）是一群关系较为松散的当代艺术家，他们都在伦敦工作，大部分曾于20世纪80年代在伦敦的金史密斯学院进修。很多“年轻英国艺术家”获得了富有的赞助人的支持，包括广告业巨头、艺术收藏家查尔斯·萨奇（Charles Saatchi）。“年轻英国艺术家”中就有达明安·赫斯特（1965—），1988年，他在一间仓库里策划了一场YBA作品展，正式介绍了这个群体。其他成员还有加里·休姆（Gary Hume）和菲奥娜·瑞依（Fiona Rae），他们的作品都在这场展览中展出过，而瑞秋·怀特里德（1963—）和翠西·艾敏（Tracey Emin，约1963）虽没有展出，但是也被认为是YBA的成员。这些艺术家的作品风格多样，加里·休姆和菲奥娜·瑞依主要创作绘画，而怀特里德和艾敏主要创作观念性雕塑和装置。

当代艺术与科技

什么是视频艺术?

当安迪·沃霍尔等艺术家还在试验电影和视频录像时，视频艺术（video art）就已经诞生了——1965年，激浪派艺术家白南准用全新的索尼便携式录像机拍摄了纽约城的街道，仅几小时后，就在一家咖啡厅里放映了这段视频。视频艺术（一种媒介，而不是艺术风格，正如油画也是一种媒介）代表了艺术从受大众媒体的影响过渡到开始受电视的影响。录影艺术有多种形式，从雕塑和装置到表演艺术中都有应用，而且视频可以现场直播，或者录像之后在各种不同的场景中放映。1996年，道格拉斯·戈登（Douglas Gordon）因视频作品《惊魂24小时》（*24 Hour Psycho*，1996）获得了英国的特纳奖。当代视频艺术家有比尔·维奥拉（Bill Viola，1951—）、马修·巴尼[Matthew Barney，1967—，创作了《悬丝》（*Cremaster*）影片系列]和加拿大的斯坦·道格拉斯（Stan Douglas，1960—）等。

谁是白南准?

美籍韩裔艺术家白南准（Nam June Paik，1932—2006）以多种媒介进行创作，包括录影带、绘画、雕塑、机器人、激光装置和写作，但是他最著名的身份是具有创新性的视频艺术家。白南准在德国学习时加入了激浪派，1958 年遇到了实验作曲家、艺术家约翰·凯奇（John Cage），二人成为好友，而白南准也受到了后者的启发。他把录影作为雕塑和装置艺术中的组成元素，例如，他把电视一台台堆起来，用琴弦串起来，制作了一把“大提琴”，还用两台电视机的屏幕做了一件胸罩，作品起名为《为活雕塑做的电视胸罩》（*TV Bra for Living Sculpture*，1969），是专门为他的合作者、大提琴演奏家夏洛特·摩尔曼（Charlotte Moorman）演奏时穿戴而设计的。白南准的《录影国旗 X》（*Video Flag X*，1985）是另一例在雕塑中加入视频的作品——一系列电视屏幕排列成网格状，展示美国国旗的图案。

谁是比尔·维奥拉？

比尔·维奥拉（Vill Viola，1951—）是一位当代视频与声音艺术家，主要探索科技在他的视频和音频等作品中的作用。他最著名的作品是一件情感浓烈的雕塑装置《天与地》（*Heaven and Earth*，1992），作品中有两个面对面放置的视频播放器，其中一个播放艺术家的母亲临终前的场景，另一个播放他刚出世的儿子的录影，将生命的开端与结束并置。由于屏幕表面反光性极好，两个播放器中生与死的画面仿佛融合在了一起。维奥拉的大型装置能够用视频和音频创造出一个令人完全融入其中的环境，使观众成为艺术的一部分。维奥拉 1976 年的作品《他为你哭泣》（*He Weeps for You*）中也包含视频，参观者能够看到从黄铜阀门里缓慢滴落的一滴水中自己的倒影，而且能听见自己的声音，其中水滴映出的图像被放大，投射到了一个大屏幕上。

什么是声音艺术？

声音艺术（sound art）又称音频艺术，始于 20 世纪 70 年代末，但是在此之前，艺术家和音乐家们已经进行了数十年之久的声音和电子音乐实验。声音艺术与视频艺术一样，并不是一种风格，而是一类媒介，而且包括很多种不同的声音，从自然的到人造的都有。1913 年，意大利艺术家路易吉·鲁索洛（Luigi Russolo，1883—1947）写了一篇题为《噪音艺术》（*The Art of Noises*）的宣言，用新的乐器和由“噪音”构成的音乐进行创作。同年，达达主义艺术家马塞尔·杜尚创作了《印错的音乐》（*Erratum Musical*），后来，伊夫·克莱因谱写了整首乐曲中只有一个音符的《单调交响曲》(*Monotone Symphony*，1947)。如今，有不少声音艺术家(以及利用声音的视觉艺术家)在进行创作，其中包括英国艺术家布莱恩·伊诺(Brian Eno，1948—)，他与艺术家彼得·施密特(Peter Schmidt)合作创作了《间接策略：超过百个有价值的困境》(*Oblique Strategies: Over One Hundred Worthwhile Dilemmas*，1975)，这是一套用于协助艺术家们解决生活和创作中(例如创作音乐时)遇到的困境的卡片。声音艺术现在仍处于发展初期，新的音频和数字技术将继续发展，并给这一创作媒介带来影响。

什么是数字艺术?

数字艺术(digital art)是指用数字技术(例如计算机)创作的艺术，现在更常用的名称是新媒体艺术(new media art)，囊括了二维图像(用 Adobe Photoshop 等软件制作，印刷或电子版均可)、三维作品，甚至还有用计算机软件制作的动画或视频等多媒体作品。

什么是互联网艺术?

艺术家们一直在发掘新技术，以作为艺术创作的媒介，从丙烯颜料开始，到塑料、电子产品，甚至万维网(World Wide Web)。互联网艺术(Internet art/net art)是数字艺术中新兴的一类，可以互动、合作式，而且便于参与，是一种独特的艺术形式，只需点击一个按钮，世界各地的观众就都能看到。1995 年，Adaweb 网站正式建立，这个网站相当于一个在线画廊，可以为艺术家举办虚拟艺术展览，菲利克斯·冈萨雷斯 - 托雷斯(Felix Gonzalez-Torres，1957—1996)和珍妮·霍尔泽(1950—)都曾参与，其中后者曾在 Adaweb 上展出了《自明之理》。俄国艺术家欧莉亚·李亚林纳(Olia Lialina)的互动作品《我的男朋友从战场归来》(*My Boyfriend Came Back from the War*，1996)是互联网艺术的另一个例子，网站访问者可以点击不同的超链接和 GIF(“图形交换格式”的数字图像)，阅读作品讲述的故事。互联网艺术仍在不断扩展，很多博物馆和画廊都制作了艺术网站，新一代的数字艺术家也开始探索这一媒介。

新兴艺术形式

涂鸦算艺术吗?

从后现代的角度来看，涂鸦（graffiti）作为一种视觉艺术表现形式的合法性不亚于任何美术形式，所以油画和涂鸦不相上下，都算作艺术。涂鸦作为绘画的一类，已经有至少数十年的历史，不过常常与蓄意破坏公物有关，属于非法在公共空间绘画或标记的行为。例如，艺术家杰克逊·波洛克和让·杜布菲都在作品中融入了类似涂鸦的元素。1983 年，荷兰的博曼斯美术馆（Boymans van Beuningen Museum）举办了首届涂鸦艺术展，标志着涂鸦正式成为美术。20 世纪 70 年代末，艺术家让·米切尔·巴斯奎特（Jean-Michel Basquiat，1960—1988）成为了涂鸦艺术家，他和朋友艾尔·迪亚兹（Al Diaz）一起，在建筑物上涂写一些短诗句，两人在作品后面签上“SAMO”(same old shit，意为“还是老一套”）四个字母。20 世纪 80 年代，巴斯奎特发明了一种包含涂鸦元素的新表现主义风格，对实验音乐进行了一番探索，并在纽约和洛杉矶的画廊里展出了他的作品。另一位艺术家凯斯·哈林

中国台北某处的涂鸦艺术

（Keith Haring，1958—1990）也开始用粉笔和魔术马克笔进行创作，在纽约地铁站等公共空间画了很多充满活力的卡通形象。随着涂鸦艺术和街头艺术越来越多地得到主流的关注，英年早逝的巴斯奎特和哈林（前者因吸食过量海洛因，后者因艾滋病）在去世后都获得了更大的成功。

电子游戏能成为艺术品吗?

所有的艺术品都需要观者的参与才能产生意义，装置艺术可能尤其明显。当你去画廊欣赏艺术时，你的想法和经历会影响你对于所见艺术品的理解。这个交互的过程会自然而然地拓展到游戏和电子游戏的概念。多年来，游戏理论和游戏艺术一直是艺术家探索的领域，而且成果颇丰。2001 年，马萨诸塞当代艺术博物馆举办了“游戏展”（Game Show）；2012 年，史密森尼美国艺术博物馆也举办了展览“电子游戏的艺术”（The Art of Video Games），该展策展人克里斯·梅里西诺（Chris Melissinos）解释道，通过电子游戏的媒介，我们“受艺术家之邀，通过玩游戏，把自己的道德观、世界观和经历注入游戏之中，最后每个人都会有完全不同的游戏经历”（也就是电子游戏的艺术）。和其他数字艺术形式类似，电子游戏艺术仍处于发展初期，在未来的几年中，一代代创新的艺术家很可能会继续发掘这一媒介在理论和美学方面的潜力。

当代艺术与全球化

现在世界上有哪些重要的国际艺术家?

当代艺术界的范围越来越国际化，很多来自世界各地的艺术家都得到了评论界的认可，并大获成功。如下列举了几位这样的艺术家。

谁是莫娜·哈透姆?

巴勒斯坦视频与装置艺术家莫娜·哈透姆（Mona Hatoum，1952—）在黎巴嫩度过了童年，现在主要在英国工作。哈透姆的观念性装置和表演作品经常表现流放和权威的主题。主要作品有极简风格的《世界之基》（*Socle du*

Monde，1992—1993），这是一个大型黑色立方体，内部的金属结构和柔软的有机外表装饰形成鲜明对比。

谁是森万里子?

日本当代艺术家森万里子（Mariko Mori，1967—）的作品包括视频、摄影和装置。作品《*Tom Na Hiu*》（2006）是一个如同巨石碑的高科技装置，内部灯光会根据东京的超级神冈中微子天文台（Super-Kamiokande Neutrino Observatory）记录的信息变色或闪动。森万里子的作品受到了科技的影响和佛教的启发。

谁是施林 · 奈沙?

美籍伊朗裔摄影师、视频艺术家施林 · 奈沙（Shirin Neshat，1957—）的摄影作品经常探讨穆斯林妇女的各种标签式形象。她的后期视频作品如《生命之树》（*Tooba*，2002）和《鸟的逻辑》（*Logic of the Birds*，2002）则通过古兰经中的符号和音乐探讨了精神性的主题。

施林 · 奈沙《对觉醒的忠诚》

谁是加布里埃尔 · 奥罗斯科?

来自韦拉克鲁斯州哈拉帕的墨西哥艺术家加布里埃尔 · 奥罗斯科（Gabriel Orozco，1962—）的作品有雕塑、摄影和装置，他通常会对现成品稍作些改动，而且作品有复杂的含义。例如，20 世纪 90 年代初，奥罗斯科把一辆雪铁龙 DS 系列轿车切开，宽度变成原来的三分之一，让我们可以从不同的角度来考虑常见的物品。

大英帝国最高骑士勋章获得者因卡·修尼巴尔是谁?

尼日利亚裔英籍艺术家因卡·修尼巴尔(Yinka Shonibare,1962—)的作品有视频、摄影、装置和表演等多种形式。他的一些著名作品对种族身份和后殖民时期不同文化之间的关系提出了疑问,其中雕塑《争夺非洲》(*Scramble for Africa*,2003)呈现了一群身穿欧洲式样服装的无头欧洲领导人,那些衣服由非洲印花布料制作,十分符合他们瓜分非洲大陆资源的事实。2005 年,英国女王维多利亚二世为他颁发了大英帝国最高骑士勋章(MBE)。

艺术将何去何从?

现代主义和后现代主义艺术家已经拓展了所有可能的界限,打破了所有可能的规则,而且普遍认为日常生活中的几乎所有事物——从烟头到糖纸到小便池——都能成为艺术品,接下来的问题是"然后呢",一幅普通的画还蕴含着任何力量吗?艺术本身已经终结了吗?

唐纳德·卡斯比特(Donald Kuspit)的《艺术的终结》(*The End of Art*)和阿瑟·丹托(Arthur C. Danto)的《艺术的终结之后》(*After the End of Art*)等书提出了这些看上去很极端的问题,并不是因为有人担心艺术家会完全停止创作艺术,而是因为在这个科技主导的"后现代之后"(post-postmodern)时代,艺术创作具有特定的哲学和美学寓意。有些评论家在为一个可能毫无美感可言的未来而忧心忡忡,但事实上,没人知道一百年后的艺术会是什么样,我们也不会知道未来的艺术家和评论家将如何看待 20 世纪末和 21 世纪的艺术。

我们生活的时代正是艺术史上十分令人激动的时间节点,艺术家们面对过去几千年漫长的艺术史,在艺术创作方法上受到了严峻的挑战。只有时间才能让我们看清当下的艺术潮流和哲学,未来的学者或评论家可能会把后现代主义的各种元素重新归类成其他的"主义",以全新的方式进行讨论。艺术不会仅沿着某个单一的方向进化发展,也不会像故事的叙事结构那样,最终画上一个句号。

艺术是一类乱七八糟、千变万化的人类劳动,它的未来不可预知。

独立探索艺术

我在周边什么地方能看到艺术品?

如果你认真去找，艺术其实无处不在。一定要去当地的画廊和博物馆看看，它们通常有常设展和定期更新的临时展。咖啡厅、书店和装裱店也经常挂着当地艺术家的原创作品，有时还会举办艺术讨论会。如果想遇见同样对艺术感兴趣的人，这些地方都是绝佳场所。夏天的时候，在市中心、公园和露天市场都会经常举办工艺美术游园会和艺术节。你可以在网上搜索，或者去当地的工艺美术小店、画廊或咖啡厅，那里可能会有一些关于艺术活动的信息。

我想学到更多知识，在哪些网站上可以找到艺术方面的学习资源?

关于艺术的网站多得数不胜数，在网上查找艺术资源时可能会获得许多信息。下面是几个艺术信息资源丰富的网站，内容浅显易懂，而且通常十分有趣。

- 纽约大都会博物馆的 Heilbrunn 艺术史时间线：http://www.metmuseum.org/toah/。该网站对艺术运动和风格提供了详细的解释，而且还用博物馆收藏的某些作品举例说明，是西方和非西方艺术方面非常棒的资源。如果你不能去纽约，那么看看大都会博物馆的艺术史时间线也很不错。
- 谷歌艺术计划（Google Art Project）：http://www.googleartproject.com/。打开谷歌艺术计划的网站就像是走进一座虚拟博物馆，你可以尽情畅游洛杉矶的盖蒂博物馆、佛罗伦萨的乌菲兹美术馆或者伦敦的泰特英国美术馆。2011 年，几十家博物馆都对谷歌敞开了大门，允许他们用相机以类似谷歌街景的模式拍摄场馆内部。2012 年，该计划进一步扩大了范围，现在，在谷歌艺术计划网站上，可以看到来自世界各地的成千上万件艺术品。
- 可汗学院（Khan Academy）创建了 Smarthistory 网站：http://smarthistory.khanacademy.org/。Smarthistory 上有充足的资料，可以学习关于艺术运动和具体艺术作品的知识。该网站提供了一些世界上最有名的绘画、雕塑和建筑的相关文章、视频和音频导览。最近，Smarthistory 还加入了非西方艺术的资源，其多媒体演示信息丰富，趣味十足。

有关于艺术的好纪录片吗？

关于艺术和艺术家的纪录片有成百上千部，其中西蒙·沙玛（Simon Schama）的《艺术的力量》（*Power of Art*，2006）系列是近期最好的纪录片之一，解释了从文艺复兴到 20 世纪各位著名艺术家的作品，讲得很棒，而且非常幽默。PBS（美国公共广播公司）的《*art：21*》系列是介绍 21 世纪艺术最出色的节目，每集按主题划分，让观众进入艺术家的头脑（以及工作室）中一窥究竟。如果西方和非西方的艺术都想看，那么《穿越时间的艺术：环球视野》（*Art through Time: A Global View*）系列也是按主题分集的纪录片，而且囊括了来自世界各地的艺术史学家所提供的信息。这部纪录片经常在电视台播放，可以查查地方台的电视节目表。

有哪些关于著名艺术家的电影？

艺术家们的生活一直是电影的灵感来源。下面列出的都是关于艺术家或受到艺术家启发的电影：

- 《从礼品店出门》（*Exit through the Gift Shop*，2010）：一部引人入胜的纪录片，关于谜一般的街头艺术家班克斯（Banksy）。
- 《少许灰烬》（*Little Ashes*，2008）：关于艺术家达利与电影制作人路易斯·布努埃尔（Luis Buñuel）和作家弗里德里科·加西亚·洛尔迦（Federico García Lorca）的关系的电影。罗伯特·帕丁森（Robert Pattinson）在这部电影中饰演达利。
- 《工厂女孩》（*Factory Girl*，2006）：戏剧性演绎了伊迪·塞奇威克和安迪·沃霍尔的故事。
- 《克里姆特》（*Klimt*，2006）：约翰·马尔科维奇（John Malkovich）饰演奥地利艺术家古斯塔夫·克里姆特。
- 《莫迪里阿尼》（*Modigliani*，2004）：发生在巴黎的戏剧性爱情故事，关于艺术家莫迪里阿尼和毕加索之间的竞争关系。
- 《戴珍珠耳环的少女》（*The Girl with the Pearl Earring*，2003）：由翠西·舍瓦利耶（Tracy Chevalier）的小说改编，而小说的灵感来自维米尔的著名油画。
- 《弗里达》（*Frida*，2002）：萨尔玛·海耶克（Salma Hayek）和阿尔弗雷德·莫里纳（Alfred Molina）分别饰演弗里达·卡罗和迭戈·里维拉。

- 《波洛克》(*Pollock*，2000)：艾德、哈里斯(Ed Harris)饰演抽象表现主义画家杰克逊、波洛克。马西娅、盖伊、哈登(Marcia Gay Harden)因成功扮演了李、克拉斯纳(Lee Krasner)获得奥斯卡奖。
- 《波尔多的欲望天堂》(*Goya in Bordeaux*，1999)：一部关于艺术家弗朗西斯科、戈雅的戏剧性西班牙语电影。
- 《忘情毕加索》(*Surviving Picasso*，1996)：在这部关于毕加索生命中几个女人的电影中，安东尼、霍普金斯(Anthony Hopkins)饰演巴勃罗、毕加索。
- 《巴斯奎特》(*Basquiat*，1996)：后现代艺术家让、米切尔、巴斯奎特的传记片。
- 《我杀了安迪、沃霍尔》(*I Shot Andy Warhol*，1996)：莉莉、泰勒(Lili Taylor)饰演的瓦莱丽、索拉尼斯(Valerie Solanis)于1968年开枪射伤了安迪、沃霍尔。
- 《文森特与提奥》(*Vincent and Theo*，1990)：罗伯特、奥特曼(Robert Altman)执导了这部关于文森特和提奥、梵高兄弟的电影。
- 《罗丹的情人》(*Camille Claudel*，1988)：一部关于雕塑家卡米耶、克洛岱尔与奥古斯特、罗丹的法国电影。
- 《奥维利》(*Oviri*，1986)：唐纳德、萨瑟兰饰演法国艺术家保罗、高更。

问题索引

图书在版编目（CIP）数据

爱问百科. 人类艺术简史 /（美）迪克尔森编著 ;
杜菁菁译. -- 北京 : 北京联合出版公司，2015.12
ISBN 978-7-5502-6571-4

Ⅰ. ①爱… Ⅱ. ①迪… ②杜… Ⅲ. ①科学知识—普
及读物 Ⅳ. ①Z228

中国版本图书馆CIP数据核字(2015)第268706号

THE HANDY ART HISTORY ANSWER BOOK by Madelynn Dickerson
Copyright © 2013 by Visible Ink Press
Simplified Chinese translation copyright © 2015 by United Sky (Beijing) New Media Co., Ltd.
Published by arrangement with Visible Ink Press
through Bardon-Chinese Media Agency
All rights reserved.

北京市版权局著作权合同登记 图字：01-2015-6269

关注未读好书

爱问百科. 人类艺术简史

作　　者：〔美〕玛德琳•迪克尔森 编著
译　　者：杜菁菁
出 品 人：唐学雷
策　　划：联合天际
特约编辑：李鹏程
责任编辑：李　伟　刘　凯
美术编辑：王颖会
封面设计：一大俗人

北京联合出版公司出版
（北京市西城区德外大街83号楼9层　100088）
小森印刷（北京）有限公司印刷　新华书店经销
字数220千字　710毫米×1000毫米 1/16　20印张
2016年1月第1版　2016年1月第1次印刷
ISBN 978-7-5502-6571-4
定价：48.00元

联合天际Club
官方直销平台

未经许可，不得以任何方式复制或抄袭本书部分或全部内容
版权所有，侵权必究
本书若有质量问题，请与本公司图书销售中心联系调换
电话：（010）82060201

图书在版编目（CIP）数据

爱问百科. 人类艺术简史 / (美) 迪克尔森编著 ; 杜菁菁译. -- 北京 : 北京联合出版公司, 2015.12
ISBN 978-7-5502-6571-4

Ⅰ. ①爱… Ⅱ. ①迪… ②杜… Ⅲ. ①科学知识—普及读物 Ⅳ. ①Z228

中国版本图书馆CIP数据核字(2015)第268706号

THE HANDY ART HISTORY ANSWER BOOK by Madelynn Dickerson
Copyright © 2013 by Visible Ink Press
Simplified Chinese translation copyright © 2015 by United Sky (Beijing) New Media Co., Ltd.
Published by arrangement with Visible Ink Press
through Bardon-Chinese Media Agency
All rights reserved.

北京市版权局著作权合同登记 图字：01-2015-6269

关注未读好书

爱问百科. 人类艺术简史

作　　者：〔美〕玛德琳•迪克尔森 编著
译　　者：杜菁菁
出 品 人：唐学雷
策　　划：联合天际
特约编辑：李鹏程
责任编辑：李　伟　刘　凯
美术编辑：王颖会
封面设计：一大俗人

北京联合出版公司出版
（北京市西城区德外大街83号楼9层　100088）
小森印刷（北京）有限公司印刷　新华书店经销
字数220千字　710毫米×1000毫米　1/16　20印张
2016年1月第1版　2016年1月第1次印刷
ISBN 978-7-5502-6571-4
定价：48.00元

联合天际Club
官方直销平台

未经许可，不得以任何方式复制或抄袭本书部分或全部内容
版权所有，侵权必究
本书若有质量问题，请与本公司图书销售中心联系调换
电话：（010）82060201